U0596722

李佳琦　著

教化

从秩序到超越

中国出版集团　东方出版中心

图书在版编目（CIP）数据

教化：从秩序到超越 / 李佳琦著. -- 上海：东方
出版中心, 2025. 7. -- ISBN 978-7-5473-2765-4

Ⅰ. B82

中国国家版本馆CIP数据核字第2025F3F122号

教化：从秩序到超越

著　　者　李佳琦
责任编辑　张馨予
封面设计　钟　颖

出 版 人　陈义望
出版发行　东方出版中心
地　　址　上海市仙霞路345号
邮政编码　200336
电　　话　021-62417400
印 刷 者　上海万卷印刷股份有限公司

开　　本　890mm×1240mm　1/32
印　　张　11.75
字　　数　230千字
版　　次　2025年7月第1版
印　　次　2025年7月第1次印刷
定　　价　68.00元

版权所有　侵权必究
如图书有印装质量问题，请寄回本社出版部调换或拨打021-62597596联系。

目　录

第三章 类本性——教化之"化"的可能前提

引　言

　　"人何以为人"是哲学探讨的根本性问题。教化是使人在特定的社会秩序中成为道德人和文化人的决定性环节，这意味着教化必须成为哲学研究的对象。可以说，"教化"如同"哲学"一样，是一个具有普遍性但是又内涵差异性和特殊性的文明形式。差异性和特殊性使得教化的表现样态多种多样，教化的类型也各有区别。不同的教化样态既生成文化认同又产生文明冲突，要处理人类文明的相关问题就需要归复到教化行为中来，分析教化的生成与结构。目前学术界对于教化的研究大致可以分为四个维度：纵向的教化史维度，义化交流与冲突的维度，具体的教化行为与教化实践维度，精神修炼与个体修养的维度。这四个维度集中了大量有关教化的研究成果，但是目前对"教化"本身及其内在结构的研究仍然较为缺乏，这可以作为"教化"研究的第五个维度，即将教化作为人类生存方式中的一种普遍性行为，而不是某一个文化类型独有的文明实践。这意味教化概念存在着某种同一性，它可能存在于内容、目的和形式中，也可能存在于结构中。之所以要对"教化"本身进行哲学考察，有三个主要理由：

第一，教化普遍性概念的存疑。教化是儒家德治的重要环节。[①] 西方也有一些与儒家中教化内涵相近的概念，诸如希腊文中的 Paideia、德语中的 Bildung、英文中的 Edification、Moralize 和 Civilize，等等。这些概念和与它们紧密相关的问题是中外哲学家、伦理学家关注的重要问题。简单地说，凡是涉及人的心灵与行为转向的思想观念都与教化相关。到目前为止，教化尚没有一个确定普遍的概念，这种情况是人文学科中重要概念的常态。教化普遍概念的缺乏是由它本身的特性所决定的，但是也需要对造成这一结果的外在影响因素作一个说明。教化涉及的层面以及包含的内容庞杂众多，按照教化的基本类型分类，教化包含家庭教化、宗教教化、政治教化等；按照教化的内容和现实目的分类，教化包含道德教化、人文教化、意识形态教育等；按照学界对教化问题的研究角度分类，教化研究包含教化的权力问题、教化的本质问题、教化史问题、教化的缺失问题以及教化的应然问题等等。它们中的每一项都可以作为被研究的对象，它们是教化的具体部

---

① 在汉前的毛诗《关雎序》中，教化一语已经被明确地描述："《风》之始也，所以风天下而正夫妇也。故用之乡人焉，用之邦国焉。风，风也，教也，风以动之，教以化之。……先王以是经夫妇，成孝敬，厚人伦，美教化，移风俗。""教以化之"之是为教化，在《说文解字》中："教，上所施，下所效也；化，教行也"，教具有明显的"上下"关系属性，在中国古代思想中，"上"显然指代一国之君以及贵族阶级，"下"则代指黎民百姓；化，"教行也"，其结果即为风俗与民性，"渐也，顺也，靡也，久也，服也，习也，谓之化"（《管子·七法》），君子的目的就是化民成俗。

分。从这些丰富庞杂、跨越整个人类存在时空的教化行为中抽象出具有普遍性的教化概念的确是难以做到的，抽象后的普遍性教化概念是否具有普遍性知识的特质也难以说明，至少可以说，它无法获得普遍性认同。但是教化的普遍概念存疑不应该成为阻碍研究教化普遍结构的原因。如果在尝试中能够获得具有普遍性的结构，那么教化的普遍性概念就存在于它的结构中。

第二，教化实践是建构社会秩序与人心秩序关键性环节，无论是理解旧秩序还是建构新秩序都离不开教化实践。教化机制关联起社会秩序与人心秩序的各个要素，如权力、人性、理想等。教化实践机制或者说教化的横向结构研究，就是要探究教化实践如何运用这些要素建构秩序。在本书中，教化是指掌握一定社会力量的人类团体或个体，[①] 以与自身存在的领悟相匹配的方式对人进行精神塑造和行为引导的人类实践活动。社会力量"是任何具有一定社会意义的人类行为或额外利益——金钱、土地、军事威力、手工劳作、科学等任何事物"，[②] 掌握了一定的社会力量就能够对社会起一定的支配作用。在现代社会，社会力量还意味着知识理论、科学技术、舆论把控和话语权等等，这些集中表现为权力。一个统治阶级之所以能够对其所在的国家进行统治，必然是掌握了关键社会力量（质与量的综合）。教化之"教"无论是形式上的人类组织方式，还是实践上的教化活动过程都依赖于权力。

---

① "社会力量"是莫斯卡对现实权力的具体内容的表述。（参见［意大利］加塔诺·莫斯卡. 统治阶级［M］. 贾鹤鹏译，南京：译林出版社，2019：12.）
② ［意大利］加塔诺·莫斯卡. 统治阶级［M］. 贾鹤鹏译，南京：译林出版社，2019：12.

权力是教化得以存在并成为独立系统的首要基础条件。拥有一定社会力量的人或集体想要对人群施行教化，无论在逻辑上还是现实中都必然要承认人性具有一致性或存在一致的趋向性，即**类本性**。这种类本性在现实层面上包含着人类的共同自然生命本性，诸如生存本能、趋利避害等；在精神层面上包含着对"存在感"的追求和超越的精神向度。无论特殊的教化系统展现出来的是何种方向的超越，超越性本身是人类共有的。人类的"存在感"源自现实和精神两个维度，现实世界的存在感必然要在社会秩序（秩序指对确定性的需求期盼和实现形式）之中追寻，而精神世界的存在秩序①涉及教化系统对人的精神安顿。对于维护权力的需要、超越向度的追寻还有对**存在秩序**的安排，一直贯穿其中、影响至深的是**人类（人）的理想**与信念。人类的理想信念为人类的存在赋予了价值和意义。

第三，现代社会中教化的失落需要从教化本身进行反思。在教化问题的研究中，古今教化的转换是一个热点问题。随着各种现代性问题研究的问世，人们也逐渐担忧现代人类的生存处境。社会中呈现出来的道德滑坡、价值虚无等现象让人们意识到现实教化出现了问题。有观点认为是由于古典教化在现代中的逐渐缺失导致了社会中道德问题频出，或是认为教化的性质在现代改变了，导致古典教化中人文与道德修养的效力降低了。这些观点都具有一定的合理性。不过，我们还需要对现代社会中的教化展开

---

① ［美］埃里克·沃格林. 城邦的世界——秩序与历史（卷二）［M］. 陈周旺译，南京：译林出版社，2019.

更为细致的分析。教化的现实目的是建立人类生存秩序，尤其是社会秩序的建立，它符合于人类生存的需要。现代教化的改变体现了人类的生存方式和生存需求有了变化，传统的生存方式不再适合于人们生存。传统中具有普遍性、规范性的教化方式随着生存方式和生存需求的改变陷入了困境。也正是传统教化所出现的问题使人们不得不对其进行批判。在现代社会，个人的自由意志在公共社会里愈加明显地呈现出来。古典社会中占有绝对强势地位的政治权力和宗教权力在现代社会逐渐隐匿。新的社会环境催生了新的政治意识，并且推进了政治权力与教化之间的新型关系。但是，现代社会的教化依然难以弥合个人与公共之间的关系，"个体"只是在社会思想浪潮中被凸显了出来，却没有找到合宜的身位，这造成了个体生存价值与公共规范价值之间的断裂。对教化实践的横向结构进行分析，不仅是要展现教化的普遍性结构，还希冀能够为文明中的生存危机寻求更多的防御方法。

对教化展开哲学考察，有一些概念需要加以澄清。其中，最核心的概念就是教化。教化并不适合给出一个自然科学般的定义，它源于哲学家们的教化思想，理解他们的教化概念即是理解其思想中教化的内涵。

"教化"是中国本土用词，在中国古代元典中就已经包含了大量的教化思想，在《尚书·洪范》中已经出现了掌管教化的官职"司徒"。孔子的教化思想非常丰富，后世延续孔子的思想，对教化的理解与表达成为儒家的主体思想。

克己复礼为仁。一日克己复礼，天下归仁焉；①

明乎郊社之礼，禘尝之义，治国其如示诸掌乎；②

孔子以诗、书、礼、乐、教；③

移风易俗，莫善于乐。安上治民，莫善于礼；④

子以四教：文、行、忠、信；⑤

温故而知新，可以为师矣；⑥

道之以德，齐之以礼；⑦

足食足兵，民信之矣；⑧

仲尼祖述尧舜，宪章文武。上律天时，下袭水土。⑨

可以看到，孔子的教化思想囊括了教化问题的众多方面：教化的重要性、教化理想、教化的方式和内容、对教化者的要求、对受教者的要求，精神境界的层级、教化与政治和经济的关系、教化的依据等等，这为后世儒家的教化思想提供了各种层面和角度。孟子将教化与政治紧密相连，认为教化是仁政实现的关键，"善政民畏之，善教民爱之；善政得民财，善教得民心"。⑩并且提

①《论语·颜渊》
②《中庸》
③《史记·孔子世家》
④《孝经·广要道章》
⑤《论语·述而》
⑥《论语·为政》
⑦《论语·为政》
⑧《论语·述而》
⑨《中庸》
⑩《孟子·尽心上》

出了性善说，在人性上为教化确立了可能前提。荀子同样注重教化，"礼义教化，是齐之也"。①他提出了"化性起伪"的思想，以人性中的欲望作为理论基础，将教化与法度相结合。与孔孟相比，荀子思想中法与罚的部分较为突出，"明礼义以化之，起法政以治之，重刑罚以禁之"。②汉初的陆贾描述过教化的现实功用："曾闵之孝，夷齐之廉，岂畏死而为之哉，教化之所以至也。故曰尧舜之民，可比屋而封，桀纣之民，可比屋而诛者，教化使然也。"③汉代由儒学后生整理编纂的《礼记》更是儒家礼乐教化的经典文献，既内含着儒家教化总结性的精神实质，也记载了具体的教化内容。面对秦朝灭亡的历史教训，汉代董仲舒建议汉武帝"退而更化"，"复修教化而崇起之"，"夫万民之从利也，如水之走下，不以教化堤防之，不能止也。是故教化立而奸邪皆止也，其堤防完也。"④到了宋代，朱熹认为"富而不教，则近于禽兽。故必立学校，明礼义以教之"。⑤并且朱熹将人分为不同的层级，"圣人之德之实，天下莫能加也"；"贤人之学，由教而入者也"；⑥"教化之行，挽中人进于君子之域；教化之废，推中人而堕于小人之涂"。⑦人成为君子还是小人的关键正是教化，教化一直在儒家思想体系中占据举足轻重的位置。

---

① 《荀子·议兵》

② 《荀子·性恶》

③ 《新语·无为》

④ 《举贤良对策》

⑤ 《四书章句集注·论语集注》卷七

⑥ 《四书章句集注·论语集注》卷七

⑦ 《朱子语类》卷一百八

在可查询到的关于"教化"的近百条词条解释中，除了人物名、官职名和乞讨这三类意思外，最为集中的解释就是儒家的政治主张、教育主张、政教风化、道德感化、教育感化等。例如《伦理学大辞典》① 认为教化是儒家用语，特指以民为主要对象的政治教育和道德感化；而在其他文化领域的辞典中，教化还被称为一种文化传播现象（《中华文化辞典》② ）、文学价值观（《写作艺术大辞典》③ ）、诗学概念（《中国诗学大辞典》④ ）、儒家美学用语（《美学大辞典》⑤ ）、方志功用（《中国方志大辞典》⑥ ）等。这些定义都是合理的，它们显示了教化方式和教化功能的广泛性。叶蓬在《儒家修养论与基督教修行论的比较研究》一文中描述修行的多层面意义："修行的词义起码包含五个方面的内容：（1）学习、教学、教导的意义；（2）教训、培养、训练的意义；（3）学说、理论、艺术的意义；（4）组织、纪律、制度的意义；（5）习惯、原则、方式的意义。"⑦ 这五层意义同样也适用于描述教化，且教化具有比之更为深刻的地方。

借由教化的复杂内涵，在与西方思想交流的过程中，教化被对应多个西方语汇，古希腊的 Paideia、德文的 Bildung、英文的 Education（教育）、Edification（启迪）、Moralize（道德化）、

---

① 朱贻庭，崔宜明. 伦理学大辞典［W］. 上海：上海辞书出版社，2011.

② 冯天瑜. 中华文化辞典［W］. 武汉：武汉大学出版社，1989.

③ 阎景翰. 写作艺术大辞典［W］. 西安：陕西人民出版社，2002.

④ 傅璇琮. 中国诗学大辞典［W］. 杭州：浙江教育出版社，1999.

⑤ 朱立元. 美学大辞典［W］. 上海：上海辞书出版社，2010.

⑥《中国方志大辞典》编辑委员会. 中国方志大辞典［W］. 杭州：浙江人民出版社，1988.

⑦ 叶蓬. 儒家修养论与基督教修行论的比较研究［J］. 孔子研究，2001（04）：16.

Civilize（文明化）、Internalized education（内化教育）、Civic education（公民教育）、Enlighten by education（开化）、Ideological education（意识形态教育）等。[①] 古希腊的 Paideia 或许是西方教化观的起源，在瓦纳尔·耶格尔撰写了三卷本的 *Paideia*（1934）之后，他对古希腊精神文明塑造的阐释就影响着后来的人们看待古希腊文明的方式。古希腊的 Paideia 精神可以一直追溯到荷马时代，《荷马史诗》中传达出来的希腊精神是当时进行"moulding character"[②] 的重要内容和目标，Paideia 在最大程度上形成了西方的人文主义传统。耶格尔将 Paideia 翻译为德文的 Bildung。Bildung 是德国启蒙运动以后备受关注的一个概念。西方的 Bildung 和中国学术概念中的教化存在差异，这是由于不同文化类型下的不同教化系统所导致的。对于更具整体性的、面向全人类的教化而言，两者的区别是由于各自不同的存在领悟所导致的，两者本身都具有对人精神塑造的一种目的性和指向性。

由于教化的形式普遍性，在研究它时无法避免的是不同文化之间的交流比较，加上当下我国对外国文献的翻译研究逐渐增多，如何理解其他文化类型中的"教化"，如何在中外文之间进行语词

---

① 在英语世界面对汉语"教化"的翻译时，许多学者也面临着问题。例如 Billioud, Sébastien 和 Thoraval, Joël 两位学者的著作的英语译本 *The Sage and the People: The Confucian Revival in China*（《圣人与民：中国儒学的复兴》）直接将教化标示为"jiaohua"，这个过程被译为"transformation through education"，但是显然这个词汇不能够完整地表达儒家的教化意义，所以作者又加入了另外两个关键要素：安身立命（searching for inner peace in relation to sociocosmic harmony）和礼教（teaching of proper behavioral expectations, i. e., "rites"）。

② Jaś Elsner. Paideia: Ancient Concept and Modern Reception [J]. International Journal of the Classical Tradition, 2013, Vol.20(4):139.

（概念）互译就成为学术研究的重要问题。德国近现代以来的教化问题研究成为当下学界研究的一个重要问题。在对德语中那些近似于教化的用词进行翻译时，学者会困惑于"Erziehung（教育）"、"Bildung（教化）"的区别，"造成其中一部分困难的原因是，'教育'和'教化'这两个德语概念的意义本身就不明确。而且，即使是德国教育学学者和教育科学家也会对两者中的某一概念有特别的反感或偏好"。① 《德国早期教化观念史研究》一书曾对Bildung的翻译问题进行过仔细的清理，书中指出与德语 bild 词干相对应的英文单词是"image"。"Bildung 一般被英译为 forming、formation、creation、construction、building、establishment、setting-up、education、culture、cultivation 等等"。② 在现代汉语中，这些英文单词被译为教化、教育、文化、教养、修养、熏陶、成形等。

德文"Bildung"被中国学者译为教化（王玖兴《精神现象学》、洪汉鼎《真理与方法》），其词干 bild 指图像或象，近于中国传统思想中的"效仿"、基督教文化中的"肖像"之意。"Bildung"指一种被唤醒的、有意识的自我塑造、自我教化、自我规训、自我训育、自我强迫、自我生成和自我创化，其结果是"有教养"，德语为 gebildet sein。③ 与汉语"教化"对应，是由于其中涵盖"摹本（Nachbild）""创造（bilden）""人的精神性（Gottesebenbildlichkeit）"的词语变形，即 Bildung 涵盖着按照摹

---

① 底特利希·本纳. 教育与教化的区别及其对当今教学研究的意义——论教化性的教育性教学 [J]. 顾娟、商仪译，基础教育，2018，15（06）：5-14.
② 鲍永玲. 德国早期教化观念史研究 [M]. 上海：人民出版社，2018：12.
③ 鲍永玲. 德国早期教化观念史研究 [M]. 上海：人民出版社，2018：6.

本进行摹写，是对一种形式的内在精神化，它借助人类的精神体察，反映人类的理解、价值观、习俗和观念，并展现着现象背后的本质，代表着人类内在精神的超越渴望。在基督文化中这样的"教化"意味着人对神的向往和对自身的超越。不过在德国，教化"Bildung"在 18 世纪才真正扩展开来。此前，德国一直使用教育（Eruditus），指启蒙和去除野蛮。在这样的文化语境下，教化，显然被当作对现实境遇的反思，分离为"教育—文化—教化"这样的结构来作为新问题被哲学家探讨。

黑格尔被认为是古典哲学的集大成者，表现在教化问题的研究上，黑格尔集前人的思想，继前人遗留的问题，站在了西方教化问题研究的一个重要节点上。黑格尔的精神哲学正是在寻找或者说是在构建教化的本质，即由个体的自由意志走向绝对精神的实现自觉自为的路径。教化的本质源于人的本质，可以说，西方的教化问题研究至少可以追溯到苏格拉底时代。从苏格拉底到柏拉图再到亚里士多德，他们关于人的生存以及人的价值的思想奠定了西方教化思想的根基。德性、理智、理性、善、正义成为古希腊教化所要实现的重要内容。在罗马帝国时期，基督教教徒起初惨遭迫害和奴役，后期基督教成为罗马国教。此后长达千年的时间里，基督教不仅是抚慰苦难灵魂的救赎，基督教的一些教会还成为压榨奴役底层民众的强权势力，以绝对的精神秩序长期控制人们的精神生活。近代启蒙运动开启以后，理性主义逐渐成为一种思潮，笛卡尔、康德先后确立了人的主体性与目的性。康德将教化描述为"大自然一步一步地抛弃低劣的东西，培植与之相反的精神事实，把美好的东西引导得更加美好，并且我们从她那艺匠的手里可以希望，我们人道的幼蕾在那种未来的存在之中将成为固有的，真正的，神圣的人类形态"。①

从古希腊到基督教再到近代理性主义思潮，这些思想与历史现实都影响着黑格尔教化思想的构建。在漫长的西方历史中，教化与宗教同源，启蒙运动把它解放了出来。虽然人从本性到神性的完善理想瓦解了，但是西方的教化概念依然侧重于个体的精神自觉，而非外在的教化手段。对精神自觉的追寻也明显地出现在黑格尔的思想建构中。在黑格尔的精神哲学研究中，教化的本质是自我意识向绝对精神复归的全部过程。绝对精神的实现需要经过自我意识的脱离、异化与扬弃的全过程。可以说，这个过程是使人异化于绝对精神又扬弃自然本性逐渐获得自觉自为的过程。陈兴华教授总结出康德、黑格尔的"教化"含义是一种人性的自我完善，不断地追求更完美的东西，而且它是精神内部的活动。②

西方的教化思想研究以德国最为典型，德国的教化思想经由其本身的形而上学思想与宗教教化传统，到康德对现实宗教压迫的批判、黑格尔的自我精神升华，再到伽达默尔的教化解释学，德国教化一直沿袭着这条路线进行研究，并在中国也形成了一股研究教化诠释学的热潮，"诠释学应当是教化的，教化应当是诠释学的"。③沿着伽达默尔的教化解释学，罗蒂建立了具有反叛传统

① 康德. 历史理性批判文集 [M]. 北京：商务印书馆，1991：40.
② 陈华兴. 教化和教化哲学 [J]. 复旦学报（社会科学版），1994（06）：50-54.
③ 牛文君. 诠释学的教化和教化的诠释学 [J]. 哲学研究，2015（11）：76.

和生命性的教化哲学。罗蒂教化哲学的目的是批判以往的系统哲学，其教化哲学的基本立场是反本质主义。他认为，本质主义是传统哲学的最大弊病，无论是任何事物、概念，都需要穷究其本质，本质带给人真理与确定的假象。受伽达默尔教化解释学影响，罗蒂认为教化哲学要摆脱系统哲学那种真理优越的姿态，要以谈话的方式启迪智慧，人们在谈话的过程中进入具体情境，从而使自身得到教化。在罗蒂的构想中这样的教化才能够真正使人进入自由交谈的社会空间。这样的社会实际上是解构掉了以往以认同共识为前提所产生的权威或特权，没有了这种真理意识，人类就能够摆脱来自"某一"思想理论的困顿，从而获得更多的逻辑空间，人类的社会、思想、交谈、生活都将成为一个不断开放的状态，教化哲学则成为替代传统"系统哲学"的新的哲学。

不可否认，伽达默尔教化诠释学、罗蒂教化哲学的思想具有非常深厚的社会现实基础，他们努力将固化哲学改变为有生机、敞开性的哲学是为了改变人类的生存方式。他们的研究是符合时代特征、符合同时代人类需求的。但是哲学史与哲学家向我们呈现了一种事实：在普遍与反普遍、真理与反真理、权威与反权威这样的两极拉扯中，人类无法在一端就获得最好的精神安顿和生活生存方式，极端往往将人类带入难以承受的恐怖状态。所以，当我们在反思人类的生存问题、精神问题、文化问题时，还要继续反思到教化的最根本。

为了应对教化问题的复杂性，本书将依据教化的演化进程，对教化作出界定，并给出其作为研究对象的边界。前文已经提及，教化是指掌握一定社会力量的人类团体或个体，以与自身存在领悟相匹配的方式对人进行精神塑造和行为引导的人类实践活动。因为教化活动在现实中存在久远，对人类的存在方式有着广泛又深远的影响，所以清晰明了的教化边界是难以圈定的。它一直与其他各种人类活动缠缚在一起。但是人类对教化并非是不可认识、不可分辨的。

西塞罗在《论演说家》中曾说："成为任何一种艺的分支方面的一个专家是一回事，清楚地懂得生活的一般目的是另一回事。"[①] 这种认识表明了人们能够区分出两种不同的教育目的：一种关乎人外在的生存技艺，其教育过程是传递知识，使人的技艺专业化；[②] 另一种则关乎人的生存意义、生存目的，是人的内在精神世界的塑成，在各个文化类型中，生存指向、生存价值和精神境界成为这一种教育目的的主要内容。虽然两种教育目的都是人类文明发展的必然与必要，但是在人类不同的发展阶段、不同的社会组织、不同的教化团体，这两种教育目的的地位一直处于此消彼长的对立之中。[③] 这种状态看起来是奇怪的，因为正确的知识与利好的品质显然都是利于人类存在与发展的，当它们成为分离

① 转引 [英] 葛怀恩. 古罗马的教育——从西塞罗到昆体良 [M]. 黄汉林，译，北京：华夏出版社，2015：69.

② 在古希腊文化中，修辞学、天象、音乐等科目都是一种艺，它们虽然都是教育体系中的内容，但是古希腊的教育倾向并不注重事实知识的堆砌与专业化，而是希望人们能够先获知普遍的原则，再运用普遍性原则去处理知识。在古代中国，经典中同样缺乏对知识专业化的重视，这不能说明中国古代诸多学派完全抛弃了知识专业化的层面，而是说明了他们内在的思想倾向与侧重点在于人的道德养成。

③ 新希腊—罗马文化时期，罗马出现的教育争论。（参见 [英] 葛怀恩. 古罗马的教育——从西塞罗到昆体良 [M]. 黄汉林，译，北京：华夏出版社，2015.）

的教育目的时，人类却为此而产生争辩与选择，这样的事实在很大程度上根源于理想与现实之间的分离甚至是对立。在现实秩序中，人类的存在方式并非完全由教化决定，对于那些关乎人类存在方式的内容，通过教化的本质特性可以为其确立内外两个维度的边界：

A 规训与暴力的边界——与外在暴力控制手段相对应（外在）

在现实世界，如果有一方（个人或组织）想要获取另一方的认同或服从，从而能够支配对方，一般有暴力和规训两种手段。暴力的目的是服从，规训的目的是认同。在政治教化中，暴力与规训是同时存在的，是统治阶级持续掌握统治权的最主要手段。暴力是硬手段，使用外力或精神压制以使另一方服从，教化则是以软手段以使另一方从内心认同其存在方式。

B 下达与上通的边界——与个体自主心性修养相对应（内在）

教化的目的是人心灵与行为的改变，所以在教化的相关研究中会涉及个体的心性修养、境界提升，即化的成果。对教化的研究不能撇除个体心性修养的部分。但是如果仅仅是对实践进行静态的横向结构分析，对教化的研究将主要集中于其结构的主要形态。对个体的心性修养则主要涉及群体相同的方面，从个体角度出发的修养问题，例如，如何修行和实践等问题，此处不作分析。仅将教化以及教化系统的现实横向结构作为研究的主要对象。

除了教化及其边界，文中涉及的需要澄清的概念还有几组：

（1）教化行为，教化活动、教化实践

从教化行为到教化活动再到教化实践，三者的内涵不断缩小、层级不断上升。**教化行为**指在人类的生存世界中存在的一切教化现象，只要在形式上符合"教化者-受教者"；在内容上包含教化者对受教者任何形式的"言说"；[①] 在目的上包含受教者对教化者的认同，那么就可以将其视为教化行为。所以，除了群体性和持续性的教化活动以外，教化行为还包含着个体对个体的一次偶然性说教。**教化活动**的内涵比教化行为狭窄，指代有统一的教化目的、教化内容、教化仪式等在较为固定的教化团体内部或稳定的教化关系中实施的教化行为，是具有群体性、规模性、持续性和仪式性的教化行为。在人类世界发生的所有教化行为中，**教化实践**的内涵小，但层级高。它内涵着人类教化的真正价值。马克思认为"全部社会生活在本质上是实践的"。[②] 借由马克思的观念可以明确，教化实践指代的是真正属人的教化活动。只有在有意识、有目的地将教化作为人的活动时，它才在现实世界同其他决定人类存在方式的因素连接在一起形成稳固的教化结构。教化活动虽然也是属人的活动，但是对于教化的现实过程来说，教化系统以及教化者的目的可能并不是出于"属人的实践"。不过这并不意味着宗教教化与政治教化等涉及神灵、神秘主义的部分不是属人的实践。当用教化实践来说明宗教教化时，表现的是它们属人的、

---

① 教化者对受教者任何形式的"言说"不仅包含以语言和文字为主要内容的教化，也指代不需要直接借助语言作为教化内容的模范教化、氛围教化等等。
②《马克思恩格斯选集》（第一卷），北京：人民出版社，1995：56.

向着社会生活的本质内涵。

　　还需要澄清的是教化系统与教化团体。格尔茨认为宗教是一种文化系统，同样，教化也是一种系统。但不同之处在于，教化概念本身应该更侧重于更纯粹的人类教化行为。教化系统是其外在的运转机制和表现形式，是具有特殊性的文化系统，甚至可以说是一种生活系统。[①] 这个系统通过长期对语言、地域、生活方式、社会制度、权力的整合，使其内部形成独特的宗教、民族和地域特质，囊括了系统内部成员具有整体性的"生活情调"、"特征和品质"、"伦理道德"、"审美类型"、"情绪"、"世界观"等。[②] 除此之外，一个民族、地域和宗教等任何一种类型的教化系统必然还要有其自身的权力结构、组织方式（包括团体的扩张与延续）、价值体系、伦理秩序，以及维系以上系统结构的暴力根据。这个系统必然能够在时间与空间中不停运转，系统内部成员的生活保证其基本的运转动力。

───────────

① "系统"这一界定源自宗教学发展过程中对宗教认知的一个发展阶段。"在缪勒、泰勒和杜尔凯姆对宗教起源的探讨中，最终都把目光投向了人类认识和社会运行的发生、发展机制；在宗教观念的演变中，人类感知到的现象如何演变为抽象的观念；在马林诺夫斯基和拉德克利夫—布朗的田野调查中，将宗教的结构与功能凸显出来，是人们更深刻地觉察到宗教的社会作用和心理作用；在伊利亚德的跨时空的比较研究中，人们更真切地感受到宗教作为一种世界观为人们的生活提供价值和行动方略，将人们的日常生活纳入一个更宏大的宇宙秩序中的意义之中；而在格尔茨的象征研究和文化解释中，则直截了当地提出'宗教是一种文化系统'。"（参见金泽. 宗教人类学学说史纲要 [M]. 北京：中国社会科学出版社，2010：56.）通过这一段宗教认知脉络的演进，能够看到人对宗教作用的认知越来越广泛和复杂，作为系统存在的宗教其行为本质内涵的还原也就是作为系统存在的教化。雅斯贝尔斯也将教化看作是生活的一种形式，教化的支柱是精神之修养和思想的能力，教化的范围是一种成系统的认识。（参见 [德] 雅思贝尔斯. 时代的精神状况 [M]. 王德峰，译，上海：上海译文出版社，2003：113.）

② [美] 克里福德·格尔茨. 文化的解释 [M]. 南京：译林出版社，2019：107-173.

这里简单地对教化团体和教化系统作以区分，教化团体所包含的是"真实有机的生命"，教化系统更类似于一个社会，其在时空中运转时是"想象的与机械的构造"。①在内容上包括教义、信仰理论、教化谱系、教化历史以及"当下"正在生存和追求形而上理想的教化者与受教者，甚至在其延展、影响、扩张的意义上包含其他个体和团体。教化系统与教化团体还存在另一个区别，教化团体指代那些还不具备上述"系统"性质，但是存在教化活动、教化目的等部分内容的组织团体。

（2）信仰理论、信仰叙事

精神信仰是教化系统或教化团体内部的精神指向和价值指向，在教化系统内部具有最高的价值地位。通向信仰的路径和方式等具体的教化内容是信仰理论的重要组成部分，在一个成熟的教化系统中，信仰理论是被不断研究和论证的。作为教化系统现实实践的指导内容，教化系统内部组织的结构和现实的教化实践都是依照信仰理论展开的。一般来说，可以称其为教化系统的教化组织都在长期的历史发展过程中形成了自身的信仰理论。当然，在庞杂的教化内容中和漫长的发展过程中，也有很多教化内容只能够称其为信仰叙事。

与教化系统和教化团体的另一个区别相对应，在一些不具有

_____

① "真实有机的是生命"与"想象的与机械的构造"来自斐迪南·滕尼斯《共同体与社会》中对"共同体"与"社会"作出的区分，两种描述也分别适用于区分"教化团体"与"教化系统"。

系统性质的教化团体中，由于其理论的不完备性和对神秘教化内容的秘传，与其教化相关的内容只能被称为信仰叙事。

（3）宗教教化、宗教性教化

宗教是人类文明的重要组成部分。宗教是一个文化系统，其教化实践可以被称为宗教教化。与宗教教化相比，宗教性教化是更宽泛的概念。那些凡是具有宗教性质的，即便不是制度性宗教，但关切人的价值与意义、生死难题、苦难幸福、人与神等问题的教化系统都实践过宗教性教化。例如，儒家虽然在是否是宗教的问题上有争议，但是无法否认儒家教化在实践过程中有大量的宗教性因素。在本书中，宗教教化一般指代的就是宗教性教化，尤其是在与政治教化、人文教化作对比研究时，更侧重的是宗教性因素。

第一章

权力
——教化之"教"的存在基础

在人类世界的文明史上存在着一些意图通过教化实现自身存在领悟的个体和团体。而具有一定规模的教化活动的推行需要足够的社会力量才能实现。在教化系统形成之前，也就是人类教化的初创时刻，教化行为本身就伴生着权力关系。教化是一个过程，如果先知要承担起教化的责任，那么还必须与受教者产生"教"的关系。"教"的行为发生后最直接的目的是获得他者的认同。对于教化者来说，要取得他人的认同至少要具备话语的权力和传播的权力。思想的传递需要媒介，能够占有、使用这些媒介，意味着计划施行教化的一方必须开始想办法获得能够让他们走得更加长远的力量。这些力量达到可以支配其他人的规模或程度，它就可以被称为权力。[①] 权力可以简单地分为硬权力和软权力，或者分

---

① 战国时期《谷梁传》有关于"权"作为政治权力和统治权力的描述："大夫执国权。"在西
　方思想史上，权力最早被认为是一种力量。从亚里士多德开始，许多哲学家都认为（转下页）

为横暴权力和同意权力，软权力可以继续细分为同意权力和教化权力。① 从教化过程的普遍形式来看，教化与权力有着内在运转逻辑的部分相似性，即"认同—支配"。②

第一节 形而上理想的发生与权力化

人类世界的权力大致可以分为两类：**一类是以道义为支撑的权力，**③ 是宗教、国家、伦理、教化得以形成的前提；**一类是以暴力为支撑的权力，**④ 是国家、政治、法律赖以维系的基础。在漫长的人类历史上，两者早已相伴而生。以道义支撑的权力形式往往会使用暴力进行巩固，即使是道义自身也经常发展为暴力或潜藏

（接上页）权力是某种实际的力量，洛克、卢梭都秉持这种观点。洛克在《政府论》中把政治权力称为共同体的力量，权力是一种强力。卢梭在《社会契约论》中认为国家权力是一种普遍的强制性的力量。韦伯在《经济与社会》里认为权力存在着在社会交往中行为主体把自己的意志强加给其他行为主体的可能性，并且可能通过说服、规劝、操纵、武力、欺骗等各种方式。摩根索认为权力指人支配他人的意志和行动的力量。丹尼斯·朗在《权力论》中认为权力是一种能力，但不完全是强制或控制他人的能力，而是预期效果的实现能力。除了支配力量的观念以外，帕森斯从结构功能主义的角度阐释权力，表明人在权力中的位置及其与之匹配的资源和社会力量。在后世更为丰富的发展过程中，权力逐渐从结构论、制约论、市场论等角度被作以阐释。福柯将权力看作是一种复杂流动运转的独立结构，表明社会中诸多行为主体逐渐的关系。这些对权力的分析虽然随着研究角度的增多不断丰富，但是几乎大多哲学家都承认，权力的基本表现是支配力量。

① 费孝通. 乡土中国 [M]. 北京：北京出版社，2004：87.
② 与权力内在的"认同—支配"逻辑相比，支配不应该是教化的根本目的。
③ 道义近似于合法性。关于合法性在第一章第二节有详细的阐述。
④ 马基雅弗利利在《君主论》中认为一个新的君主想要在新的国家对制度进行革新，面临着巨大的困难。民众变幻无常，如果民众一有动摇之心，就需要动用武力让民众强制接受，以武力强制推行新制度。（参见 [意] 尼科洛·马基雅弗利利. 君主论 [M]. 潘汉典译，北京：商务印书馆，2019：24 - 28.）

着暴力，以道义之名进行暴力压制和暴力滥用是常见的社会现象。① 而多数的统治阶层多会对暴力进行粉饰，使之符合道义。暴力是难以论证具有某种合理性的行为手段，但道义却正相反。人们往往将道义本身作为其他事物存在的合理性确证，符合某种道义是人类生活意义的落脚点。② 实际上，以道义为支撑的权力和以暴力为支撑的权力，两者的目的都是相同的，即获得他人的认同。只不过依靠着道义产生的权力意求获得他人由内心而发生的真诚的认同。而暴力是以胁迫的手段强制他人认同。现实中的暴力也常会为自身寻找道义基础以粉饰太平。所以道义是一切寻求认同活动的形而上基础。

一、原初存在领悟与原始宗教经验

对于任何一种文化类型而言，道义观的形成都可以追溯到人类文明的伊始阶段（所谓野蛮时代或氏族时代）。在这一阶段，原始宗教在人类的生存与文明的发展上发挥了开创性的作用。宗教是建立在道义基础之上的生活团体。人类最初的宗教道义是如何

---

① 马基雅弗维利在《君主论》中认为暴力的"滥用"指的是使用暴力的行为与日俱增，而非适时施暴。善用暴力的人会在统治过程中得到神灵的保佑，而滥用暴力的君王的统治则会变得岌岌可危。（参见［意］尼科洛·马基雅弗维利. 君主论［M］. 潘汉典译，北京：商务印书馆，2019：43.）

② 道义作为一个模糊不清、充满不确定的抽象概念已经退出了现代哲学（当代哲学）谈论的核心，成为充满人性光辉却又布满灰尘的一颗明珠。在古代社会，道义却是中西哲学讨论的关键问题，古典哲学，尤其是古典伦理学想要获得最完满的理论结构和永恒性的精神指向，唯有找到、说明、阐释"道义"，并以此为基础、为目标，让人们相信并按照道义行事才算完整。即使是国家、宗教、党派的政治统治，这一番工夫也是不可缺少的。

产生的，关乎人本性中的对立性或悖论性。从**宗教历来要为人们解决的最重要、最普遍的那些问题**——死亡、来世、救赎、解脱、幸福、道德——可以看出，宗教要集中解决的是人类最困扰的问题——苦难问题。这些苦来自所有不能导致人幸福快乐的因素。[①] 他们感受到生存的艰难、伤病的折磨和对死亡的恐惧悲痛，就越是能感受到自身和其他动物之间的区别。其他动物可以对同类的尸体熟视无睹甚至分而食之，人类却难以从同类死亡的悲伤中走出。人会意识到这巨大的区别，并催生出一些面向死亡的行为。

　　死亡可能是原始时代最令人类痛苦的事情。[②] 对死亡的恐惧、对死后世界的未知、对他人死亡的悲痛，它们与人的生存本能相悖，却又无法阻止。如何面对死亡并解决死亡带来的悲痛和恐惧就成为群体生存中最重要的问题之一。显然，如果把死亡看作是一个节点，那么要解决死亡的问题就出现了两类可能：一是解决死亡之前的生存问题，即更长的寿命与更多的繁衍；二是解决死亡以后的问题，即死亡后的人的状态和去向。人们在这两个层面上出现的行为，也能够解释为什么人类在原始时代会相信超感官力

---

① 休谟在《宗教的自然史》中认为，人相信那些不可见的理智力量的观念是源于对幸福的急切关怀。（参见［英］休谟. 宗教的自然史［M］. 曾晓平，译，北京：商务印书馆，2017：50.）

② 列维·布留尔认为在原始时代，"死亡"并不被看作是属于自然的。在其考察的诸多地域信仰中，例如澳大利亚土著居民和南美洲、非洲和亚洲等具有文明的部族，人们都将"死亡"视为是鬼神影响的结果。这是一种普遍存在于原始人类中的原始思维。死亡在人类最初的思维意识中是最具有神秘性的事件。（参见［法］列维·布留尔. 原始思维［M］. 北京：商务印书馆，2019：309 - 311.）

量和灵魂的存在。人类思维中先出现了"死亡后"的意识,^① 这完全是一种异空间的存在。人可以通过死亡由生存空间去到死后空间。那么出于情感和实用的因素,就会产生让亲近之人从死后空间回到生存空间的愿望。^② 但是死亡后的身体腐烂、发臭、剩至白骨等自然现象已经为人所认识(人必然见到过这些现象,否则也不会以各种方式处理遗体)。^③ 那么,如果让逝去的人从异空间回到他们身边,只有以一种非原身的形式才能实现。"招魂"与"附身"在原始宗教中非常常见,可见人们相信人死后的灵魂可以回到现实世界并拥有超凡的能力。具有与之相关能力的人就有了支配他人的可能。部落的祭司、首领、先知往往都被认为具有通神的能力。

在原始时代的人类群体中,首领可能就是祭司。^④ 这也是因为在这一阶段,人类最重要的两个问题就是生存和死亡。所以人类的生存感悟最初来源就存在着两种可能:一种是生存经验的汇集

---

① "死亡后"意识的出现是以对遗体进行有意识处理而言的,例如土葬、水葬、火葬等等,这是丧葬文化的起源。

② 情感因素来自人对死者的想念,而实用因素则来自人对有效生存经验的渴求,死亡中的年长者,尤其是群体的首领这类角色,因为丰富的阅历生前掌握着有效的生存经验、战斗经验,所以在他们去世后,群体会寄希望于他的庇佑。在原始宗教早期,祭司或巫的重要工作就是殡葬祭祀和招魂。

③ 李泽厚认为死亡仪式或许是人类文化心理的开始。"现代人类学家说,人知道埋葬死者,或给死者以某种丧葬形式(如山顶洞人撒红粉于死者身旁或身上),即人的族类自觉的开始,亦即人的文化心理的开始。动物一般就没有。这即是说,丧葬礼仪给予混沌难分的原动物性的理知、情感诸心理因素以特定的社会族类的方向和意义,以确认自己属于此族类的存在,此即人的最早的'类'的'自我意识'。"(参见李泽厚,论语今读[M].北京:生活·读书·新知三联书店,2008:41.)

④ "把王位称号和祭祀职务结合在一起,这在古意大利和古希腊是相当普遍的。"表明了早期文明神职与王权的结合。弗雷泽认为这是导致"人神"观念出现的一种途径。(参见[英]J. G. 弗雷泽. 金枝——巫术与宗教之研究(上下册)[M]. 汪培基,徐育新,张泽石,译,北京:商务印书馆,2019:22-24.)

者，往往是群体的首领；一种是巫卜人士，他们自称有占卜的能力，能与神灵和亡灵沟通。在马克斯·韦伯看来，先知占卜的能力必然是结果被验证为有效的。因为如果无效，他也无法取得人们的信任。[①] 但是由于在早期，首领与先知往往是由同一个人担任，即使是出于生存的团体性需要，不论结果地选择相信先知也并非不会发生。在原始宗教时代，道义的最初起源来自先知，他是一个区域或一个群体中最有智慧的那个人，有着关于个体和团体的生存感悟或宗教经验。[②] 这种感悟和体验在人类聚集之初是零散的、片面的，甚至是不断变化的。或许是由于这位智慧人能够汇集前人多数的有效生存经验，使他能够在一个人类团体中扮演最重要的角色，这是道义与权力的最初结合。这也是缘何在巫术时代，巫一般是年长之人，并且这一职位的继承也多是以家族血缘的方式，因为巫的子女更便于学习巫师的经验。[③]

在对"前世""来世""彼岸"（天堂或地域）有认识以前，掌

---

① 基思·托马斯也在其研究中论述过传道士通过巫术的现实作用来获取人们的信任。"正如《旧约》中的希伯来神甫试图通过公开挑战巴力的信徒施展超自然能力来击败他们，早期教会的传道士也是通过施展奇迹和表演超自然疗法的方式，吸引了众多的追随者。"（参见〔英〕基思·托马斯. 16 和 17 世纪英格兰大众信仰研究〔M〕. 芮传明、梅剑华，译，南京：译林出版社，2020：32.）由于古代和现代的认知方式存在差异，早期巫术验证自身的方式或许在现代社会能够被科学地解释。
② 在后来的宗教学研究中，一些宗教学家甚至会将宗教的本质归于信仰主体的宗教经验和主观感受。美国宗教心理学家威廉·詹姆士认为每个宗教或教派在创立之初都是由教会创立者个人的宗教体验和宗教经验而来的，包括耶稣、佛陀、穆罕默德等一切教派的创立者。
③ 在原始社会或原始宗教时代，有生活经验的年长者和有一点医疗方法的巫都会取得人们的信任，从而在部落或氏族中拥有一定的地位。所以当经验丰富的年长者逝世，对后辈而言是巨大的损失，这也是为什么许多教化系统存在祖先崇拜的重要原因。（参见郑建业. 宗教演化史〔M〕. 北京：中国大百科全书出版社，2013：10.）

握生存经验和通神的能力的全部目的就是为了更好地保障人们的生存。首领、巫和祭司等具有统治地位的角色在种植、狩猎、生殖、医治、战斗等现实方面有比别人更多的经验，能够帮助人们获取更多的食物、治疗伤病；而在通神、祭祀等超现实的方面，他们能够帮助团体向神灵祈求庇佑免除灾祸。[①] 这些生存理想完全是质朴的、自然的，甚至是出于无奈的。人类集结为小规模的团体共同生存，但是需要面对的威胁却是巨大的。通过想象与猜测在这一阶段人类的需要与渴求，就能明显地感受到人类强烈的生存欲望。[②] 人类开始规模化的聚集是团体想要获得更为安全的生存环境。[③] 这种生存环境至少有三个方面要求：这个团体能够有一个不会经常变更的生存区域，相较于动物式的迁徙，固定的生存地点能够减少人员的损失，也能够保存更多的生存物品，这种理想催生了部落和氏族的发展；这个固定的区域较之从前更少地受到

---

① 在马克斯·韦伯看来，原始宗教的这些行为实际上都属于经济性行为。

② 对人类原始文明的发生的推测和分析是有意义的。如西美尔所言，"所有这些成熟的高级生命形式，起初可以说都处于尝试阶段和萌芽状态，并且与其他的形式和内容混杂在一起。" 然后，我们要想把握这些生命形式的最高成熟阶段，就必须深入探究它们的未开化阶段。而从心理学角度理解这些生命形式，关键是要找出它们在其各个部分经过不同阶段的有机增长时相互之间逐渐形成的顺序中的位置。各个阶段的增长井然有序，看起来每个阶段上的新兴部分都是上个阶段萌芽的结果。所以，如果我们从与其说处于它们的彼岸，毋宁说就在它们此岸的各种关系和旨趣中寻找到某些宗教契机，也就是说，揭示出有望成为独立的成熟"宗教"的开端，那么，这将有助于我们认识宗教的形成和发展。（参见［德］格奥尔格·西美尔. 宗教社会学［M］. 曹卫东，译，北京：北京师范大学出版社，2017：3.）西美尔的目的是为了认识宗教，实际上他的观点也同样适用于人类认识教化。

③ 这样的推测并不是凭空和单单凭感觉想象的。在古典文明之中，通过查看哲学家或教主对天堂的描述，就能够得出这样的结论。比如柏拉图书中关于亚特兰蒂斯的描述，亚特兰蒂斯是天堂之城，面积大、风景美、动植物繁茂、生长的果实吃也吃不完，地下的贵金属也丰富。这些描述表达了人们对于现实生活环境的期待。（参见［美］詹姆斯·库克. 上帝之城［M］. 西安：陕西师范大学出版社，2010.）

野兽的袭击和其他部落有可能的攻击与侵占，以避免人员伤亡与生存物品的减少，它催生了军备与军队的建设；这个区域能够在面临降雨、洪水、雷击、降雪、狂风等自然现象时有一定的抵御能力，它催生了建筑行为。

除了安全的生存环境，团体聚集的目的也是为了获得更安稳的生存状态。安稳在这一阶段意味着：更多、更容易获取、更容易储存的食物，农耕时代的开启正是缘于这个目的；更少的身体伤害和疾病死亡，这也就能够说明巫为什么是医学的起源；更多、更健康的团体成员，婚姻制度源起于对生殖需要和人类繁衍更高水平的认知。由这些原初理想催生出来的行为、技艺、制度等生存方式是未来人类世界教育和教化的主要内容。

除上述可以猜测到的现实性的渴求之外，从出现这种渴求和欲望（已经超越了动物性欲望）开始，人类就已经有了一种理想性或渴求性的心理状态。即对"以后""未来""下一次"等时间状态有了具体的现实要求。这些要求推动着人类集合在一起共同生活，并寻求和创造更好的生存方式。**而人们对隐匿在自然物"背后"的"存在者"有了某种认识，**[①]**并希望与死去的人再次相见、交流，就意味着人心灵中的那种超越意识开始萌发。**

在史前时期，人类的超越精神体现在抽象与象征意识上。通过考古活动发现的陶罐、青铜器、洞穴的墙壁上等都有着大量绘

---

① 在马克斯·韦伯看来，这个隐藏着的"存在者"正是原初宗教阶段，人简单抽象能力的具体化观念，他将这一阶段的宗教行为称为精灵信仰（Geisterglaube）。（参见［美］马克斯·韦伯. 宗教社会学［M］. 康乐、简惠美，译，桂林：广西师范大学出版社，2011：5.）

刻的痕迹。它们证明着此时的人类已经开始有抽象意识，能将事物的主要特征抽象出来并赋予其意义。这种能力也是道义之所以能够产生的根源。而道义则是日后人类社会建构和生存规则建构的重要核心。象征的开始是人类文明真正的开始，不论在原始时代最先产生的意义是什么，意义一经出现，人的生存就朝向人类的存在意义而去了。动物性的生存可以说自此完全丧失，即使是最简单的生存本能，在文明的建构过程中都被赋予了各种文化意义。**这也许能够说明，人类的价值意识是早于本体追问意识的，进入人类视野的第一个抽象的普遍观念应该是"有用"。**

而后又可以说，人类的文化建构又超越于人类的生存本能。生存经验有效性的传递起初必然是来自人的生本能，这在自然界中总是能够得到验证。但是意义的传播与代际传递则脱离了动物原始性的生本能，这种活动或行为就是教化的最初源流。在此需要明晰关于教化的本质问题，上文提及教化的本质在某个层面上可以提炼为"使人的内心长久地认同"，但这并不意味着教化是在某一个时刻突然发生的。教化行为就如同宗教一样，是在漫长的时间中为人所认知并逐渐演变的。这个解释是为了说明，意义的传播与代际传递虽然是教化的形式，但是在人类聚居之初，如果不是为了使人认同于某一角色的思想或者理想，那么此时的教化仍然在前期的发展准备之中，还没有成为有目的、有意识的教化活动。

在以往的考古学和人类学研究中，一般认为人类曾经出现过财产公有、平均分配的氏族社会（由于关于母系社会的研究现下说法不一，此处暂且不论）。在这一阶段，由于财物上的私有制还没有出现，群体内部的纷争也较少。对群体的支配权力存有一种可能，即在资源分配和部落斗争时掌握在首领的手中。此时对于掌权者与群体之间存在着一种认同关系，这种认同是绝对认同或自然认同。也就是说，由于生存需要，被支配者只能服从于首领的支配。首领无须使群众认同什么，群众就自发地认同他们的统领。对于此一阶段的巫等角色来说也处于同样的状态，群体对他们的认同是自发的、彻底的。因为除此之外，群体很难有其他的选择。

二、信仰共同体的产生与信仰理论的塑造

存在某一个角色或某一方以自身的信仰为生存理想来获取他人的认同与追随，这样形成的团体就是信仰共同体。[①] 这种共同体的形成与延续需要通过教化活动来实现。它与上述绝对认同首领的群体的区别是，他们的神灵信仰是确定的、稳固的、图腾式的。经由信仰与理想的确定，信仰共同体会根据"带领人"的思想设置这一共同体中人们行为的边界，也就是禁忌的出现。随着信仰共同体的发展，具体的教条也会随之而出。除了人类原始聚居阶

① 卢梭认为，一个人成为共同体中的公民，那么他的价值就在于他与共同体所生存的社会的关系。好的共同体能够建立好的制度，"知道如何才能够最好地使人改变它的天性，如何才能够剥夺他的绝对存在，而给予他以相对的存在，并且把'我'转移到共同体中去，以便使各个人不再把自己看作一个独立的人，而只看作共同体的一部分。"实际上卢梭所说的"改变天性、剥夺绝对存在、给予相对存在"就是教化的过程，教化与共同体是相伴而生的。（参见［法］卢梭. 爱弥儿［M］. 北京：商务印书馆，2019：11.）

段自然而然的多神崇拜时期，当人类社会出现"使认同"的目的以后，人类的全部宗教、政治、经济活动就都成为以教化为前提的生存活动。

人类的教化大体上可以分为两类：**先知的教化与统治者的教化**。人类文明的先知可能存在两种类型：① 一种是具有通神能力或受到神启的巫或祭司；另一种是在人的现实生存经验上具有超凡的智慧和能力。第一种先知创建的教化系统多是具有人格神的宗教教化，犹太教、基督教、伊斯兰教都是具有人格神的宗教教化；第二种先知并非完全排斥神的存在，只是在教化过程中更为关注人的现实生活，神鬼精灵等非人力量的存在一般作为教化的手段，它们的意志基本不会影响人类存在秩序的建构。

以现在人们对先知的认识，先知已经成为一个具有时间性的概念，即人类文明之初的那些有超凡能力和智慧的人。基本不会有人认为现在或者百年前出现过"先知"。那是因为我们认为自先知教化万民以后的所有人，自出生起就已经生活在某种或多种教化系统之中。而先知的能力是天或神赋予的，最不济至少也是自身生长出来的。信仰本身是一种路径，这种路径是谁赋予先知的暂且不论。先知之所以能够被他人知晓，是因为他将这种路径以某种独特的方式表达了出来，可能是以语言，也可能是某种仪式。先知所表达出来的就是这个共同体的信仰理论的基础（这里所说

---

① 韦伯也将先知分为两种类型，伦理型预言和模范型预言。宣扬神的意志的是伦理型预言先知，因身作则提示他人的是模范型先知。（参见［美］马克斯·韦伯. 宗教社会学［M］. 康乐、简惠美，译，桂林：广西师范大学出版社，2011：72-73.）

的"理论"不是指那种具有近代科学性质的思想体系，而是指一种普遍抽象的"图景"。这个图景可能是先知布道时用的话语，也可能是作为祭司或巫师的先知以一种仪式对他人进行的一种展示）。**经由某种方式使他人理解了先知的信仰路径，并且这种路径能够被事实验证其有效性或者可以解决他人的苦难，一种可以被传播的信仰就得以产生。**

在教化活动的初创时代，先知是如何向他人表明其信仰理论的正确性（有效性）是个困难的问题，我们去获知这一点也是非常渺茫的事情。可以确定的是，传播自身的信仰使他人认同不是一个单向的过程。信仰理论要在他人心中发挥作用才能获取他者的认同。当然，在一个群体中会存在因从众而出现的群体认同现象，但这至少要在该信仰理论已经有了众多追随者或已经建立起群体生存的社会结构以后才会较多地出现。信仰理论的有效性在于它的自洽性，即它能够较好地回答人类生活中那些重要又矛盾的问题。关于这些问题，一个自洽的信仰理论要能够进行"首尾连贯且稳固的教说"，^① 或者可以用"自圆其说"来形容一个自洽的信仰理论。在教化者对他人进行教说时，能够依据自身的信仰回答人们提出的问题，并且不会出现矛盾的状况，也不会时常变更说法。这就更为容易让受教者认同这一信仰理论的正确性。能够自圆其说的信仰理论会成为人们现实生活中的精神依赖和信念

---

① 马克斯·韦伯在谈及理性之宗教思想体系的发展时对祭司阶级特征运用的描述。（参见 ［美］马克斯·韦伯. 宗教社会学［M］. 康乐、简惠美，译，桂林：广西师范大学出版社，2011：38.）

支撑，从而需要这一信仰理论常伴其生活，为其解决更多的问题。**长久如此，人们就会把这种信仰理论变成他们接触外界的工具或尺度，对新事物的认知也都会按照已有的信仰理论进行衡量，以至于这种信仰理论本身就已经成为人的认识方式。**

在人接触外部世界的过程中，会面对他者的死亡，从而可能会设想到人死后的去向，会有烦恼和痛苦。现实中，无忧无虑对一个有理智的人来说似乎是不太具有可能性的状态，即使是儿童依然会因为某些事情啼哭。所以无忧无虑仅仅是一种设想中的状态。在人们经历了生活中的苦难以后会认为幸福的一种可能状态是无忧无虑。一个致力于获取人们认同的信仰理论所要解决的问题就是解释人生为何会苦痛忧虑，以及如何去摆脱这些苦痛忧虑。死亡问题、来世问题、苦难问题、福报问题等实际上是每一个教化系统在对自己的信仰理论进行塑造的时候必须面对的问题。即使理论建构的当下没有触及，日后也会被教化内部的成员填补和阐释。一个具有自洽性的信仰理论需要能够为一些问题给出自己的答案——人是如何出现的，是否有神明，人为什么和其他万物都不一样，人类的使命是什么，人生的意义是什么，死亡意味着什么，灵魂是否存在，人是否有来世，等等。可以说每一个教化系统本身都是一种人生哲学。除了给出答案，这些答案本身也要经由一个合理的方式让人信服。在教化活动中，信仰理论是凭借着神话、故事、历史或前后一致的逻辑使自身的教说具有有效性和自洽性。我们可以将信仰理论的教说看作是一种叙事。在教说的过程中，**教化者运用各种能够影响受教者情绪、理智的叙事方**

式，在叙事的过程中采取各种叙事结构以使信仰理论能够呈现出真实、自然、正确的面貌，富有生动性和感染力，以获取受教者的信任或偏爱。

值得注意的是，每种教化系统中信仰理论的建构都是一个长时间的过程。在教化活动之初，先知们的那些片段式的生存感悟看起来是非常粗糙、质朴、零散的，以现在的眼光来看，可能完全不存在自洽性和有效性。但是这些片段式的论说在人类的教化史上却不仅仅是教化意识的起源。片段式的生存感悟在教化中，尤其是原始宗教的教化行为中还发挥着另一个独特又重要的作用，这个作用甚至可以说成就了宗教的诞生与发展。片段式的人生理想与生存感悟在先知身上的呈现方式可以说是灵感式的、迸发式的、赋予式的。正是因为它的不连贯性和不完整性才使得先知、祭司、巫成为神与人之间重要的桥梁。通过现存宗教也能够得知，神的旨意并不向所有人敞开，即使是先知们也不可能完全掌控神意或者那些超感官能力。他们的领会多是朦胧的、不可说的、隐晦的、秘密的，[①] 这种特性能轻易地激发人的两种情绪——**好奇和恐惧**。

好奇使人们被神赋予先知的能力和旨意所吸引，恐惧则会在人们意识到神的能力后转化为敬畏。这两种情绪带动着宗教信仰的形成与稳固。宗教信仰也因此能够在人类历史上发挥长久的作

---

① 爱因斯坦也曾说过，"人类的一切经验和感受中，以神秘感最为美妙；这是一切真正艺术创作及科学发明的灵感泉源。"（转引 ［美］詹姆斯·库克. 上帝之城 ［M］. 西安：陕西师范大学出版社，2010：4.）

用。这也说明，信仰体系的形成不全然是理论式的。各种教化系统运用的具体教化方式各不相同也各有侧重，在对于重要问题的解答上必然会存在着目的性与导向性。正如弗洛姆所说："所有文化都给人提供了一种特定的系统，在这个系统中，某些解答占了支配地位，因而某些奋斗精神和满足愿望较为突出。无论是原始宗教还是有神论或无神论的宗教，都表现出解答人类生存问题的努力。最优秀的与最野蛮的文化都具有同样的功能。"① 弗洛姆认为具有不同解答的教化系统之间是存在着好坏差异的。对教化系统的价值评判是另一种重要的问题，这里不作继续深入的研究。

三、形而上理想的超越性与权力化

在现代社会，教育与教化因为方式和内容的融合使其无法完全区隔，但是回到人类文明发展阶段之初，能够看到两者之间的差别。教育因其内容上可以具有无差别性，② 所以必然是教育先发于教化。生存技能的传递似乎是一种生物本能，其他动物也被观测过此种行为，教育在发生时刻意味着生存经验的传递。前人将有效的生存技能告知后代，由后代自己去操作和实践。前人的目的完全是无私的、不需要获得后代认同的。因为一旦后代在生存过程中获得了更好的生存技能，就完全可以将前人的技能替代掉，因为后者的经验更适用于生存，这是前人所能体会到的事情。所以，教育内容的更替对于此时的人来说是好的事情。教化则无法

---

① ［美］E. 弗洛姆. 健全的社会［M］. 贵阳：贵州人民出版社，1994：22 - 23.
② 无差别性指代一切思想、观念、技能、经验等等都能够成为教育的内容。

也不能够快速地更替教授内容，教化者需要受教者对他的教授内容表示认同，并由此在内心上相信、在行为上跟随。根据现存的教化系统就能够看出，教化的信仰理论可能在内容、路径、方式等方面会不断被教化者进行修改和完善。但是这些行为的本质是护教。一个教化系统的终极理想不会改变，只是在对它进行不断的诠释。

每个教化系统的信仰理论可以分为两个互相关联的部分：一部分涉及人的现实生活，例如道德规范、禁忌禁律、修行方式等；而另一部分则是前者的来源和根据，在信仰理论中处于核心地位，是最具有普遍性、真理性和本质性的形而上思想。例如创世、神明、来世、天道等问题。这些问题超越于人的现实生活，尤其是每一个教化系统中的终极理想，是整个教化团体趋向的终极目的，也是信仰理论中最具超越性的思想。

每一个教化系统（教化团体）的信仰理论（信仰叙事）的超越性在于其形而上理想超出了人的绝对有限性，或者说已经成为人绝对有限性的无限对立者。但是教化系统通过教化能够使人在精神上相信人类可以完成这一步跨越。这种跨越主要体现在两个方面，**死亡问题和道德问题**：

一是死亡问题。面对人的死亡，一般说来教化系统的信仰理论能够给出一个确定的答案或自己的态度：有来世、无来世或者可以永生。不同的答案应对着信仰理论在现实中对人心灵和行为的指引。对死亡的超越意味着教化系统在理想状态下能够使成员明确死亡可以被超越，以获得永生、寻求来世或生命意义升华的

方式;①

二是道德问题。生命意义升华依托的是个体的素养或个体的修行，主要以精神素养和道德素养为主。但是，这种教化理想的实现程度又要依赖于受教者的秉性与自觉。而在一个教化系统中，成员最为认同的就是信仰理论中的终极理想。因为每一种终极理想在其信仰理论中都是唯一的、不变的，是所有现实生活和理论思想的最终指向。所以，教化系统通过引导受教者经由修行实现或接近形而上理想从而拥有了对受教者支配的能力。

对受教者的支配能力首先体现在教化系统在团体内部设立禁忌和禁律。在教化系统内部，相较于成员德性的缓慢养成，禁令或禁律能够迅速地建立教化系统的权威。严格地遵从于教化设立的禁律是教内成员最底线的行为规范。修行方式则是教化系统的信仰理论所许诺的实现终极理想的必然路径。教化系统之所以能够获得人们的认同也是因为在给出终极理想的同时，将修行的路径告知给受教者，但教化系统拥有修行方式、修行结果的"解释权"。因为教化实质上不仅仅是教化系统创立者的活动，更是后续教内拥有教化权的人所进行的活动。他们对其进行大量的阐释、补充、纠正，以使教化系统的信仰理论更加完善自洽，也更加符合时代的要求。

禁律是教化团体内部成员的行为边界。在宗教教化系统中，

---

① 生命意义的升华能够超越死亡是源于在个体生命中有了比面对死亡或恐惧死亡更为重要的事情。这种意义的实现才意味着生命的使命与完整，这种超越性体现在有着某种坚定信念的人可以为了实现那些更重要事情的意义而放弃生命，无畏死亡。

不遵守禁律的人会被视为亵渎神灵，影响通往终极理想的修行路径。在社会生活中，这样的行为会受到舆论的谴责与排斥。行为边界处产生的暴力压迫促使人们远离禁律，并由此对触犯禁律中的行为产生恐惧和厌恶。在弗洛伊德的心理分析研究中，他一直把父亲的角色看成是权力的压制。在孩提时代，由父亲的威胁所产生的禁令与命令会成为孩子心中良心的一部分。① 也就是说，对禁令的一部分感觉在环境的影响下和成长的过程中会转化成人的良知，对人的行为起到规范作用。在宗教内部，由教义规定的禁律塑造了信徒日常行为的边界，并且教化系统的行为边界不仅仅是为受教者设立的，对于教化者也同样要保持操守。比如一些宗教教化系统会对布道者在传道施法后所能接受的报酬作严格的规定：早期的基督教先知不能以布道维持生计，佛教对于接受施主施舍多少也是纪律严明。② 对教化者的禁律一方面能够减少教化系统上部阶层的腐坏，一方面能够提升人们对传道者和其信仰理论的信任。如马克斯·韦伯所言，"预言之不收取报偿的确是先知传道得以成功的主要因素之一。"③

---

① 在《图腾与禁忌》一书中，弗洛伊德假设了禁忌的来源。他认为禁忌"是在远古时代的某一个时期里，外在压力（某些权威）所附加于某一原始民族的禁制，它们是上一代的长辈所强迫要求接受的"。这些禁忌和具有某种强烈意愿的活动相互联系。它们一代一代地遗留下来，也可能只是一种经由父母和社会权威承接传统的结果。如此延续到后代后，他们很可能被组织化，而成为一种遗传的心理特质（此处并非指基因上的遗传）。（参见［奥］弗洛伊德. 图腾与禁忌［M］. 北京：中央编译出版社，2020：50.）

② 先知传道却不收报酬，这是获取人们信任的重要方式，在许多宗教中都有关于这一点针对传道之人的戒律。（参见［美］马克斯·韦伯. 宗教社会学［M］. 康乐、简惠美，译，桂林：广西师范大学出版社，2011：60.）

③ ［美］马克斯·韦伯. 宗教社会学［M］. 康乐、简惠美，译，桂林：广西师范大学出版社，2011：60.

先知向他人传道，并能够获得他人的认同，其终极理想的权力化就获得了最基础的前提条件或者说具备了权力化的基础。权力的现实表现是支配。[①] 他人认同先知的终极理想，并且得到了先知关于实现理想的允诺，认同就会转变为听从与跟从。也就是说，先知有了支配认同他的那些人的能力。终极理想经由先知对受教者的引导转化为现实中人们的心灵与行为的选择。由于实现终极理想的艰难性和信仰理论对受教者的安慰、疏解、指引能够发挥作用，**先知对他人的支配能力就成为一种长久有效的现实能力。**

在先知的时代，最原初的支配权力仅仅属于先知自身。这就能够解释为什么后世的权力在寻找道义的支撑时会将道义与先知结合在一起。在历史的某一时段，是先知创造了道义并成为道义的一种代表，在有神论的世界里，先知甚至成为神派遣到人间的使者。而一旦教化系统内部形成了以传播此信仰为己任的阶层并世代延续以后，指向终极理想的信仰本身就成了使教化者阶层凝聚的核心。韦伯认为形而上学观念之合理化与独特的宗教伦理的成熟发展"有赖于一个独立的、专业训练的祭司阶级，持续地专注于祭典以及实际有关心灵指导的问题"。[②] 这个祭司阶级实际上就是由教化者组成的阶级，他们是神与人之间的桥梁。这种地位足以使信奉神灵存在的人们依赖甚至是惧怕。可见，教化的权力化是一种必然的结果，尤其随着教化团体逐渐扩大，对终极理想

---

① 此处的"支配"不含有价值上的取向，仅仅描述权力在人与人和人与物之间的最基本表现形式。
② ［美］马克斯·韦伯. 宗教社会学［M］. 康乐、简惠美，译，桂林：广西师范大学出版社，2011：39.

的认识、理解、阐释又仅仅被少数人所掌握，多数人只能听之任之。

在任何一个有传统、有历史的教化系统中，都能看到教化系统在教化者与受教者的成员配置上呈现着"上少—下多"的基本结构。不过这种配置不能够印证多数人是被少数人所塑造的，因为一个聚居团体中产生的大量一致性观念更多的是由生存环境、生存方式和生存经验所决定的。每种教化系统所体现出来的那种生存领悟都与现实生存的境况密切相关。一个以某种形而上理想为核心确立起来的教化系统有了结构性的受教者团体，例如家庭、社区、教会等各种人类组织形式，该教化系统就形成了自己的信仰共同体。信仰共同体因为拥有相同的信仰理论而彼此认同。**所以在人类发展早期的宗教研究、文化研究和民族研究等相关于人的各类研究中，能够看到某一地域内部人们相似的行为选择和相同的价值取向。**

信仰共同体得以实现除了有赖于先知们对其信仰理论的建构，还得益于另外一个重要因素，即个体对他者认同的需要。一个教化系统的终极理想能够权力化意味着上层教化者与下层受教者的基本结构已经形成。教化者需要找到受教者并使其认同自己的信仰理论，这是教化系统的重要目的。而对于受教者来说，教化系统的信仰理论既满足了他们对人生中诸多困惑的疏解，又能够满足他们寻求其他人对自身认同的需要。普通人很难在人类文明发展的早期或在没有经受过教育的时候建立起自身的精神体系。此时借助追随跟同他者的信仰体系能够为自身的精神找到依托，从而与教化系统内部的成员相互认同。即**"我们"拥有同样的价值取向和终极理想，由此获得他者对"我"的认同。**在人类历史发展的各个阶段，都能找到那些因为价值取向、信仰体系不同而发生的抵制、战争、杀戮。信仰的不同在不同的社会团体之间存在的基础矛盾就是"不认同"。所有的教化团体都将自身的信仰理论作为真理，为了维护自身信仰理论的真理性和唯一性，诋毁其他信仰体系在人类文明史上是常见的现象。虽然终极理想给人类带来了超越性与光明的意义，但它同样伴随着权力又隐匿着暴力。

第二节 "教"的权力的获得与形成

教化之"教"按照其在现实中的活动样态可以分析出两个层面的含义：第一，教化之"教"意味着存在着某种形式的人类团体，并以与其形式相应的结构形成组织；第二，教化之"教"意味着教化活动中教的行为本身，即对信仰体系的教授、传播等行为。教化组织与教化行为的存在也说明了在团体中存在着能够对团体内部成员进行教化的阶层，但是人类教化活动的存在状态并非是 个教化系统对应一个完整纯粹的人类团体。即使在一个宗教性明显的地域或时代，人们的行为也会受到多种教化系统的影响，这些教化都能够在人们生活中找到痕迹。虽然多数人只有一重教化身份，但会同时在一个人的性格品质上找到多种教化的精神特质，这种现象是人类社会的普遍现象。教化活动的现实过程不仅是教化者与受教者之间互动的传承延续，人类生存样态的复杂性意味着教化自开始起就缠缚其中。而揭示教化的结构面向就需要尽量将教化活动同其他活动之间的粘连阐释出来。既然现实中无法做到教化活动同其他活动的分离，那么就考察它们是如何结合的。

一、政治（地缘）共同体与信仰共同体的集合

人类社会虽然是伴随着聚居规模的逐步扩大而发展的，但是聚居却是一个动态性的复杂过程。它涉及繁衍、劳动、生产、交换、战争、婚姻、丧葬等全部经济、文化、政治活动的起伏变迁。因为人类的教化活动从现实生活的层面来说是划定人类行为的边界，所以教化关涉人类的全部社会活动。抑或说人类社会中的全部活动都脱离不开教化的影响。其中对人类文明和社会生活产生最大影响的是教化与政治的结合。

（一）教化系统与统治阶层的双向需求

教化源于人类对认同的需要。在传统的社会结构中，认同需求是双向的：

上层的统治者想要通过某种方式获得群体内部的认同，长久而又稳定的认同自然是来自人内心的信任。对于统治权力的实施来说，教化是比武力压制更好的方式；

普通的个体则需要一个庞大的、有力的群体认同他的身份，以获得某种保护和生存的权利。"和大家在一起"无论是在身体上还是心理上都会获得安全感。

教化系统与统治阶层对彼此的需求也是双向的：

统治阶层希望自身的权力的获得能在教化系统的信仰理论中找到道义上的支持，由此借助教化系统的组织和支配能力对民众进行管治；一些教化系统则希望凭借统治者的权势扩大教化团体的规模，便于传播和实现其内部的教化理想。

所以，一些需要经由人类世俗生活实现其终极理想的教化系统与统治者的结合是自然又必然的。[①]

教化系统与统治阶层的关系可以分为三类：

一是既独立又融合。例如汉王朝与儒家、中世纪的罗马王朝与基督教、印度"南北朝"分立时期南方刹塔瓦汉王朝及案达罗王朝与婆罗门教、现代泰国与佛教，等等。这些教化系统是独立于王朝统治的，但是在一个特定时期被定为国教，[②] 与国家权力融合在了一起。两者之间的关系虽然紧密却并不会"生死相依"。王朝更迭以后独立的教化系统依然能够延续，而国家宗教也无法逾越政治权力。

二是统治阶层自身就是教化系统中的教化阶层。常见于政教（宗教）合一的国家。在这样的国家，国教即是政教，国家元首和宗教领袖同属一人。例如 1929 年以教立国的梵蒂冈、18 世纪中叶

---

① 此处的"必然"是具有时代性与历史性的必然。比如基督教与罗马的结合。

② 因涉及儒家是否是宗教的问题，儒家在本文仅代表一种特殊教化系统，不深入研究其是否是宗教。国教（State Religion）："全称国家宗教。指的是由国家确立的在本国具有高于其他宗教地位的宗教。国教往往负担着通过宗教宣扬国家思想的任务。国家宗教是实行国教制度的国家中占统治地位的官方意识形态，得到国家的支持和保护，并为维护国家政权的稳定和社会生活的秩序服务。"在此，国教的范围扩大指代国家设立的官方教化系统，宗教是其中的主要形式。

成立的沙特阿拉伯以及 1979 年成立的信奉伊斯兰教的伊朗共和国等。在政教合一的社会，一般全民信奉国教。

三是教化系统与国家权力的完全独立与分离。自国家政权成为社会的主导权力以来，非国家教化体系的宗教或其他教化系统的规模基本都要小于国教或官方教化体系。虽然此类教化系统没有与国家权力融合，但是教化阶层对受教者依然有支配权力。在世俗生活中，受教者一般要遵从其自身教化与国家教化两种体系对行为的规范。例如天主教信徒在中国既需要接受爱国主义教育，符合中国的社会道德规范，又需要同时遵从天主教的教义和禁律。

由于统治者和普通群体之间、统治者与教化者之间的目的各不相同甚至存在分歧，即使是各方都对教化有需要，教化活动的过程也不是一帆风顺的。教化者与统治者的目的都是为了获得更多人的认同以便支配人的心灵与行为。所以，对于现实中存在的教化活动而言，教化的三个目的就凸显了出来：

一是认同教化者（先知类型）的先知先觉，先知们精神境界很高，参悟天地的奥秘，这一类教化者与认同者团结在一起形成**宗教教化**。

二是认同统治者的能力和地位，统治者为了保证自身权力的长久性和稳定性，会把自身同天、神等具有超凡能力的事物联系起来，并由此确立团体中的等级次序，统治者和其认同者一起形成了**政治教化**。

三是由宗教教化与政治教化所产生的语言、文字、艺术等文明成果对人们能够起到熏陶的作用。在这个氛围中，人类能够感受到伟大光辉而又复杂深刻的人性与文明，能够感受美与愉悦。这样的氛围形成了**人文教化**。良好的人文教化又对宗教教化与政治教化有很强的辅助作用。

除以上论述的原因以外，政治权力，尤其是统治权力需要教化，有一个可能的原因也是来自古代统治技术的限制。[①] 把一个地区或国家通过文化认同的方式联合起来应该是在古代社会所能选择的最好方式。虽然，精神上的建构工程庞大、烦琐，但是一旦形成传统就非常稳健有效。这也是为什么宗教在古代社会的政治生活中一直处于核心位置，尤其是组织性较强的宗教。这类宗教甚至能够直接将王权取而代之或与之长期地斗争。而现代国家虽然也注重国民的精神教化，但是由于其在统治技术上有了极大的丰富和进步，所以组织性宗教的传统政治功能已经开始边缘化。现代国家在宣传方面可能会选择更为简单有力的民族主义，而非内外政治势力复杂的宗教。现代技术扩大了国家的宣传权力，也防止了宗教抢占国家职能。

(二) 政治教化与宗教教化在世俗面向上的重合

政治教化与宗教教化的融合是自然而又必然的，其中的一个重要原因在于两者在世俗面向上的重合。政治教化与宗教教化都要占领或主导人们的世俗生活。世俗的一个含义是"非宗教"，实际上这并不意味着宗教不关涉人的世俗生活。此处的"宗教"指

---

① 观念来自罗素认为古代权力集中会受到技术的限制。（参见［英］伯特兰·罗素. 权力论［M］. 北京：商务印书馆，2019.）

代的应该是宗教信仰理论中理想与理论的那部分，指代人类生活中带有神圣趋向的精神生活。世俗生活是人的伦理生活、现实生活。在现实世界，没有人不过世俗的生活。"世俗"是一个场域，包含着人类生存中最琐碎、细致、繁杂、日常、重复的部分，即使是哲学家的纯思也仅仅是在精神上短暂地脱离世俗。那些决定着、体现着社会秩序终究如何的，是人的世俗生活。教化系统当然是明确这一点的，所以教化实践的重点不在学校里，不在师生关系中，而在人类的生活中。或者说，要塑造、影响一个人的心灵和行为，最好的成果就是使人们的日常生活与自身的信仰息息相关，他的言行举止、生活方式都要符合教化系统对人之为人的要求和期许。

如果从宗教学的角度看宗教，并不是所有宗教教化系统都与世俗生活结合，存在一些宗教的信仰理论和精神旨趣是排斥日常生活的。杜尔凯姆在研究宗教规律的时候，就认为已知的所有宗教都会将事物进行分类，最基本的分类就是"神圣的"与"世俗的"。[①] 一些宗教为了保持自身信仰的神圣性与超越性，并不希望宗教生活与日常生活混合在一起。[②] 因为，宗教信仰者往往认为日常生活中的观念、行为、物品等夹杂着大量的邪恶、低俗与淫秽。基于保证宗教本身的神圣性需要，日常生活与宗教生活在人们的

---

① 金泽. 宗教人类学学说史纲要 [M]. 北京：中国社会科学出版社，2010：130.

② 神圣与世俗是宗教中最为基础的观念区分。基督教的神学家奥古斯丁将世界分为上帝之城和世俗之城。"上帝的归上帝，恺撒的归恺撒。"例如，在基督教的生活秩序中，对于教徒来说既需要上缴教会的税，也需要上缴国家的税。在日常的生活中，宗教教化系统往往订立节日、仪式来将涉及信仰的部分与世俗生活区分开。

生活中区分开来。

如果从教化系统的角度去看宗教，区分"神圣的"与"世俗的"是教化系统的重要教化方式。但是，对现实秩序有重塑欲望的教化系统，实际上都没有放弃在世俗中进行与教化相关的活动（那些完全避世隐居的教化团体和教派除外）。① 所有的教化系统都倾向于受教者的人格养成，而人格养成正是在世俗生活中进行的。对神圣信仰的重视是教化有效性的重要生成来源（内心信仰与现实实践是双向生成的过程），教化实践实际上更侧重受教者在日常生活中的观念与实践。

与侧重塑造人的精神秩序的宗教教化相补充，政治教化侧重于现实秩序的建立。与宗教教化不同，政治教化的一切精神性上的建构和取向都是以现实世界为根本目的的。统治者的政治教化与宗教中的政治教化部分目的在于，对人们生生不息、永不停止的生活内容进行引导和规范。统治者的政治教化的目的是对下层民众意识形态的塑造，主要是受教者对国家政权的认同以及对统治者和统治法律的服从。宗教中的政治教化部分一方面目的是使受教者成为教化权力和统治权力的支柱，一方面目的是建立教化团体的现实生活秩序。

---

① "到中世纪早期，基督教的权柄已经扩大到极为广泛的程度：他们设置了固定的模式，进而为俗世活动降下神之赐福。用盐和水来祷告的基本赐福仪式是为了强健身体并驱走恶灵。但是，那个时代的礼拜仪式的书籍也含有用于保佑房子、家畜、农作物、船只、工具、盔甲、水井和砖窑的仪式内容。此外，也有旅行、决斗、打仗或者乔迁新居的祈祷规则。当时还有对于疾病、不育动物、驱雷及祈祷多育子女的整套程序。"（参见［英］基思·托马斯. 16 和 17 世纪英格兰大众信仰研究［M］. 芮传明、梅剑华，译，南京：译林出版社，2020：33.）

政治教化侧重现实秩序，宗教教化侧重精神秩序。两者在实践中各有侧重说明政治教化与宗教教化在对教化团体的"许诺"或"承诺"上具有互补性。虽然教化中的承诺都是"未来式"的，但是政治教化承诺的具体内容在形而下实现，宗教教化的终极理想往往关乎"形而上的"或"神的"未全知世界。人类自身的肉身与精神二重性表明，宗教教化与政治教化的融合是自然又必然的。教主许诺的未来式的理想价值与存在意义是人类存在的重要维度，而由权力的拥有者所许诺的理想秩序同样对人类生存有着至关重要的作用。

政治共同体与信仰共同体集合的实质包含着教化的权力化。从人类社会的发展进程上看，统治行为从来没有缺席过。马克思甚至直接将人类的发展史定性为统治阶级与被统治阶级的斗争史。统治阶级通过教化进行统治与教化阶层通过获取统治权以实现教化理想有时往往是同样性质的事情。教化的权力化意味着教化活动渗透到了人们生活中的各个方面，其中最能体现权力性的是对人们政治生活的影响。需要清楚的是，教化的权力化在现实中的体现都是具体的教化系统。每一种教化系统在政治方面的观念、理论、态度不仅会直接塑造受教者的政治生活，也会影响受教者的政治观念。[①] 信仰共同体与政治共同体的集合并不意味着宗教性教化与政治性教化完全的合二为一。在一个国家中，不具有国教

---

① 例如，以儒家教化为主的民众在生活中普遍认同仁政理念，对国家德治抱有期许，有君主的理想型，入仕担当是人们努力追求的政治生活。这种对某种政治生活态度的形成来自教化理论与政治结构的双重影响。

地位的教化系统会随着政治观念的转变而处于不同的处境之中。政治教化与宗教教化在世俗面向上的高度重合使宗教教化必须参与到政治生活中来，否则就意味放弃在现实秩序中发展自身。[①] 掌握足够的权力或者直接与统治者进行权力结合可以说是教化系统的一种政治选择。教化团体中的上层教化者意识到，信仰理论对受教者的影响由于更多地发生在未来，即时即刻的影响作用更多是依靠政治性规范来进行的，教化系统一般会有两种选择，一种是使其信仰理论直接拒斥政治生活，另一种则是选择向人们的政治生活妥协。也就是在自己的信仰理论和教团结构上增添更多的政治性因素，以保证自身能够在人们的现实生活中占据更大的比重。[②]

（三）共同体内外的暴力与教化

政治共同体与宗教共同体不仅具有教化的权力，[③] 还都具备实

---

① 此处的发展指代教化团体规模的扩大、理论的丰富、教权的扩张等。像道教这样的宗教，其信仰理论就出离于政治生活，但是在教化过程中依然涉及对政治生活的态度与观念。也就是说，当其追求逃离复杂的政治生活，主张回归自然时，已经提前认同了政治生活的某种不可避免性，以及这个场域存在的必然性。

② 中西方都存在政治教化的凸显，但是两者政治教化面向的对象和目的是不同的。中国古代社会的政治教化是以维护统治政权为目的的权力确定教化。而西方古典社会的政治教化意识是面向统治阶层和自由民的，尤其是在古希腊时期和罗马—希腊化时期，政治教化的目的是为了培养政治哲人、演说家和能够积极参与政治生活的自由公民，这种教化在当时属于高等教育。而这样的政治教化目的在罗马后期民主政治的推进过程中逐渐衰落了。（参见［英］葛怀恩. 古罗马的教育——从西塞罗到昆体良［M］. 黄汉林，译，北京：华夏出版社，2015：6－7.）

③ 政治共同体是一个学术研究中已经出现的概念，但是以往的研究与文中的政治共同体存在区别。在亨廷顿的研究中，政治共同体指的是利害关系纵横交错的社会中不同社会势力形成了既关联又独立的政治机构作为共同体的连接，这个连接起各方社会力量的政体是政治共同体。他认为"在一个大家都属于同一社会势力的社会里，冲突便可通过该社会势力自身的结构加以限制并予以解决，而无需正经八百的政治机构。在这一个社会势力 （转下页）

施暴力的能力。两者的集合体可以说是人类历史上暴力行为的主要实施者。权力与暴力可以看作是支配行为的一体两面，权力往往是具有认同基础的，但其背后的支撑是暴力根据。暴力是"不以同意为基础的权力"，[①] 它可以转化为具有道义支撑的权力和以同意为基础的权力。罗素也声称，暴力是程度的问题，相较于暴力来说，教化是温和的人类行为。因为教化权力化的主要目的是为了获得精神上的认同，并非是外力胁迫。这样来看，教化与暴力似乎是对立的或互补的。但是，在人类发展的历程中，教化实践的传播、改变、演化实际上与暴力关系密切。两者相伴相生的关系不仅体现在群体组织对内的规训上，还表现在对外的征服过程中：

对内，教化行为背后是具有暴力基质的。家庭教化、意识形态教育、公民教育、宗教教化，无论是哪一种类型的具体教化方式都隐含着直接性或间接性的暴力基质。在已经形成传统或具备法律基础的社会关系中，教化背后的暴力想要出场发挥作用，不需要获得受教者的认同。比如，在传统家庭或家族中，家长天然地拥有管教自己子女、晚辈的权力，这个权力是不需要子女认同的。宗教系统虽然在一些现代国家的法律条文里成为允许个体信

（接上页）不多的社会中，某一集团——武士，教士，某一特殊家族，某一民族或种族集团——能够支配其他集团并有效地诱使它们默认这一统治，这种社会可能很少或根本没有共同体"。（参见 ［美］塞缪尔·P. 亨廷顿. 变化社会中的政治秩序 ［M］. 王冠华、刘为等译，沈宗美校，上海人民出版社，2019：8.）而在该书中，政治共同体具有广泛性和普遍性，指参与政治生活的个体组成的政治性组织团体。

① ［英］伯特兰·罗素. 权力论 ［M］. 北京：商务印书馆，2019：29.

仰自由的选择对象,① 但是在古代社会,背弃宗教信仰会受到严重的惩罚。在现代的国家中,公民的概念出于法律范畴,公民教育的底线是遵守法律,而法律的背后依旧是无需认同直接可以实行暴力管制或惩罚的国家暴力机器。(即便存在理论上的认同和先在性的认同,对于被动出生于某个社会内部的人而言,认同也是强制性的被迫认同);

对外,由暴力带来的新的教化实践,改变了人类文明进程。例如,在西方,"亚历山大大帝和尤利乌斯·恺撒以他们的战役改变了历史的全部进程。如果没有亚历山大,也就不会出现希腊文写的《福音书》,而基督教也就不可能传遍罗马帝国。如果没有恺撒,法国人就不能讲由拉丁派生的欲望,而罗马天主教就简直不可能存在。……武力征服有利于文明传播,非其他任何一种力量所能及".② 教化的功能性也使得其常常成为武力征服的助推器。只要借用教化团体对神圣的热情和虔诚,就能够使战士们变得团结,燃起他们的斗志。所以,即便是具有直接性暴力的武器,在战争中,"一件崇敬上帝的或道德的外衣"③ 往往也会成为决定战争结果的关键。

权力的纷争与暴力的对撞对于教化实践和教化系统来说并非一直是推动性的。在某一个区域的某个发展阶段,社会上诸力量

---

① 虽然在一些现代国家的法律条文里,宗教信仰成为允许个体信仰自由的选择对象,但是某些宗教系统依然会通过某种权力机制制约着人的选择自由。

② [英] 伯特兰·罗素. 权力论 [M]. 北京:商务印书馆,2019:29.

③ [英] 伯特兰·罗素. 权力论 [M]. 北京:商务印书馆,2019:50.

方之间的权力纷争往往会降低人们对教化系统的信任。因为权力的纷争必然会使得教化系统、教派、教化阶层、受教者成为各方势力利益抢夺的对象。甚至教团本身也常常是利益和政权的争夺方。在这样的过程中，人们因为现实秩序的混乱而看到此中的宗教信仰不过是各方争名夺利的工具。这会破坏人们对于教化系统的崇敬与信任。而一旦教化系统依靠道义建立起来的威望遭到破坏，那么教内的秩序会受到挑战，教外的势力也会对教化系统造成严重的威胁。

教化背后虽然蕴含着暴力基质，不过这并不意味着在需要权力发挥作用的场域暴力能够解决一切问题。如果是这样，那么其他形式的权力则不会生成。显然，在社会统治的过程中暴力虽然是直接性的内容，但是在使用成本与效果上并不是最好的。人们可能因为生存本能而短暂地屈服于暴力，但是人类历史与人类社会中总是会有那些具有"宁死不屈"精神的人。我们在生活中，往往觉得这些人是少数。但在历史记载和故事流传中留存下来的却多是这样的人，他们的精神与行为极大地影响了人类文化的品质和价值的趋向。"宁死不屈"的英雄文化同样是人类教化实践的重要内容。规训式教化与英雄式的教化塑造出了教化实践的一种张力，两种教化倾向可能最初源自人与自然之间的互动，在文明的塑造与发展过程中逐渐成为人类文化精神的两种重要气质。

二、政治权利与信仰追求的交付

统治者为什么需要教化即是政治教化的产生缘由。从人类发展的历程来说，把宗教教化看作是最早的教化方式是没有问题的。宗教是人类最早建立起来的信仰体系，甚至可以说是最早的理论体系。教化追求的目的是他人内心真正的认同。统治者虽然多是依靠暴力获取统治地位，在治理的过程中也可以依靠武力使得民众臣服。但是，如果统治阶层的目的是长期稳定地保有统治权，那么教化本身"成本低"、"效果广泛持久"的优势就体现了出来。可以说，政治教化是统治者意识到教化的好处以后使之运用到政治统治中，以维系统治秩序的一种手段。统治者在教化的过程中会付出多少关于教化本真目的的真心是可疑的。但是，在政治、宗教、教化这些关乎人类生存的环节中间，权力的产生把它们都连接了起来。

统治权力与教化权力往往相伴而生，两者都具有"支配"的能力。但如果将教化完美地理想化，"支配"一词隐含的暴力因素似乎与教化还存在境界上的距离。毕竟在诸多教化系统中，其理论信仰的重要指向是个体本身的自觉。教化者纯粹的目的可能不是世俗的、政治的、牵涉利益的，而仅仅是终极理想的实现或个体道德意识的觉醒与完成。"支配"却总是压制性的、暴力性的、与政治和利益脱不开关系的。也许会有人质疑，将教化看作是教化者（或教化理论）对受教者的支配是对教化的某种扭曲理解。但是，不能够否认的事实是教化行为本身就涵盖着支配欲望，教化活动的效果实现中也指向支配目的。在活动的过程和结果中又都产生了支配能力（或效力）。可以说教化与权力内含着相同的人的支配欲望与行为倾向。

这是教化与权力之间最根本的关联。有着这样的一种关联，就意味着权力（拥有者）可以促发教化活动，教化也能够产生权力。但是相较这两个过程来说，后者的发生条件更加复杂。已掌握权力的一方想要发起什么活动是容易的，因为他掌握着社会力量、有话语权、有暴力机器，民众行为的臣服先于内心的认同。很明显的是，统治者能够发起战争，也能够发起外在危险性并不明显的教化。而教化产生权力，则是一个必须细细考量其发生条件的问题。

我们能够直接进入的问题是"为什么说教化能够支配人"。教化行为促使人相信教化的内容。例如说教，说教的目的不仅是将说教的内容传递给受教者，而是旨在使受教者的所思所行如说教者的选择一样。这个过程需要产生的一种情绪或思想是相信，即受教者通过教化者的说教相信了说教的内容。说教者如何能够达成这一初步的目的，需要考虑的是说教的方式和说教的内容。它们要不然就是在某些方面上合于受教者自身的生存经验，如受教者的恐惧、担忧、期望和那些为了获取生存而熟能生巧的生活技能；[1] 要不然就是在内容上完全远离人们的日常生活，但是又能够在精神指向上贴近人性和人情的所乐与所难。[2] 说教的内容引人共鸣，说教的方式引人入胜，加之说教者本身虽然是劝导式的，但依然会因为教与受教的关系，而使说教者存在一定的权威优势。

---

[1] 例如许多教化系统在说教活动中对死亡、爱、生命等内容的传播。

[2] 例如教化内容中尤为典型的就是神话，即神的生活、神的故事。这些故事远离人的生活区域，时间也与当下接受教化的人相隔甚远，但是对于这些故事中所蕴含的精神与品质，人能够理解，产生共情。

除此之外，还存在着"知道"对"不知道"的知识（非现代性知识）优越。内容、方式加之权威，使"受教者相信说教者"这件事成为可能。

说教者即教化者不是一个单独孤立的个体。教化者本身的背负与教化的内容是受教者相信教化者的更为基础性的存在。成功的教化者必然拥有一套较为稳定可靠的价值观念，否则教化者很难在多次说教的过程和结果上维持住长久的受教人群。除此之外，教化者还需要拥有明确的说教目的，即说教的内容与方式都是为了使受教者相信说教者的目的而服务的，否则说教就不足以称之为教化，而仅仅是交谈或聊侃。说教者自身所具备的稳定价值观念以及明确的说教目的在精神指向上必然是内在同一的。稳定的价值观念背后是有理论基础的价值体系，明确的说教目的来自给予教化者明确的理想世界样态或理想人类生存样态的"承诺者"。

可以说，这些教化者"背负"的诸要素实际上就是一个教化系统的信仰理论的各个部分。使得说教者真正拥有权力以及在教化过程中使用的权威来自教化系统的信仰理论。信仰理论又包含着人类生存的方方面面。在主要的内容呈现上，有理想、禁律、咒语、启示、教义、神、知识等。这些呈现在其与人的本质关联上可以抽象成为人与其他一切事物不同关联的生存方式，即人与人、人与自然、人与组织（社会）、人与时间、人与死亡等。与人有关系的后者呈现出来的都是人的认识，这些认识可以抽象概括为人对存在的认识。

人起初对人的存在有了认识，随后又对人的存在有了要求。建构秩序是人关于规划自身存在方式的宏大工程。在人类世界，可以推动秩序建构的力量大体上有三种：外在暴力、教化和契约。三种方式都涉及权力的生成与运用。在三者间，最为一致的根底是服从。虽然对于教化而言，这一点在当下看起来似乎存在争议，因为现代推崇的教化指向个体的精神自由，但不可否认的是，在人类历史发展的大部分阶段，宗教教化和政治教化主要的效用就是使人服从于信仰理论或教化者的支配。即使是在现代教化中，服从（不同于屈服）也是教化活动在初级阶段的主要效用。服从关系的产生意味着权力关系的产生。权力是一种力量，同时也是一种关系。权力只要存在，就一定存在着权力拥有者、权力使用者与受制于权力者。[①] 在一次具体权力的使用过程中，权力关系的双方（权力拥有者、使用者与受制于权力者）必然不是同一个个体或群体。这种关系的发生使得权力存在两种产生方式：一种是自上而下的，古代社会的权力产生方式，权力拥有者始终致力于为自身的权力来源寻找具有绝对性的合理依据；另一种权力产生方式是自下而上的，是现代社会主要的权力来源，即契约和让渡权利，以形成社会同意的公权力。公权力既属于社会中的每一个人，又能够将个体完全排除在其之外。

教化经历了古典到现代的转换，教化权的产生也自然经历了上述两种方式的转变。古代社会的教化权是自上而下产生的，统

---

① 使用权力者不意味着权力拥有者，受制于权力者也不一定不拥有权力，代表着一定社会力量的权力即使是在"此时此地"也有着不同的类型和运用方式，必须分门别类地对待分析。

治者和宗教教主是权力的拥有者。两者不同的是，统治者的教化权是掌握在自己手中的，虽然一般时候大多依赖于某一种宗教教化，但统治者的权力是绝对的。[①] 而宗教教主的权力则未必是教主所有，因为权力永远是"现在时"的，宗教教主却不会随着代际更迭而有所改变，每一个宗教教化系统的教主都是绝对固定的。可以说，宗教教化阶层才是宗教教化权力的拥有者。但是宗教教化阶层也是复杂的，在教化阶层内部继续区分等级和权力大小是世界教化系统中的普遍现象。[②] 所以，权力的归属既有"命定"的成分，也有"争抢"的因素。虽然从表面上看，"命定"的权力与"争抢"的权力可以将权力来源分为较为清晰的两种路径。但实际上，这两种权力来源在历史现实中长期处于模糊状态。尤其是所谓"命定"的背后往往带有来自权力所有者的"解释"。可以说，"命定"的权力与具有道义的权力有着某种程度的相似性。而即便是"争抢"来的权力，权利主体也会经过一番"追根溯源"，将权力来源的方式由"争抢"改为"命定"。这就导致无论是政治教化还是宗教教化，无论它们的权力来源是什么，它们始终都要为自身权力来源寻找其合理性依据。

统治者与教化系统虽然有依照自身的存在领悟建立人类存在秩序的意志，但是，除了上述直接性暴力的实施以外，秩序的建立还需要教化者与受教者进行双向搭建。内心的认同和交付以及

---

① 此处的绝对不指代权力绝对集中于统治者手中，而是指权力是绝对归属于当下的"统治者"的，"绝对"指代的是"统治者"这一身份。

② 印度教中有大祭司和小祭司之分，大祭司与小祭司在教内的职能和地位各不相同。（参见王红生. 神与人——南亚文明之路 [M]. 北京：人民出版社，2011.）

行为的规范与服从——实际上就是受教者将信仰理论或信仰叙事内化于心并给予行为反馈的具体内容。心理学家阿伦森将受教者给予的反馈总结为受教者的三种反应——依从、认同、内化。这三种反应的主要成分是：依从中最重要的成分是权力，认同中最重要的成分是吸引，内化中最重要的成分是可信性。[①] 这样的总结是合理的，权力、信仰和理想的吸引力以及信仰理论（信仰叙事）和政治纲领的可信性就是促使受教者真正交付自身的最重要内容。

权利的本质与权力相关。唯有拥有能够干预统治者的权力，才具有向统治者或统治阶层争取权利的现实可能性。虽然，政治统治者可能拥有集中的权力使其具有对政治生活的最大支配力，但是，革命权力有可能推翻传统权力。在人类历史上，不同区域的政治统治集团在更新换代的过程中都曾生成过革命权力，[②] 并有过推翻传统权力的历史。即便是君主制的权力也不具备在一个社会秩序中绝对集中的现实可能。笼络支持者是统治集团的必要政治手段，因为政治统治需要最基础的秩序参与者。例如军队、农耕者、手工业者、商业者都需要真实的人来组成。政治统治以及政治秩序的建立需要这些真实的人将信任交付给统治者。从表面上看，权利是统治者给予被统治者的（当然，在权力集中的古代社会，"权利"不是具有自主性的政治概念，可能其具体内容不过是政治统治者为了安抚民心、稳定秩序而不得不给出的一部分会

---

① ［美］E. 阿伦森. 社会性动物［M］. 上海：华东师范大学出版社，2019：28-29.
② "革命权力"概念来自罗素。

使被统治者受益的好处），或者是被统治者主动争取的，它属于被统治者或者是属于政治生活中所有应该享有政治权利的人。同时，权利的享有也意味着权利的交付。权利的交付实际上也就是将自身拥有的权力在某种形式上进行交付：一方面是霍布斯、卢梭等哲学家所说的公民让渡的权利，以使公共权力能够维系社会的基本运行机制；从另一层面来说，权利的享有也意味着相同权利的交付，因为大部分权利的实现仍然需要统治者或权力机器进行兑现和完成。

这种对应性也同样蕴含在受教者的信仰交付中。个体将教化系统的信仰内化于心，将自身的精神信仰交付给教化系统。个体内心信仰的交付就是个体将自身对存在意义和价值的诠释、理解与实践交付给了教化系统。虽然个体生命的意义与价值最终要通过个体自身的实践来实现，但是，对教化系统的选择（主动或被动）实际上就已经对自身价值和意义实现的可能作出了某种趋向上的限定。在价值观念与精神信仰已经形成传统和理论的教化系统中，人们实际上通过生活和学习就能够对自己所选择（主动或被动）的意义与价值趋向产生认识并形成理解。所以，在教化系统中，个体信仰追求的获得同时就是信仰追求的交付。个体将精神信仰上的需求交付给教化系统，使其与教化系统的信仰理论或信仰叙事相融合。一旦上述过程在个体与教化系统之间变成事实，教化系统就能够通过教化实践使其信仰理论对个体精神进行引导和塑造。

政治权利与信仰追求的交付成为教化团体中普遍发生的事实，

权力就得以在开展和使用的过程中在社会上发挥普遍性效用。能够发挥普遍性效用的权力才是活的权力。而活的权力不仅意味着它正在发挥效用，也意味着在现实秩序的开展过程中能够扩大权力拥有者的影响力。也就是说，活的权力能够进行权力的再生。这也是为什么权力会成为人类抢夺的主要对象。契约、战争、厮杀、贿赂，无论是合于人类道德秩序的还是与良知相悖的行为，只要它能够带来活的权力，它就不断地在人类世界上发生。人类似乎无法从由此导致的灾难中吸取到什么实质性的教训。在未来社会，它们依旧会不停息地发生。只能说，权力对人类有着致命的诱惑力。罗素甚至将其看作是决定人类文明进程的核心内容来加以研究。也有哲学家认为权力是一种实在，不完全受制于人，甚至认为是人类就要听从权力的支配和摆布。

权力的根本性质这里不作深入的研究。虽然在人类的生存过程中，人确实常常会感受到权力对自身的压制以及在权力关系下的无可奈何，但是，人会有意识地运用权力的具体内容来达成自己的目的也是不可否认的事实。将这一行为放大至教化系统或教化团体上也依然是合乎常理的。由于教化系统在运用权力时往往需要涉及大量的人员，它就需要向人们表明，它所要行使的权力是正确无疑的。为了获取人们的信任，教化系统还必须表明它的权力的来源是自然生成的、不可剥夺的、不可置疑的。这实际上就是权力的合法性根据，表现在教化系统中，就是教化权力合法性的根据。

三、教化权力合法性的生成

合法性具体指的是什么？从人类教化系统和政治集团对自身权力合法性的论证来看，一般是"正义"或"正当"，是权力来源的自然生成、不可剥夺、不可置疑。这便于权力行使者让人们相信他对权力的运用是正义的和正确的。在古代社会，无论是政治集团还是宗教组织都会运用"天命"来为自己权力的合法性作证明。天赋和神赋的权力在实质上都是一样的，就是将权力的合法性根据归于上天或神明。虽然这种方式真的在人类文明的建构中为权力合法性找到了依据，但是这种合法性似乎没有必然性的证据。神从来没有公开宣布过权力是它赋予的，后世的受教者所接受的神赋权力的观念一般都来自教义和传说，人们不会对这样的合法性依据产生完全的信任，历史上被推翻的神赋君权已经说明了这一点。

即便最初的合法性依据没有获取人们完全的信任，但从秩序的建立以及人们的行为来看，合法性依据已经生成了，因为它发挥了效用。事实上，我们无法完全地确定，合法性的来源是先于人类还是经由人类创设的。从国家演化和政治体制变化来看合法性的具体内容，会发现不同时代的哲学家、政治家和社会学家们对于政权和教权合法性的阐释都是不同的。对于政权和教权来说，**合法性的确证不在于理论中权力的来源，而在于现实中权力是否发挥了普遍性的效用，或者说是否被广为认同**。在一个经历过长期发展演化的社会中，能够对社会秩序产生普遍长久的效用和影响的事物可以分为三类：**传统、习惯和常识**。传统包含着传统的政治体制、宗教信仰、学说理论等凡是能够自成体系的事实系统。习惯是通过人们的日常需要逐渐发展而来的，是具有稳定性的生活方式。这里所说的习惯指的是具有群体一致性的生存习惯，例如风俗。常识指的是具有理智的人在生活中所能获得的那些不证自明的认识。传统、习惯和常识往往会相互掺杂，它们共同构成了群体中认同共识来源的重要支撑。① 除了这三种重要的支撑，**"见证"实际上也是权力合法性得以发挥效用的重要环节。**例如祭祀、祭神等古代仪式与开国庆典、契约签订等现代仪式，都不是由一个人私密地完成的，它们都是公开性仪式。仪式的重要目的就是获得大量的见证者：一方面，见证意味着一种确证；另一方面，参加仪式的见证过程能够增强参与者在情感上的认同感。

在传统、习惯与常识中，**传统是合法性效用来源中最具有张力的，**虽然群体习惯与常识也并不是完全恒定的。即便是在同一地域的同一时期，人们的生活习惯以及对常识的认识可能也会存在差异。但是，**习惯和常识中有来自自然的力量，使得它们的演化与更替常常是温和的。**这并不是说，人类生存中的习惯与常识没有人为或人造的部分。"温和"仅仅是强调生活中大多数人对于习惯和常识的态度。传统不同于习惯和常识，传统意味着人为的力量在社会中发挥着普遍的效用。人们都承认传统，并且对于传统的"承认"多数时候是无意识的。只有反叛传统的人或团体出现，传统在人的意识观念中的"存在感"才会被凸显出来。**传统**

---

① 后现代思潮批判传统，实际上就使得原本合法性的来源减少了有力的现实支撑。这也是现代性危机的原因之一，合法性无法在现实中得到确证也就无从说哪一种理论获得了合法性。

对合法性效用的支撑来自社会对传统的维护意志。显然意志可以成为力量，①尤其是在维护传统的人数众多或团体规模过大的情况下，传统的力量就是一种具有普遍效用的活的权力。在现有的社会秩序中能够获得幸福和利益的人自然地想要维护现有的秩序。对于那些可能会造成秩序破坏的反叛传统的人，最直接的办法就是压制和打击。但是，压制和打击不会成为维护传统一劳永逸的办法。**传统的张力正是来自传统与新观念、新理论之间的对立。当下的某种传统不会为政权和教权提供永久的合法性效力，但是为了获得合法性效力，新的政权与教权又致力于让自身成为传统。**如天赋君权和天赋人权这样的说法或理论，当它们在各自的时代发挥政治效用和教化效用的时候，这些观念本身也就已经成为一种传统，成为传统又使得它们获得了更强的合法性效力。

自西方近代科学研究和启蒙运动思潮兴起以后，知识逐渐成为现代社会权力合法性效力的重要来源。**实际上，知识并不是直到近代才成为合法性效力的来源，在巫术时代、宗教时代，知识就能够生成权力。只不过，近代以后，知识作为合法性效力来源的核心地位被凸显出来。**可以说，依靠知识与生产知识已经成为人类社会新的传统。知识所产生的合法性效力是非常强悍的，因为它能够对自然、对人类、对社会甚至是人的心理作出确证，且这些确证是有理智的人通过学习就能够理解的。自然科学与社会

---

① "传统是一种对社会行为具有规范作用和道德感召力的文化力量，同时也是人类在历史长河中的创造性想象的沉淀，一个社会不可能完全破除其传统，一切从头开始或完全代之以新的传统"。（爱德华·希尔斯《论传统》，参见郭齐家. 中国教育史（上下卷）[M]. 北京：人民教育出版社，2018：12.）

科学重新对人类世界的由来、演变和形态等问题作出新的诠释。知识的强悍之处与传统本身一样，即便它的具体内容是不断更新的，但是知识本身成为人们信任的对象。知识本身带来的社会效益以及对人们生存方式造成的巨大改变，促使人们对于知识具体内容更替的态度是积极的，这一点使得以知识为支撑的权力的合法性效力要比传统更为强悍。

知识作为现代社会教权的合法性根据改变了人类教化实践的传统方式。在古代社会，宗教教化与政治教化是教化的主要类型。但随着知识地位的跃升，政治教化逐渐变为意识形态教育。宗教教化虽然仍然影响着世界上最多的人口，但从秩序建构上所能发挥的效用来说，宗教教化逐渐边缘化。原本宗教教化中重要的人格养成在现代社会以道德教化与人文教育的方式来进行。知识权力改变了传统教化的结构，也削减了传统教化的效力。当知识成为现代教权的合法性来源后，现代教育却未能成为完美的教化实践。（对于现代教化中存在的问题在第五章会进行详细阐释。）

有了合法性依据的教权实际上只是获得了使权力活起来的效力，但这并不代表其教权在使用过程中完全是善的，或者说不代表其能够一直以其合法性进行运用。教化权力中的恶在人类历史上也屡见不鲜，甚至可以说是常态。就像休谟所说："偶像崇拜和多神信仰的腐败很少是比一神信仰的这种腐败（当达到极高程度时）对社会更有害的。"[①] 一旦那些成熟、有规模、有权力的教化

---

① ［英］休谟. 宗教的自然史［M］. 曾晓平，译，北京：商务印书馆，2017：56.

系统在阴谋之人的引诱下走向腐坏，驱逐真正的德性、热爱与正义，它的危害要远远超过世界发生的一般灾难。[①] 这也是为什么休谟会发出"最好的东西的腐坏产生最坏的东西"这样的感慨。[②] 尤其是对于教化实践来说，因为它本身的社会性功能以及对个体在精神塑造上的效力，使其成为现实世界各方势力争夺和利用的对象。

在诸多教化系统的信仰理论中，哲学家们都犀利地指出过教化权力中的恶。例如马基雅弗维利、休谟等认为在宗教教义中很明显地存在奴化民众的倾向。教义和教化者赞誉那些吃苦耐劳、忠诚、顺从的信徒，从而建立起能够为宗教所用的价值体系来奴化受教者。而古代教化系统中那些涉及神鬼、禁律、惩罚的部分更是以恐怖、威胁的手段强化人们畏惧的心理，从而使民众更多地顺从于统治者的奴役。哲学家对此进行批判是具有时代先进性的，其先进性是从现实中来的。因为社会现实的表征让哲学家们相信正是传统的宗教教义以及宗教教化方式使整个社会现实呈现出奴役、混乱、战争和杀戮。受教者没有从中获得生活上的幸福，也没有获得精神上实质的进步，精神上的满足不过是受到了教权所有者的蒙蔽和欺骗。他们在现实世界凄惨的生存状况促使哲学

---

① 休谟将多神崇拜与一神崇拜进行对比，多神崇拜更具有宽容性，而一神崇拜因为要保证自身信仰的完善性、唯一性，使其极为讨厌异教和异端。所以休谟说多神崇拜人的人祭远没有罗马和马德里宗教审判时杀害的人多。多神崇拜中的人祭行为在相当大的程度上不会影响社会的其余部分，但是那些成熟的一神信仰宗教一旦本值德性、知识、热爱，就会使整个社会陷入无耻、无知、腐坏和奴役之中。（参见 [英] 休谟. 宗教的自然史 [M]. 曾晓平，译，北京：商务印书馆，2017：56.）

② [英] 休谟. 宗教的自然史 [M]. 曾晓平，译，北京：商务印书馆，2017，58.

家们认为宗教教化压制人性。启蒙哲学家们也就自然地认为"教化"并不是以真正的道德化与文明化为目的的。

因为人性中的贪婪以及权力对人性贪婪的催化，教化权力化的现实处境的确容易走向极端化：掌握着现实权力的教化系统容易将教化变为奴化；而没有现实权力的教化系统在现实世界又容易任人打压阉割。对于受教者来说，教权获取合法性虽然是为了获取受教者的认同，但是掌握了教权的统治者又会在多大程度上保证教化实践的真理性与正义性则是受教者难以确定的。教化权的合理性与合法性乃至合目的性实际上取决于现实中人类教化的真正实践过程和实践目的。

第三节　教化中"教"的存在方式

掌握政权的集团同样也掌握着教权。但是，并非只有政权和教权才能进行教化实践。只要人类以某种方式组织在一起，那么权力的掌有者就有可能对团体内部的其他人实行教化，这个事实源自教化的现实功能。教化这一概念内涵了教化的教者与受到教化的受教者。教者的教化权力在很大程度上源自他所属于的团体，是团体的统治者或团体内部的生存传统赋予了教化者以教的权力。在人类文明的发展进程中，人类的组织方式越来越丰富多样，教化中教的存在方式也就随之丰富多样起来。

一、作为人类的某种组织形式

人类是依靠什么组织起来的？依照马克思的唯物史观的理论，必然是生产方式与生产关系为关键性因素，但除此以外，一个逐渐庞大的社会组织的形成也离不开团体的精神因素。人类不同的组织形式除了生产方式上的差异以外，[①] 更重要的区别是以什么作为组织团结的关键。[②] 而作为人类的任何一种组织方式，其在进行教化活动时，权力都是教化行为的支撑和保证。

(一) 宗教

前两节对宗教的论述一直占据着较多的比重，因为宗教是人类文明的最初形态。在人类生存的任何一个地方，原始宗教都是人类文明早期的一种组织形式。宗教的定义是非常多样化的，研究宗教的哲学家对此都有自己的想法，有一些甚至呈现对立状态。例如儒家是否是宗教的争论，其实就源于宗教定义的不明确与无法统一的状况。并且，由于宗教是一个历史性的概念，它在不同的时代有不同的形态。宗教学家一般仅选择一个最突出的特性作为为宗教定义的标准。

通过宗教人类学、宗教历史学、宗教心理学和宗教社会学这些研究宗教问题的不同角度与层面，研究者对宗教的认识有其各自侧重的内容。可以区分出二种宗教研究中的主要定义标准："第

---

① 在现代社会，生产方式显然不能够作为区分社会类型或组织形式的决定因素，存在相同生产方式与生产关系的社会可以同时存在多种组织形式。

② 此处团结的意思不仅仅指代某个团体团结一致的精神，而是指代更广泛的社会认同或组织认同，大家共同参与某一组织形式的社会生活。

一种是以宗教信仰的对象（神）为中心，^① 第二种是以宗教信仰的主体（个人）为中心，^② 第三种是以宗教信仰的环境（社会）为中心。^③"作为教化之"教"的内涵必然包括前两种而主要趋向于第三种层面，即宗教的社会性。宗教当然是与神圣事物、神圣信仰相关的人类活动，但是同时，作为教化的主体，它也必然在社会中发挥组织的作用。宗教团体是一个有着社会结构、行为边界、道德准则、运转机制的制度型社会团体。^④ 虽然教化的终极目的可能实现在"彼岸"或"来世"，但是对于团体、社会的影响和作用却是发生在现实历史、当下和未来的每个时刻。

麦克斯·缪勒在谈及宗教定义多样问题的时候说："各个宗教定义从其出现不久，立刻会激起另一个断然否定它的定义。看来，世界上有多少宗教，就会有多少宗教的定义，而坚持不同宗教定义的人们之间的敌意，几乎不亚于信仰不同宗教的人们。"^⑤ 实际上，坚持不同宗教定义的人们之间的敌意与不同宗教教徒之间的"敌意"源于同样的情绪，即对自身信仰理论的唯一性和真理性的维护。宗教信徒还要维护自身信仰的高贵性和神圣性。强烈的维

---

① （1）宗教是对某种无限存在物的信仰（麦克斯·缪勒）；（2）对精灵实体的信仰（爱德华·泰勒）；（3）宗教指的是对被认为能够指导和控制自然与人生进程的超人力量的欢迎和抚慰（弗雷泽）。（转引自吕大吉. 宗教学通论新编 [M]. 北京：中国社会科学出版社，2010：43.）

② 此类宗教学研究把宗教的本质归于人的主观宗教体验，认为实际上诸多宗教系统的创立都是来自教会创立者个人的宗教体验。

③ （上述梳理来自）吕大吉. 宗教学通论新编 [M]. 北京：中国社会科学出版社，2010：42.

④ 法国宗教学家杜尔凯姆认为宗教制度中的各种因素都是源于社会的需要而产生的。

⑤ （转引）吕大吉. 宗教学通论新编 [M]. 北京：中国社会科学出版社，2010：41-42.

护心理既是宗教存在的一种需要，也是宗教本身的一种特性，这种心理与宗教教化直接相关。例如，对于一神信仰而言，信仰唯一真神是此类宗教教化的首要要求。犹太教、基督教和伊斯兰教是典型的一神宗教，由三者之间的纷争而引起的战争至今没有停止过。多神崇拜或其他神灵崇拜亦存在这样的问题。这种心理可能存在于人的本性之中，但是随着不同教化团体的形成和人类社会的发展，宗教间的对垒也受制于现实利益的纷争。

作为人类历史上最重要的一种组织形式，决定其内部具体组织形式的宗教制度是宗教的基本因素。宗教制度的建立与宗教团体的形成意味着此种宗教信仰具有能够传播、接受、认同的社会性质和群体性质。[①] 制度性和组织性是宗教的基本特质，缺乏这种性质的宗教相关，只能算作是主观的宗教经验。作为教化之"教"的宗教组织，它是由诸多信奉同一宗教信仰的教者与受教者按照宗教制度规定的结构形成的教化团体。在这一个团体中，信奉者需要共同遵守宗教教义、行为规范和生活习俗。在人类历史上，宗教内部的组织方式也是随着人类社会的发展演变而变化的。不同地域、不同类型的宗教也各有其自身的组织方式，从而形成不同的社会结构。

宗教紧密的组织结构使得它成为人类组织形式中最便于教化者施行教化的组织形式，也是教化欲望最强烈的组织形式。宗教因其自身创设条件的特殊性，使其组织结构不仅仅体现在现实生

---

① 吕大吉. 宗教学通论新编 [M]. 北京：中国社会科学出版社，2010：273.

活中，也体现在人强烈的精神连接上。他们的精神连接正是来自宗教强烈的教化欲望。宗教内部成员对于教化理想的实现有着非常强烈的渴望，强烈的情绪导致社会中存在一些具备宗教特性的组织会采取一些非常规的手段以实现其教化理想，当然这种组织多数会被视为邪教。即使是现存的世界宗教，在历史上也出现过采取血腥暴力手段的事件，一般这样的人物或教派会被视为宗教狂热分子。宗教在调动人的心绪方面具有极强的力量，宗教的这个特性也是统治阶级愿意利用宗教进行统治但同时也忌惮宗教的重要原因。

（二）国家

国家是现代社会最主要的组织方式。人们的政治身份、社会生活、税务财产、权利保障都是以国家的范畴进行的。在恩格斯的《家庭、私有制和国家的起源》一书中表明，国家是作为一种保护个人和家庭私有财产不受氏族共产制度侵害而产生的一种替代氏族制度的机关。[①] 国家在人类社会中扮演的角色不仅仅是社会运转的庞大机器，对于个体而言，国家是所有同自身具有相同政治身份的人的最大集合。即使是拥有宗教身份的信徒在现代社会也依然拥有国家身份。对于个体在现代政治生活的参与方式来说，国家身份是基础性的。

国家的教化欲望同样是强烈的。与宗教不同，宗教的教化欲望源自其终极理想的实现，而国家的教化需要来自对政权的认同

---

① ［德］恩格斯. 家庭、私有制和国家的起源 ［M］. 中共中央马克思恩格斯列宁斯大林著作编译局编译，北京：人民出版社，2019：120.

和社会良好运转的需要，国家教化的目的更偏重于现实性的国家利益。在人类发展的历史上，国家教化（古代社会的政治教化）与宗教教化有很大程度的重合。政教合一的国家会有国教，即便是政教分离的国家也存在着具有一致性的意识形态。国家作为人类历史上规模最大的组织方式，其内部结构、运转机制远比宗教复杂。一个国家存在多种宗教、多种民族、多个党派是正常的状况，但是要在一个如此庞大的人类集合中让社会各个部分运转起来、有序发展，并不是一件容易的事情。[①] 尤其是对于统治者而言：

如果是古典政体的统治者，那么如何能拉拢贵族、控制军队、笼络民心是统治者统治过程中的重中之重，这些是保证统治权恒久稳定的关键。

如果是现代民主政体的元首，那么他和国家管理机构就需要为社会秩序的每一个方面负责，包含政治、文化、经济、教育、医疗等领域，以及国家的性质、社会的结构、国家机构的职能等等。

所以，古典政治教化的路径是自上而下的。受教者几乎不会

---

① 亨廷顿在论述政治秩序问题时，提出了政府的有效程度，好的政治秩序必然是有效的政治秩序。好的政治秩序取决于国家政权的合法性、组织性、有效性和稳定性。即便是不同的政体，有效的政府都能够安邦定国。"每个国家自成一个政治共同体，人民对其政治制度的合法性有举国一致的共识。每个国家的公民及其领导人对社会公益和他们政治共同体赖以立足的那些传统和原则，观点是相同的。三个国家（文中指美国、英国和苏联，三个国家分属不同的政体，但在亨廷顿看来其政治都在进行有效运转）都具备强大的、能适应的、有内聚力的政治体制：有效的政府机构、组织完善的政党、民众对公共事务的高度参与、文官控制军队的有效系统、政府在经济方面的广泛活动、控制领导人更替和约束政治冲突的一套合理而行之有效的程序。这三家政府享有公民的忠诚，从而有能力去开发资源，征用民力，创制并贯彻政策。"（参见［美］塞缪尔·P. 亨廷顿. 变化社会中的政治秩序［M］. 王冠华、刘为等，译，上海：上海人民出版社，2019：1.）亨廷顿的表述体现了国家治理的复杂性和困难程度。

对统治者或教化阶层提出关于教化内容方面的要求。统治者如何要求，教化者就如何教化，受教者也就如何接受教化。但是，在现代社会，经过启蒙教化，人们的受教育程度增强，对于教化的功能和教化本身人们也有了更多的认识。人们开始对自身应该接受什么样的教化进行思考。

对于现代国家来说，一个国家是依靠什么建立起来的以及国家建立的目的、性质和职能往往是意识形态教育的核心内容。同古代的政治权力一样，现代国家权力依然需要获得民众的支持。甚至可以说，经过了长期的人类对"权力"的制约和限制，现代国家中政权的所有者更需要民众的支持。尤其是在现代社会，政体类型多样且被人们知晓，政权所有者更需要增强民众对其权力及其选择的政体的认同。在人类历史的发展过程中，国家的出现使特权阶级与普通民众之间的阶级区隔固定下来，即便是现代国家，阶级和阶层给人造成的区隔也是较难跨越的。从宏观上来说，教化实践的路径是自上而下的，但在具体的现实教化中，对不同的阶级和阶层，教化的内容和方式也会各不相同。在人类教化史上，存在针对不同阶层的民众而出现的教化系统，这些教化系统在掌有世俗权力后依然会在其内部进行阶层分化。虽然人类的教化活动处于表层的一直都是道德修养和人格养成，但是在道德教化背后往往蕴含着等级合理与特权神圣的灌输。①

---

① 例如，儒家经典教化中的君臣关系，且对这种等级关系的合理化直接来自人的自然关系（父子）。因为百姓需要统治阶级的保护，所以统治阶级直接将父子关系与君臣关系进行同类化，以使百姓相信君臣、君民之别就如父子之别一样是自然的、合理的。

国家与宗教都是具有宏大性质的人类组织方式，但实际上两种权力的代表形式总是处于微妙的状态之中：一方面，国家统治者希望能够利用宗教对民众进行统治管理。但是统治者往往不希望教权能左右政权，除非政权与教权都掌握在他一个人手中，例如中世纪的基督教之于罗马；另一方面，宗教也希望能够利用政治权力推广自身的教化系统，从而完成渗透和发展，例如中世纪的罗马之于基督教。除了国家，类似于欧盟这种政治经济同盟，在需要的时候也会进行较为一致的意识形态教育来促进盟约国之间的团结，但是由于欧盟等其他国家联盟的始终都是以国家意志来决定，所以此处不对其进行教化行为方面的分析。

（三）党群（党派、教派）

党派是团体内部意识形态、政治立场和政治目的鲜明一致的政治组织。它可以指代完全独立的某个政党团体，也可以指代某一政党中坚守不同观念的各个派别，这两种指代的描述也同样适用于教派。在现实的政治博弈中，党派可能利用某一教派来获取政治上的支持或理论上的支持，或利用教派的影响力来争取教派内部的成员。同一宗教中的各个教派虽然信仰相同，但是他们各自秉持自身的信仰理论是正确的或是正统的，与其他教派常常处于对立状态。有时同一宗教中各教派之间斗争的激烈程度要远远超过它们同其他对立宗教之间的斗争。

在人类众多组织方式中，除了以血缘关系为纽带以及小规模的组织方式以外，党派和教派（宗教内部）可以说是最为紧密的组织方式之一。相比于多数个体被动接受的政治教化与宗教教化，党派和教派是个体自主选择性最强的组织团体，人们因为相同的目的和信条凝聚在一起。相较于国家和宗教来说，党派和教派的现实目的性更强，而且往往具有自己的理论和行动纲领，党派和教派的诞生往往是从意见纷争中出现的。同处于一个国家或宗教中的人们，会由于认同不同的党派或教派而受到不同的教化内容，从而产生不同的精神思想。

同一组织团体内部分化出党派或教派可能是组织内部出现了保守势力与开放势力间的对立。无论是政治性团体还是宗教性团体，由于其都具备自身的行动纲领或信仰理论，在发展过程中，组织内部就会出现对行动纲领和信仰理论进行维护和批判的群体。随着发展阶段的变化，开放派认为团体内部应该按照时代需要改进自身理论中落后和不适应社会现实的部分，或是主张吸纳其他优秀的理论来发展自身。保守的一方会以坚守教义等理由坚持以保守的态度维护现有的秩序。两方往往会进行激烈的斗争，最后完成秩序的维护或新秩序的建立。虽然保守方与开放方都可能是为了真正有益于人类生存发展的目的而坚持自身的理念，但是在现实的斗争中，为了现实利益所进行的极端化斗争并不少见。

(四) 其他组织方式

人类的组织方式众多，凡是人类因某一目的聚集在一起共同生活或行为的都可以视其为人类组织。这些组织中有一些组织方式能够将团体长期稳定地聚集在一起，有一些则是短暂性地聚集，组织的类型关涉政治、经济、文化、宗教等。在现代社会中，还有运动组织、志愿组织以及各类行业协会等。当然，在众多的组织方式中，也有被认为是非正义、不正常的组织形式，例如黑帮等。从社会事实来说，这些团体内部也存在着某种组织结构，以实现某种经济利益或政治目的。如果规模足够大，黑帮组织甚至会对一个国家或地区的经济、政治和文化产生相当大的影响。但是，相对于国家、党派、宗教而言，黑帮采取的一些极端手段是毫不遮掩的，实际上也形成了一种规则。以黑帮的性质来说，教化是不需要的，他们服从的是强者逻辑，或者说是暴力逻辑。对于黑帮而言，认同来自金钱的引诱和暴力的威胁就足够了。不过这也并不能够排除黑帮管控的社会中不存在观念灌输或洗脑等行为。当然这种行为只能算是与教化利用相同的心理机制，但其本质绝对不同于教化实践。

除了传统的组织方式在人类社会结构中占据重要位置，近现代社会还产生了新型的经济组织作为社会重要的组织方式。经济组织对现代国家的影响不亚于政治团体和宗教团体。大规模的经济组织最早源于资本主义社会的大工业发展。如今，经济组织已经发展成为内部复杂有序、层级联动并具有自身强调的文化氛围的一种人类组织形式。并且，随着经济组织规模的扩大以及经济在人类秩序中地位的跃升，经济组织也能够给予人身份上的认同感。世界级别的大型企业，担负着成千上万人的生计问题，与此同时它们也在创造着现代社会的文化和价值。经济组织成为凝聚社会力量、转动社会机器的另一个核心。大型经济组织的掌舵者也同人类社会出现过的那些统治者一样，有较为一致性的文化形象：

大型经济组织的发展产生了一种新型的有权力的人物，这就是在美国成为"总经理"的那种人。典型的总经理在别人的印象中是明快果断、洞悉人情、具有坚强意志的人物。他的下巴颏必然坚定有力，嘴唇紧闭，讲起话来简洁了当。他必须能够引起同辈的尊敬和绝非无足轻重的下属的信赖。他必须兼有大将军和大外交家的长处：在战斗中残酷无情，而在协商交涉时又能巧妙地实行让步。由于这些长处，人们才能获得重要的经济组织的控制权。[①]

这一形象虽然在今天依然有很大的信服力，但是随着时代的发展，现代社会中的经济组织及其责任者也变得更加多样化。尤其是在经济组织内部的文化氛围上，不同的经济组织有自己独特的企业文化。企业文化成为企业员工需要学习、领会和落实的精神向度。也就是说，在经济组织中同样存在教化行为。只不过经济组织不具有直接合法性的教权，它们一般需要在政权或教权的意识形态下进行自己的教化行为。

二、作为"教-化"过程在先的教的方式——教化者的言说方式

教化活动的具体方式一般都与其文化类型相匹配，并且会随着时代更迭有所改变。某一特殊教化系统的创教基底决定着该团体核

---

① ［英］伯特兰·罗素. 权力论［M］. 北京：商务印书馆，2019：34.

心的教化方式。一个教化系统所采取的核心教化方式不仅是传播教授其教化内容的最主要方式，还能够形成此教化系统的文化秉性。从人类教化史来看，教化系统创设的核心方式有三类，神道设教、王道设教与人道设教。[①] 三种方式既是独立的，也能够在某些教化系统中共在，对各种教化方式的掌握和运用需要权力的支持。

（一）神道设教

神道设教[②]是指在教化活动的创立阶段以神的名义确立自身教化在道义与权力上的合理性。在所有文化类型的初始阶段，对超感官之物的信仰崇拜是普遍现象。神道设教在人类文明的塑造与丰富的过程中扮演着至关重要的角色。即使是在现代社会，在现代教育成为现代国家的主流趋势以后，神道教化的方式依然对人类世界发挥着重要作用。依据对神道设教秉持的两种态度可以区分出神道设教的两种类型：一种是对神灵至高地位的绝对认同，基本表现为一神宗教，如犹太教、基督教；另一种则没有产生一神信仰，甚至神道可能仅仅只是教化者用来进行教化的一种手段，例如在儒家教化观中，有"神道设教"与"神道助教"之分。[③] 但

---

① 三种区分来自樊志辉教授对教化的三种类型区分：神道设教、王道设教、人道设教。[参见樊志辉. 文化：在信仰与劳作之间——后实践哲学视域下的文化哲学论纲 [J]. 学术交流，2009（03），4—5.]

② 语词源自"圣人以神道设教，而天下服"。（《周易·观·象》）

③ "神道设教"与"神道助教"的区别："神道设教"即"圣人体天道之妙而设为政教"。汉代以后，神的观念狭窄化为神灵或鬼神，原本天道的意味有所衰减。孔颖达用"神道助教"的说法等同或替代"神道设教"，表示"神道可以助教，而不可以为教"。"神道设教"与"神道助教"实际上各自体现了教化之教的创设根据和教化的手段与目的。[参见白欲晓. "神道设教"与"神道助教"——儒家"神道"观发微 [J]. 中山大学学报（社会科学版），2015，55（01）.]

是，不论是对神持何种态度的文化类型，在其教化系统中都留存着神的位置。

神道设教是人类文明发展史上存在历史最久远、存在范围最广泛的教化方式。以神道设教为核心的教化活动主要表现为通过某种仪式使受教化者感受体会超感官之物的能力，或者以布道的方式传述神的伟业与旨意。在接受了神道教化以后，群体中的受教者会形成普遍的神明观念：一方面，受教者认为世俗之物与神圣之物完全不可比拟，受教者的敬畏之心使其变得虔诚；另一方面，神的威力又使受教者相信即便是自身心中所想都会被神知晓，所以又对神有恐惧之心，这使受教者变得服从。当人的内心和肉身处于恐惧和危机之中时，服从有时会使人们获得安全感。[①] 比如罗素认为，战争会促使人们更加服从自己的统治者。统治者寻求神明的庇佑在一定程度上也是出于对安全感的需要。除了心理上的各种情绪在为神灵获得威力发挥作用以外，宗教教化又借神的名义对人的今生或来世给予好的许诺，这使得接受神的教化成为与每一个人息息相关的事情。因为在一个以神道设教为主体的社会，一个人是否信仰神灵关乎他人对其灵魂与品德的评判。

神道设教在现实中表现出来的诸种社会功能解释了缘何神鬼之事容易成为政治统治的手段。利用人们对神的畏惧以及又渴望同神有某种链接的心理需要，统治者轻易地就能够实现自身的现

---

① ［英］伯特兰·罗素. 权力论 [M]. 北京：商务印书馆，2019：12.

实目的。中世纪的教皇为了压制民众、大肆敛财，允许散播恐怖的事情来引起民众恐慌害怕的情绪。① 这种行为很难说服历史的旁观者相信有如此行为的教皇是否信仰神，教皇这样的行为在真正信仰者看来必定是对神的亵渎。即便是从现实的教化实践来看，这种为了实现现实利益争夺的教化行为已经远远偏离了人类教化的真实目的。教化的超越性已经完全丧失了，成为不符合人类生存与超越指向的、具有极大破坏力的现实工具。

关于神的权力来源，对神秉持不同看法的人自然有不同的观点。缪勒以及泰勒等宗教人类学的开创者，认为神的权力是由人赋予的。他们以"人为宗教的核心"来解释宗教中的诸种现象和理论。意大利宗教史学家贝塔佐尼在《全知的上帝》一书中认为："宗教的神话根本不是令人愉悦之冥想或逻辑的产物，而是人们借以自我认同的理智与精神的取向。比如创世的神话，从根本上说它不是人类对根本原因的思考，而是借助象征的意义确保人类与世界的存在。"② 但是，以神为信仰的人，则仍然坚信神的权力来自神本身。随着社会科学在宗教中的影响的扩大，逐渐有更多的神学学者致力于将神从人格化的神观念中解脱出来，以此来应对神无法被论证的诸多难题。宗教内部的学者目前也在积极寻找宗教与科学之间的和谐关系，这些努力实际上也印证了神道设教的边缘化。即便传统的宗教和政教合一的国家现在依然可以借助神

① ［美］威廉·曼彻斯特. 黎明破晓的世界——中世纪思潮与文艺复兴［M］. 北京：化学工业出版社，2017.
② 原出自斯特伦《人与神——宗教生活的理解》（参见金泽. 宗教人类学学说史纲［M］. 北京：中国社会科学出版社，2010：105.）。

的授意作为自身政权与教权合法性的来源。

(二) 王道设教

对于"教化"的观念，现在的一种流行看法在上文已经提及，即教化是一种思想的控制，在政治层面上是上层对下层或底层人民的思想控制。政治意识形态在个体思想中的灌输也或多或少被人们排斥。尤其当人们意识到自己是作为政治集团的手段时，这种愤怒会变得更加强烈。但是，在古典教化社会中，"教化"是王者或教主一种光明正大的号召。[①] 在传统的教化系统内部，这种号召本身就意味着一种教化的作用。受教者感召于王道教化的显昭。这样的号召一方面会加强民众对君主以及贵族的信任感，另一方面也会提升民众自身的安全感。在王道教化盛行的时期，人们对王权贵族有着近乎献媚的崇拜心态，在一定意义上，王权贵族的文化成果代表着这个社会中文明发展的顶端。统治阶级越能显示出自身的德性和对民众的恩惠，民众越是对皇权感恩戴德。

王权政治与民众教化之间并非完全是隐晦的利用关系。古代传统社会的秩序在很大程度上是依靠良俗来维系的，而良俗的形成与维持则要依靠个体的道德自觉。统治阶级正是懂得这个道理，提升民众的道德自觉性对于双方而言都是互惠互利的好事。所以，在中国古代得到一个擅长统治的美名的王朝必然是一个既懂得教

---

① 在一些主流教化系统中，自古就主张号召式的教化，即将教化的推行作为治国治教的首要重任而为人知、为人觉，而非把教化隐藏在治国治教的手段背后。这种对教化号召式的推行在儒家和基督教中尤甚。《荀子·正论》："世俗之为说者曰：'主道利周。'是不然。主者，民之唱也；上者，下之仪也。彼将听唱而应，视仪而动。唱默则民无应也，仪隐则下无动。不应不动，则上下无以相胥也。"

化贵族又懂得教化百姓的统治者。虽然中国古典教化社会受儒家影响深刻，一般认为真正的"天子"是天成之而非人成之，但是在具体的现实状况中，进入封建王权统治的中国皇帝都要受到严格的君主教育，这同样是一种教化。只不过对君主进行的教化显然与普通民众的教化在方式方法和现实目的上完全不同。

受到过经典教化的王位接班人会在成为统治者后自动地变为教化者，更为贴切的称谓是教化权力的所有者。在政治教化实践中，君主与宗教教主一样是教化阶层的核心。不同的是，宗教教化系统的教主与教化阶层的核心是教化信仰理论的创立者本人，且永远不会变更，而政治教化阶层的核心随着统治者与政权更迭不断变化。随着现代民主国家的建立，意识形态教育取代君主制下的政治教化，王道教化用以体现王道昭昭的经典也就自然在时代的光影中落寞下来。不过，研究和阅读经典的人依旧能够感受到由王道设教与王道教化所表现出来的宏伟光正，这是因为在经典记载中王道教化的承担者都是圣贤之人。圣者知其天命，教化万民，以使人类的现实生存和谐有序："大哉圣人之道！洋洋乎！发育万物，峻极于天。优优大哉！礼仪三百，威仪三千。待其人而后行。"（《中庸》）①

（三）人道设教

人文精神是伴随着人类自身的发展逐步清晰起来的，人道设教则是随着神道设教的逐渐边缘化而凸显出来的，两者在整体上

---

① ［宋］朱熹. 四书章句集注［M］. 北京：中华书局，2016：36.

呈现此消彼长的态势。人道设教可能是伴随着人文精神的出现而产生，但具有影响力的人道设教未必是与之同步的。"人文"作为一种意识很早就在人类文明的进程中生发了出来。[1] 在西方，亚里士多德的实践哲学是人文教育的突出体现，但其思想在当时有多大程度上的发挥难以确定。古希腊哲学与基督教神学结合以后，西方社会整体还是处于神道设教的氛围当中。中国古典教化则是人道设教的一种典范，[2] 不过同现代人文教育相比，依然存在很大的差异。

对比于神道设教与王道设教，从字面意思就能够看出人道设教是将人摆在了教化活动的中心位置。如果单从人道设教本身来看，这似乎是一件理所当然的事情，人的教化如果不以人为中心反而是一件奇怪的事情。但是从神道设教与王道设教在人类历史上的强势存在似乎能够看出，教化之"教"的方式起初并不是向着成全人的本质而进行的：

神道设教的功用是教化终极理想的实现，但是终极理想的最初时刻往往是个体的、偶然的，它来自某一个人或某一小团体的

---

① 西方古典人文精神源于希腊文明与罗马传统的融合阶段，西塞罗等思想家在希腊的开放追寻与罗马的传统教育的两难中提出了一种教化理想，即 humanities（人文），目的在于给罗马的传统文化增添人的尊严与情感。而西塞罗主张的人文教育，主要是"一个有教养的人在智性和德性上的陶冶"。（［英］葛怀恩. 古罗马的教育——从西塞罗到昆体良［M］. 黄汉林，译，北京：华夏出版社，2015：4.）

② 中国自古讲求人文化成，实际上这也是教化的重要精神向度。抛去那些被政治利益左右的教化行为，教化的本质是扭转人的心灵，使其不断成全自身的属人本质。所以，教化虽然在初创时刻离不开鬼神，在运行过程中离不开暴力，但是其真正的本质应该是人道的、属人的。所以，中国自古的教化更多的是王道教化与人道教化的结合，鬼神之域多被作为教化的一种手段，且对于儒家而言，鬼神之事不被过多谈及，真正在中国古典教化中地位突出显要的是人的功夫修养，道德境界之域才是中国几千年教化的关键。

生存感悟。即便其中涵盖着对人的本质的思考，但由于其认同需求强烈，所以使人的本质呈现出规范化和一致化的特点。受教者认同教化者对人的本质的认识，并以此作为自身应该实现的那个本质。王道设教的主要目的是政治教化，促使民众认同统治者的权威是王道教化的根本目的。政治教化的功用主要发挥在社会秩序的建立以及社会运转的层面。可以说，古典教化的两种主要方式不是从人的本质出发的，而是从教化者的需要出发的。

不过，即便神道教化与王道教化是从教化者的需求出发的，也并不意味两者不考虑人的本质。人道设教与两者的区别只能说明，人道设教在人本质的实现问题上同古典教化相比有了较大的突破。在人道设教的教化观念中，抽象的人的概念超越了神的地位。人类真正地通过"人"的视角去认识和体会世界，并且相信自己所认知的世界，而不是通过"神启"、"神的历史"、"神的传说"来获知自己的来历与去向。人的主观感受和理性认识都受到重视，由此使人应该如何存在的问题得以被重新思考。[①]"人的存在"成为重要的哲学问题。哲学家们不再把精力集中于神是否存在的问题。

随着时代的发展，"人"终于来到了最珍贵的位置，人的尊严、自由与平等逐渐成为现代教育内容的核心。即便如此，权力也并没有从教化活动中退场，相反，自由主义等代表着人道精神

[①] 此处主要是从西方历史上人文精神的演进来进行论述的。中国教化的主要方式直到近代辛亥革命以前未有过太大的变动。对教化方式转变的时代选取主要选择对全人类而言具有转折意义的时刻。

的旗帜成为政治运动的新风向。一个区域或国家的教化方式的转变必然是同政治意识的转变一同发生的，而政治教化的参与利用使人道设教也陷入迷涡之中。人道设教以人的理性、自由和尊严作为人应该实现的本质。原则上，这应该是对人类而言最进步、最理想的存在方式。可是，仅百余年来人类的生存现状使人意识到人道设教传递给人的精神向度促使人类走上了"过度"理性和"过度"自由的极端。这种过度主要表现为过度信任理性和过度放纵自由。过度信任理性使理性成为新的迷信，过度放纵自由使自由成为新的特权。

第四节　权力作为构建存在秩序的强力保证

当权力成为活的权力，即权力具有普遍有效性时，权力的所有者就能够让自己手中的权力在社会结构的形成和社会秩序的运转过程中发挥作用。权力作用的基本表现是支配。在众多的人类组织方式中，国家掌握建构人类存在秩序最重要的两个支配权，即暴力与税收。[①] 当然，有一些掌有统治权的宗教同样拥有这两个支配权。当团体呈现出一定的规模和不同的阶级阶层，支配的权力首先表现为垄断或聚集，然后再出现分配和制衡。

---

① ［德］诺贝特·埃利亚斯. 文明的进程——文明的社会发生和心理发生研究［M］. 王佩莉、袁志英，译，上海：上海译文出版社，2018.

一、暴力对社会秩序的支撑与破坏

对于想要获得统治权力的人或团体来说，暴力是他们获得政治统治权和教化权力的必要环节。虽然拥有了施加暴力的能力不代表一定能够赢取政权，但是没有暴力手段必然是无法获得政权的。一般来说，统治者都知道暴力的重要意义，所以在获取政权以后首先要做的就是整合或建立足够的军事实力。按照马基雅弗维利的说法，国家的军事实力最好是依靠国民建立起来的。雇佣军一类的军队很容易将国家陷入困境之中，明智的统治者建立属于自己的军队。[①] 有了统治权并非国家秩序就会自然而然地建立起来。社会的阶层，包括统治阶层、教化阶层、贵族、平民等等都产生了翻天覆地的变化。当权者必须按照自己或团体的政治理念和政治理想重新对社会秩序进行安排建立。

秩序的建立与维系依然需要暴力的强力支持：

一方面，统治者要具备足够的军事实力，以便在外来侵略战争以及内部发生动乱时保护自己的国民，这是秩序得以长期维系的基础。如果战争发生，尤其是在古代社会，社会秩序必然会受到重创，此前建立的全部秩序都将付之一炬。所以，如果统治者要维护自己的统治，必须要将从自身政治理念建立的社会秩序传统化。在现实生活中，形成传统的伦理秩序会具备一定抵御侵略、动乱和战乱的能力。

另一方面，统治者和国家在建立秩序以及维持秩序的过程中

---

① ［意大利］尼科洛·马基雅弗维利. 君主论［M］. 王水译，南京：译林出版社，2017.

需要通过暴力来使得民众服从。一般来说，暴力是隐匿在统治权和执行权背后的。但是秩序中的个体非常明确军队、警察、法庭、监狱等都是作为国家的暴力机关存在的。作为秩序的参与者需要默认统治权与执行权背后的暴力支撑，这同样是统治权力的强力体现。当然，在这一点上，哲学家有其他见解。例如，阿伦特认为权力与暴力虽然是分不开的，但是权力并非完全是支配权，权力还包含着"授权"，指"当人类共同一致行动起来的时候，这种授权就开始存在"。①无论权力本质上是否一定含有暴力，都不能否认秩序的背后有所有人默认的暴力规则存在。

虽然，暴力对于人类的存在秩序是具有效用的，但是不能因为暴力长期作为人类存在秩序的强力保证就将其正义化，甚至神圣化。这里面所蕴含的张力的确构成了人类自身存在的重大困境。在现实世界，存在着一大批崇尚暴力的人，他们往往将暴力和战争视为促使人类文明发生重大进步的原因，从而推崇暴力，或者说反对完全的压制暴力。但实际上，暴力能否被完全压制才是一个问题。这一类观点实际上是将生命的意义放到了人类整体的发展中去评价，有利于人类经济、文化、政治等生存领域发展的就将其视为有价值的。在这样的观念下，个体的痛苦、折磨、牺牲都可以被无足轻重地忽略，或者是以"价值高尚"的名义被舍弃。当然，高尚的价值是值得追求的，但它最好出现在个体的独立选择后。暴力有助于人类文化演进不等于就要为了人类文化演进而

---

① 〔美〕理查德·J. 伯恩斯坦. 暴力思无所限 [M]. 李元来，译，南京：译林出版社，2019：198.

鼓吹暴力的好处。这就相当于，森林中的动物是为了自己的生命而生存，不是为了成为老虎的食物而生存。小动物被猎食者追赶就会遵从生命本能迅速逃跑，人也实在没有必要为了暴力而产生的文明意义去选择忍受暴力。人类的存在意义不应该因所谓的"文明伟大意义的实现"而残害他人的生命。

人类一直在寻找非暴力的可能性。暴力是人性中不可去除的恶，教化的重要目的正是驯化人类本性中这些邪恶难抑、容易对他人生存造成毁灭的东西。但是，人们所不能理解的荒谬之处在于，没有暴力可能会导致更多的暴力。现在问题变为：谁来掌管暴力以及什么样的暴力是被允许的。这个问题解决起来并不容易，暴力的产生与分配是否是可控的就是一个难以回答的问题。现实中，教化权力的拥有者（可以进行说教的人），比如家长、师长，甚至有时还包括领导、老板，这些身份背后的暴力基质是社会秩序自然生成的。虽然并不是所有教化权力的生成都是正义的，被说教的人也未必会认同说教者，可也正是这种事实说明社会秩序的等级性将自然等级背后的暴力性质扩大了。既然如此，暴力的生成就难以成为可控的事实。一般来说，人只能通过一些理性的方式限制暴力的实施，或者通过制衡来使暴力一直处于"支撑"状态，而非任意实施的状态。关于被允许存在的暴力这个问题实际上在现实生活中是有答案的，比如法庭、监狱、警察、军队这些作为维护社会正常秩序以及作为秩序反抗者的惩罚的暴力是应该积极利用的。并且，在现代社会，这些暴力机关的成立和维系是经过立法允许的，也就是说它们的存在获得了普遍的承认。

但这仅仅是从现存的现实状态中获得的合理依据，实际上对暴力问题的解决和对权力普遍性效力的论证以及秩序建立的强力保证论证之间似乎形成了一个闭环。当然这在现实层面上说明了现代国家制度在权力的合法性以及权力的制约上是具有合理性的。哲学家们也发现，人类世界存在的暴力事实并没有减少。属于个体性的性侵、虐待、家暴、强奸、凶杀等，到群体性的恐怖袭击、动乱、武力冲突等，这些直接性暴力让人恐惧。有些暴力有时候是无教化造成的，个体性暴力多数时候是由于施暴者童年悲惨又缺乏有效的教化实践；有些暴力又是教化造成的，群体性的武力冲突，尤其是宗教与宗教之间、教派之间的战争往往是由教化导致的，即便直接原因不是教化，教化也起到过激化暴力情绪的作用。可以说，在人类存在秩序的"建立—维系—破坏"之间，暴力、权力、教化各自发挥作用，它们能够互相成全也能够互相毁灭。

二、权力主体对意识形态的塑造与维系

意识形态在社会秩序中也是一种强力。意识形态存在于人类社会各处的同时也在塑造着人们的观念与思想，"我们确实都卷入既真实而又强有力的意识形态之中"。[①] 意识形态的性质必然与教

---

① 观念来自英国的马克思主义研究学者大卫·麦克里兰的《意识形态》一书。（转引自杨谦、李萍. 意识形态问题研究［M］. 南宁：广西人民出版社，2018：3.）

化存在紧密联系，意识形态是现代哲学研究中的核心问题之一。① 意识形态起初被批判主义者视为是人类秩序中颠倒真实社会关系的虚假幻象，随着研究的深入和拓展，意识形态逐渐获得了

---

① 自 1801—1915 年间，安东尼·德图斯·特拉西在撰写《意识形态原理》一书中首次提出"意识形态"这一语词以后，意识形态成为了 19 世纪和 20 世纪哲学家和社会学家普遍关注的核心问题。将意识形态作为一个核心概念来进行研究，使其本身的概念变得复杂起来。在意识形态理论学说发展的初期，"意识形态"具有明显的政治意味和批判意味。在批判意义上使用意识形态这一概念的主要有马克思，他认为意识形态掩盖和颠倒人们之间的真实社会关系，在此意义上，意识形态与真理是相区别的，甚至是相违背的。马克思在此意义上使用意识形态的概念有其自身的理论用意。英国学者大卫·麦里卡兰认为是"工业时代到来以后，随着群众主体意识与政治意识的增强，促使了意识形态的形成。意识形态是资本主义时代的产物，不存在前资本主义的意识形态。意识形态是我们研究世界的产物"。卢卡奇在《历史与阶级意识》一书中将批判理论中的意识形态转变为具有中性义的意识形态概念。在此后的意识形态理论研究中，"意识形态"从批判理论中解放出来，逐渐获得了文化意义和现实意义。曼海姆在《意识形态与乌托邦》一书中将意识形态区分为特殊意义上的意识形态与总体意义上的意识形态。特殊意义上的意识形态是旧有理论中具有批判意味的意识形态概念，即"一个人对于现实真实状况的故意的或者不自觉的掩饰和伪装，其之所以这样做，是因为真实地表现这种关系不符合其利益"。而总体意义上的意识形态则是指"某个时代或某个具体的历史——社会集团（例如阶级）的意识形态，前提是我们关系的是这一时代或这一集团的整体思维结构的特征和组成。也就是说，总体意义上的意识形态不仅包括特定的阶级意识，还包含一个特定历史时期的精神文化状况。曼海姆意识到"话语背后有其自身企图达到的社会功能"，并且"意识形态与主体（表达者）的生活条件、生活环境密切相关"。"总体意义上的意识形态代表着社会群体的整体世界观。"那么对于社会群体的整体世界观来说，是谁在进行知识、观念、理论的综合？谁是塑造意识形态的主体？这显然与权力关系密切。而齐泽克则发现意识形态不是虚假幻象而是无意识幻象，他依然是以批判的态度看待意识形态，认为意识形态与极权密切相关。但是齐泽克也意识到，意识形态在去除了伪装后依然能够对人类秩序产生巨大的效用。英国社会学家汤普森则更为直接地指出了意识形态与权力的关系，他认为"意识形态是一个代表体系，它通过使人们着眼于过去而不是将来，或者着眼于掩盖阶级关系和脱离对社会变革的集体追求，用以维系现存的阶级统治关系"。"意识形态的概念可以用来指特殊情况下意义服务于建立并支持系统地不对称的权力关系方式——这种权力关系我称之为'统治关系'。就广义而言，意识形态就是服务于权力的意义。"基于这样的认识，汤普森认为那些涉及统治关系的象征形式才是意识形态。（上述关于意识形态学说理论的研究，参见杨谦、李萍. 意识形态问题研究 [M]. 南宁：广西人民出版社，2018.）汤普森的研究有一定的合理之处，他在研究意识形态时主要涉及的权力与象征形式与人类教化实际上有非常大的相关之处。

中性义。批判意义上或特殊意义上的意识形态成为意识形态研究中的一个部分。可以说，无论是批判意义上的意识形态概念还是文化意义上的意识形态概念都与人类教化关系紧密。这里选取中性意义上的意识形态或"总体意义上的意识形态"（曼海姆），以及汤普森的理论中与权力和统治关系相关联的意识形态概念。这些意识形态概念在普遍的意义上同人类教化发生关联。

曼海姆意识到"话语背后有其自身企图达到的社会功能"，并且"意识形态与主体（表达者）的生活条件、生活环境密切相关"，"总体意义上的意识形态代表着社会群体的整体世界观"。[①] 这就自然地引出相关于权力拥有者的问题，即对社会中知识、观念与理论进行综合的主体方是谁、谁是塑造意识形态的主体。"综合"与"塑造"都是人为的过程，需要强大的社会力量作为支撑。无论是批判意义上的意识形态还是总体意义上的意识形态，社会中真实意识形态的形成本身就需要权力的运作。

汤普森直接将意识与权力联系起来，在"一般的范围和意义"（汤普森运用的描述）上提出了意识形态之于统治权力的必要性。汤普森认为："意识形态是一个代表体系，它通过使人们着眼于过去而不是将来，或者着眼于掩盖阶级关系和脱离对社会变革的集体追求，用以维系现存的阶级统治关系。""意识形态的概念可以用来指特殊情况下意义服务于建立并支持系统地不对称的权力关系方式——这种权力关系我称之为'统治关系'。就广义而言，意

---

① 杨谦、李萍. 意识形态问题研究 ［M］. 南宁：广西人民出版社，2018：51.

识形态就是服务于权力的意义。"① 在上述阐释中，汤普森提出的关于意识形态的两层意味相关于权力本身，即意识形态用以维系现存的阶级统治关系，以及服务于建立和支持不对称的权力关系。虽然意识形态的批判主义者也是在这两个层面上批判意识形态，但如果从一般意义上观察人类社会的历史，就能够看到意识形态在上述两个层面上的意义都是真实的：

第一层面，意识形态能够有效地维系阶级统治。无论是特殊意义上的意识形态还是总体意义上的意识形态都能够起到维系社会秩序的作用（当然，被哲学家们批判的那种意识形态无论是对人类的教化还是生存来说都是有着巨大的负面影响）。齐泽克虽然不否认意识形态内部存在虚假的观念和意识，但是他将意识形态扭转为一种真实的社会存在。同曼海姆和汤普森一样，齐泽克认识到意识形态已经成为人们现实生活中的重要组成部分。在马克思等人的批判意识中，意识形态的作用是"遮掩"——"他们虽然对之一无所知，却在勤勉为之"。② 在齐泽克看来，意识形态并不全然是"遮掩"——"他们对自己的所作所为一清二楚，但他们依然坦然为之"。③ 阶级意识形态能够起到这样的效果，统治阶级作为权力主体通过大量的象征形式和象征意义塑造意识形态。即便民众不会全然被虚假的意识形态蒙蔽，去相信虚假的幻象，但依然会在

---

① ［英］约翰·B. 汤普森. 意识形态与现代文化［M］. 高铦等，译，南京：译林出版社，2019：7.

② （转引自）杨谦、李萍. 意识形态问题研究［M］. 南宁：广西人民出版社，2018：68.

③ （转引自）杨谦、李萍. 意识形态问题研究［M］. 南宁：广西人民出版社，2018：68.

特定的历史阶段在意识形态的作用下形成整体性的社会观念。

第二层面，意识形态支持和维系的是不对称的权力关系。实际上，在上一层意义上已经体现出了权力关系上的不对称性，即统治阶级与被统治阶级之间必然存在着权力的不对称。而依靠统治权力进行的政治教化必然要按照权力主体的意志进行意识形态的塑造和传播。受教者更多的是意识形态的被动接受者或被动塑造者。只要不对称的权力关系存在，权力主体的意识形态就会存在。权力关系是否存在对称性是一个需要深入严谨讨论的问题，就人类的社会整体以及人类的组织方式来说，不对称的权力关系或许是组织得以存在的前提。虽然权力在现代社会理论中不断被削减和制约，在后现代社会理论中被解构和消解，但就目前人类社会而言，人类秩序中的权力关系依然是不对称的。既然如此，就会持续从不对称的权力关系中维系旧有的意识形态或产生新的意识形态。

人类的教化史很大一部分是政治教化与宗教教化的过程，政治教化与宗教教化都关涉着统治权与教权。而传统的教化关系本身就在教者与受教者之间蕴含着不对称的权力关系。同意识形态理论中阶级意识形态的学说研究相似，无论是特殊意义上的意识形态还是总体意识上的意识形态都会出现在教化行为和教化活动中。[①] 无论是何种意义上的意识形态都需要通过教化活动来实现自身的塑造、传播以及其功能的实现。不同的意识形态中有它们自身的发展内核，这个内核可以说与人类建立生存秩序的趋向相互

---

① 虽然，特殊意义上的意识形态与总体意义上的意识形态都出现在教化行为和教化活动中。但是，特殊意义上的意识形态（曼海姆）是否属于教化实践则是需要深入探讨的问题。

关照。在意识形态理论学说中，意识形态虽然与文化相关，但并不与文化直接相通。相较于一般意义上的文化来说，意识形态在社会秩序的塑造和维系上具有更强的目的性、倾向性与动力性。

权力分为硬权力和软权力，暴力是典型的硬权力，意识形态则是一种软权力，二者都能够起到维系社会秩序的作用。对于教化来说，它背后不仅存在着暴力基质，而且是意识形态的现实环节。就传统与当下的人类社会来说，暴力与意识形态都是维系人类生存秩序的强力保证。[①]

本章小结

教化是个体或团体依照自身的存在领悟建立生存秩序的现实实践。权力则是这个现实实践的核心环节。教化者或教化团体必须依靠某种社会力量才能够开展教化活动。教化与权力有着内在逻辑上的部分相似性，即"认同—支配"。基于这个相似性，教化与权力相互伴生。权力可以被分为硬权力和软权力。教化有硬权力作为支撑，主要实施自身的软权力。教化内容最重要的两个部分是生存规范与理想路径。生存规范在人类教化实践的长期发展和演化中形成了人类的生存秩序。理想路径关涉着教化团体的信

---

① 这里所说的"强力"是指暴力与意识形态所代表的大规模或大程度的政治权力与教化权力。与风俗、习惯等能够稳固人类生存秩序的内容相比，暴力和意识形态与权力的关系更为紧密。

仰理想的实现方法。

两部分均需要群体性的人类组织来进行现实的实践。政治教化与宗教教化都包含着这两个部分。政治教化与宗教教化的组织团体在现实中常常相互依存。两者在教化实践中具有现实与精神的互补性。它们主要以神道教化、王道教化和人文教化为主要的言说方式，用以建构自身的信仰理论，并进行现实的教化活动。由于教化系统和统治阶层之间存在双向需求，现实中的宗教教化系统也常常与政治权力系统相结合。加之政治教化与宗教教化在世俗面向上的重合，使得它们在很大程度上治理、规范和满足团体内部成员主要的生存需求。教化系统在长期的教化实践中促使人们将"认同"转化为"信任"。这使得受教者将政治权利与宗教信仰交付给统治权与教权的拥有者。

但是，由于教化权力背后的暴力基质，使得教化系统中的受教者常常会遭受到暴力与精神上的双层压制，甚至成为现实中权力争夺中的力量和工具。为了获得教化权力的合法性和正当性，权力的所有者需要寻求道义的支撑。虽然权力表现在对教化实践进行外在的力量支持，但它的发生与运转需要在人的内心发挥效用。在古代社会，道义来自神赋或天赋。在现实生活中，权力的合法性来自传统、习惯、常识和知识。这些要素保证了教化系统或教化团体长久地维持和发展。权力是教化系统自身的存在之基，同时也是在与其他教化系统或教化团体进行交流和碰撞时保存自身的决定性能力。权力保证了教化系统在现实中对人类生存秩序的建构。

第二章

存在秩序
——教化之"教"的差异性根源

存在秩序是指人类的全部生存活动所体现出来的各种样态，也可以称之为人的生存秩序。人的存在可以简单地区分为现实存在与精神存在，现实存在对应人的现实秩序，精神存在对应人的精神秩序。这里所说的秩序不仅仅指人创造的社会制度、教化系统、学说理论，还指代人类赖以生存的自然秩序等更为宏大的、不以人的意志为转移的宇宙秩序。在这个意义上，人类的存在秩序可以简单地分为自然秩序与社会秩序。现实世界与精神世界在自然秩序与社会秩序的共同作用下形成了不同的地域、时代、文化类型和教化系统之间的差异性根源。就现实秩序和精神秩序而言，两者一直紧密结合在一起；对已有的人类发展历史而言，不存在任何一方的完全独立状态。但是可以对每一种更为具体的存在秩序进行更有针对性的剥离与分析。

第一节　生存领悟决定教化目标（精神秩序）

　　生存领悟的差异可能源于个体差异。而群体性生存领悟的差异最初应该是由地域差异导致的。[①] 每一个人类大规模聚集的区域，它的自然环境，例如地形地貌、气候、土壤、光照、物种等都会对该区域的文化的起源起到塑造作用。即使经过了漫长的时间来到现在，不同地域的人所具有的那种性格共性（特殊性）依然是鲜明的。这些不同的生存感悟，尤其是对生死、来世、轮回等问题的不同思考，使人类在文明伊始创造了宗教秩序。宗教是每一个文化类型的源点。即使在今天，宗教在人的生存秩序中依然有着举足轻重的地位，具有明确宗教信仰的信徒在世界总人口中占据多数。这些人的宗教信仰中那些具体的理论和感悟成为决定人类精神秩序的重要维度。

一、宗教信仰——神的秩序

　　宗教和具有宗教性的教化系统的生存领悟必然与神有着直接关联。**其生存领悟中最基础的结构是"神—人"。**人自身的存在以及与世界万物之间的关系都是由神主导的。而在神道设教的教化系统中，神的位置是最重要的，神与人的关系也是其生存秩序中最重要的一对关系。在这样的教化系统中，神与人之间往往存在

---

① 群体性生存领悟指在特定的团体内部具有一致性的生存领悟。

着双向的路径：神给人以恩赐；人回馈神灵。①人产生回馈心理以及回馈行为的目的一般是为了得到神的同意（神的旨意）或得到神的喜欢，使神愉悦。这更像是模仿人际关系来处理神人关系。在很多宗教教化系统中，神与人的沟通是不具有普遍性的，神人沟通需要既能够与神交流也能够与人进行沟通的"中介"出现，于是**"神—中介—人"**的结构出现。神与中介（先知、祭司）的交流方式在现实的仪式中往往会以一种神秘的方式展现给众人，展现这些仪式的过程实际上就是教化的过程。神与中介之间神秘的交流方式不同于人与人之间的交流方式，也不同于先知与人之间的交流方式。它促使受教者对神与神的沟通者产生距离感、神秘感和神圣感，这有利于保持受教者对神的敬畏之心，也在一定程度上保证了受教者服从于沟通者的命令。

在许多神道教化的仪式上，神和中介之间常常需要借助沟通媒介。沟通者需要借助一些器物或自然之物来展现神与自身沟通的过程。在宗教祭典或通神活动中，这些器物因为其能够通神的属性也被人们视为是珍贵又重要的圣物。这些器物在神的叙事历史中逐渐丰富，代表着神的故事、神的身份等与神相关的东西。甚至在后世的演化中，这些器物能够给人以精神上的力量，使人相信它们缊藏着神的庇佑和祝福。至此，**"神—圣物/中介—人"**的结构出现在神道教化的系统中。作为神的沟通者，因为他们接收到了神的旨意，所以他们各自肩负起神交付的重任，希望能够

---

① 不同宗教类型不同的回馈方式，如祭祀、牺牲、献祭等等。

把神的光明与旨意传递给世间的普罗大众，这是宗教教化系统中普遍存在的现象。所有神道教化的宗教信仰都存在一个具有普遍性的存在领悟，即神与人之间关系的位阶是：**神＞中介＞非中介的受教者**。当然，随着教化系统在结构和规模上的扩张，教化阶层无论有无通神的能力，往往都会跻身于神与人的中介位置，在教化系统中优位于普通的受教者。在"神—圣物/中介—人"的这一关系结构中，难以进行阐释的部分不是事实上的神道下贯，因为在现实的生存秩序中我们能够看到神道在发挥作用。难以阐释的是神道下贯的具体过程，即**神的使者（中介）如何获得神的旨意，以及他们如何使人相信神的旨意这一过程**（这个问题之所以难以诠释，是因为当下人们诠释问题的视域和方法都是通过实证来进行的）。

对神道下贯过程的思考可以引出一个问题：如果神真的以某种不为人知的样态存在，那么它是否真的在干预人的生存。这个问题的疑难涉及宗教教化中对神至高的描述。无论是在多神信仰中还是一神信仰中，神都是具有意志的，并且神的意志被描述为最高的、最完满的意志。在对神的诸多描述中，他也经常光临人的生存历程，留下神迹。这是受教者对神产生信任和崇敬的重要原因。如果没有关于神的这些描述，那么神与普通受教者的链接就更难建立起来。如果神是有意志的，并按照宗教中描述的那样关注人的生存，那么神道下贯这一过程就是神的意志的实现。按照常人的一般理解，没有人会故意给自己意志的实现过程施加阻力。阻碍是外在的，不受自身意志控制的。显然，神的意志如果是全善的，那么它并非完全施展了自己的意志，或者说在其意志施展的过程中受到了外在的阻碍。现实的生存状态也能够使人清醒地意识到，至上神与人之间是存在"隔阂"的：**神关心人的生活，但是又不会直接对人的生存秩序进行塑造。**世俗世界中的一切都需要人自身来完成，建立生存秩序的过程是异常艰难的。即便有神的旨意笼罩，宗教教化系统通过教化来建立生存秩序的过程也常常出现阻力和困境。这样一来，教化系统的教化实践就更加值得考察和研究。因为，这些阻力没有毁灭教化实践，反而促使人在教化实践的道路上为理论建构与现实实践想尽办法，极大地体现了**人类的能动性和智慧性。**

宗教教化系统是如何"帮助"神道下贯的，或者说是如何使他人相信神的存在并服从于神的旨意的？其中第一步是关键性的：教主以及教化理论的诠释者自身对神的存在是如何领悟的。这关系到教主与教化阶层能否以合理的方式与众人产生认同共识。对神的存在的领悟，依照对人的存在的思考，可以分出诸多具体的内容来。最基本的就是：神是什么，神的存在方式是什么，神存在的意义是什么。这种领悟的来源无法追考，在其发生或出现的那些时刻，它完全是属于个人的，无法用普遍性的过程将其描述出来。最大的可能是它们生发于人的意识和智慧，这也正是人之为人的特别之处。总之，开始对这些问题进行思考并有了某种领悟的人，拥有了先一步的话语权（在现实中，关于此些事的存在领悟有很大的可能是出于统治和管理上的需要，所以存在着先掌有权力，再输出观念的可能性）。**如果要使一个事情或观念被他人**

承认为真，有两种方式可以达成：

一是经验验证，也可以算作近似于实证的方法。"耳听为虚，眼见为实"，人们多是会相信自己亲身经历过的事。且无论现象的背后是真是假，现象本身在公众面前发生的那一刻都能够产生巨大的社会影响或发挥强大的社会功能，这一点直到今天也依然如此，只不过科学求真的过程是深入机理关乎本质的。在古代社会，经验验证的方式更加侧重表象。并且由于古今诠释的方法不同，对于同样现象的认知就会有重大的区别。对于传统宗教教化中，如何使人相信神的问题，涉及他们各自的诠释方法以及对诠释的接受程度。处于同样文化境遇中的人有更大的可能使用和接受同样的认知方法和诠释方法。所以，如果从验证与诠释的角度来寻找问题的答案，就需要分门别类地考察不同教化系统中具有一致性的认知方式与诠释方式。

二是压迫强制，也就是通过某种压力而强迫他人承认。这种压力可能是有形的，也可能是无形的。有形的压力往往来自外力，无形的压力往往是精神压力。虽然，压迫强制所带来的承认未必是受教者发自内心的认同，但在一个较为固定的生存秩序内部，无形的精神压力促使的承认有时未必能够使受教者清醒地意识到自身受到了强迫，他们会将无形的秩序力量当作是先定的必然秩序加以接受。除了社会秩序本身的力量以外，教化系统中也存在恐吓、威胁等相对暴力一些的手段对人的精神和行为进行规范。一些惩罚性的措施，虽然单看起来是外力胁迫，但在长期的教化实践中，人们会树立起行为的边界意识，并将社会中的规范自觉不自觉地加以内化，使之成为人们日常生活中是非对错的价值取向。也可以说，人们关于是非对错的判断是可以塑造的。只要教化团体的群体性存在，那么外力压制和精神压力就会同时存在。

除了上述的两种方法，宗教系统还有其他的方式促使人们相信神的旨意，例如**直接地说教（情理交融）、精神修炼**等方式。通过这些方式的融合并汇聚在教化实践中，促使人们相信神以某种方式存在。当然，在宗教系统中，存在着大量**个体式的感知神的经验**，这些经验所运用的方法和时机各不相同。大量个案的存在和传播，能够增强人们的信任心态。可以对神进行主观感知的观念也会促使人们相信感知神的方式是不确定的，这也使得更多感知神的个案产生，因为每个人都可以为自己主观的感知作诠释。

对神的领悟是宗教教化系统中的重要内容。不过一个宗教系统想要更好地笼络人心，除了灌输关于神的观念以外，还需要**给予人现实的关怀**。在宗教的信仰理论和信仰叙事中能够看到，理论的组成部分不仅仅有神、终极理想、教义、禁律等，其中还包含着现实中人们最为关注但又难以解答的人生困惑。对这些问题的回答和不断诠释也使受教者愿意将自身交付给宗教。关于这些问题的领悟和诠释本身也是宗教建构自身理论的基础部分，宗教信仰理论的建构需要符合于教主对这些问题的领悟。考察几种世界宗教的受教者数量就能够得知，当前基督教、① 佛教、伊斯兰教

---

① 广泛意义的基督教。

三种世界宗教的人口在世界总人口中占比最大。三种宗教信仰理论中的核心教义所要处理的重要问题有着很大的重合度：生命的起源问题、生命价值的问题、死亡的问题、来世的问题等。

宗教建构神在的秩序，除了通过神道下贯和现实关怀以外，一般还会在教内建立**禁律**作为宗教秩序的重要维度。在制度性宗教中，禁律的地位和重要性更为凸显，禁律为教内成员确立了行为内容的边界。禁律中被禁止的行为在内容上具有矛盾性，即神圣性的不可侵犯和邪恶性的不可触碰。① 虽然，某些宗教的禁律在今天看来是难以理解的，但实际上，禁律设立的合理性不在于其在现实中多大程度上关涉人的现实生活，而在于其能够为宗教的信仰理论建构作出证明和补充。并且教内的禁律在一定程度上会成为受教者身份的标识，增强受教者彼此之间的认同感，帮助宗教建立起坚实的现实秩序。

二、真理追寻——绝对秩序

如果说在人类的生存秩序中是什么处于绝对永恒的地位，那么除了神以外就唯有真理最符合这一观念。虽然各个文化类型或教化系统对于真理的认识各不相同，但是每种文化类型和每个教化系统都曾倾向于相信，在人类能够直接感知的现象背后有其真正的本质或真相。所谓的"现象背后"是真理存在的意识场域。在以追寻真理为教化目的的教化实践中，真理成为绝对至高的精

---

① ［奥］弗洛伊德. 图腾与禁忌［M］. 文良. 文化，译，北京：中央编译出版社，2020：30.

神原则。与神道下贯如何进行的问题一样，真理的地位是如何产生的也是一个重要的问题。

人类对于神和真理的需要在很大程度上具有相似性。人如何意识到真理的存在是最先要阐释的问题。虽然没有人可以给出一个被所有人信服的真理具体内容的断言，但真理依然是具有普遍性的。**真理的普遍性是针对相信有真理存在的人而言的，不过并不意味着相信真理的人仅仅是那些明确说出"我相信真理存在"的人。**凡是内心相信世界上存在超越一切差异性的绝对之物都是相信真理的人，例如相信存在绝对正义、绝对善的人同样是相信真理的人，只不过他们相信的真理是有具体内容的真理。对于这些相信真理的人来说，真理的普遍性是指真理在其认知体系中的地位是最高的，以及真理的性质，即绝对性、普遍性、永恒性、完全性，这些在相信真理的人的意识中是相同的。

这些性质本身就是真理产生的原因。人们追寻真理实际上就是在追寻具有这些性质的东西。所以诸如真理神、自然规律、主客观相符的命题等都被不同的人认为是真理。这些都是思想家们从不同的角度思考真理所给出的答案。通过真理的性质，我们或许可以从人的精神需要来看真理的出现和演化。在诸多的文化类型以及教化系统中，都曾有思想家表达过对现象世界的否定性认识。人们能够意识到现象并非是"真"的，或者说能够意识到现象的发生是有其更深层次的原因的，这应该是基于生存经验带来的认知。**人类在生存中安全感的重要来源是生存方式的确定性和一致性**，但是在现实世界中，人类所要经历的变化无常的事情属实繁多。人们需要更多具有确定性的东西，以为其建构具有一致性的生存秩序作出保障和奠基。如果无常的变化是具有危险性并会给人带来恐慌的体验，那么希望有某种能够统摄一切变化的存在物出现是合理的，也是符合人类生存需要的。

与无常的变化相比，**规律性的变化显然是更具有确定性的，更容易被人认识和把握，也就会给予人更大的安全感。那么从这样的认知内容中产生不变动的、具有永恒确定性的某种存在物也是可能的。**尤其是人们还有着"现象背后存在着更深层次原因"的观念。这样看来，在规律性变化的现象背后存在着具有更大确定性的某种存在物也是合理的。除了精神上不断导向绝对确定性的观念外，在现实生活中，人类也会遇到那些在他们看来处于不变状态的事物，这就为"永恒不变"观念的产生创造了可能。从人的情感的角度来说，产生自己爱的人永远不会死去的祈求也是合理的。也就是说，永恒性、确定性、绝对性都是迎合人的生存需要产生的，且对这些性质本身的认识也来自人本身，人的认知能力和情感需要都会产生对这些性质的认识。

意识到这些性质可能存在于某种存在物就是意识到了真理的存在。即使不能够明确清晰地表述它，哲人们也确信真理存在，并相信相关于人的一切都是被真理统摄的。可是，人类在现实世界中不断经受着的偶然事件又使得真理本身变得暧昧不明。**与其说"真理在现实中统摄一切是一种事实"，不如更确切地说"真理在现实中统摄一切是一种愿望"。**从人类在其文明进程中对生存秩序的建构来说，秩序的建构者希望存在某种具有确定性、永恒性、

普遍性的真理作为其秩序的统摄者。从人类自身建构的伦理秩序和政治秩序来看，无论是价值体系的建构还是政权教权的合理性论证问题，其中都蕴含着"真理意识"的存在。即无论是在它们的建构中还是后续的实践中都包含着对普遍性、永恒性和确定性的体认。即便人们逐渐认识到真理具有相对性，但是在现实秩序的具体情境中，人们依然相信具有真理性质的原则或精神存在。如若对真理性质的意识瓦解，那么人类可能需要寻找新的建构生存秩序的思维基点。就目前来说，人类整体的生存秩序似乎还无法摆脱真理意识的"统摄"。如果它源于人类的意识本能，相对于它而言，人类或许只能长久地存在于诸如根源性倾向与独立性倾向的拉扯之中。

具有本质意识的人多认为大多数世人是推崇假象的，获得真理的艰辛过程和假象本身的虚华炫目让世人沉迷在假象中。这样的认识是因为意识到本质存在的人容易将人类本应该趋向的真正价值与其所掌握的真理混同在一起。产生这样的混同是合理的，因为对真理性质的认识符合于人类的价值趋向，而这本就应该是一致的，不应该分别而谈其混同与分离。但是，真理本身是什么，或者说真理的具体内容是什么是难以在现实世界获得普遍地承认的。如果某位先知自觉掌握了真理，那么按照上述真理与人类价值趋向的混同这一关系，就使得真理直接具有了统摄人类存在价值和意义的权力。

这虽然与真理统摄人类生存秩序的内涵相同，但作为先知或教主等有大智慧的人所掌握的是否是真理本身却无法予以定夺。

真理的性质是普遍性，对真理的追寻依然具有普遍性。这种具有普遍性的追求能够激发人在现实中的力量，"掌握了真理"就意味着在世俗世界中拥有了权力，谁掌握真理谁就掌握了话语权。不过，人类在历史的发展中逐渐认识到"真理"不是唯一的。似乎每一个教化系统、每一种文化类型都有其自身所领悟的真理，这会导致两种情况发生：一种情况是意识到所谓的真理不过是将特殊的观念当作了普遍性的观念，从而使其具有了权威的地位，^① 权威性的降低会导致人类现有秩序基础的松动以及价值体系的瓦解；另一种情况是人们选择拥护自己所拥有的真理观，那么为了维护真理的权威性就需要借助外力将自身的真理观变成现实中的绝对真理秩序。

在现实中，真理秩序极端化为一种绝对真理秩序。绝对真理的表现并非是真理的绝对性，而是特殊性"真理"的绝对性。这样的极端化真理秩序一直存在于人类的生存秩序中。特殊的真理观念取得普遍性需要暴力的支撑。即使是哲人、智者也会常常陷入由真理带来的暴力陷阱之中。而同普通人相比，统治者、思想者、尚权者更容易掉入真理背后的暴力陷阱之中。他们将自身的真理观念转化为普遍原则以使其权力化来实现对他人的支配。他们具有同样的心理机制，即认为自己所掌握或接受的真理才是真正的真理，是绝对正确的，那么也就必然是唯一的。当然，这样的观念也在很大程度上来源于权力争夺的现实需要，为了确保自

---

① 张志扬. 偶在论谱系——西方哲学史的"阴影之谷"［M］. 上海：复旦大学出版社，2010：387.

身真理的唯一性，统治者和教化者就可能不允许其他的真理观存在。

而作为以某位掌握真理的先知创立的教化系统而言，受教者大多会选择信任教主的真理观。世人往往沉迷于现象，但这不能够表明世人不知晓和不相信真理存在，只能说明世人眼中的真理可能和哲人追寻的真理或许存在一定的偏差。实际上，真理性质不仅在意识上"统摄"着人类生存秩序本身，真理也作为教化的重要内容常常出场于教化活动中，出现在教化者对受教者输入的过程中。在关乎形而上理想等信仰理论的说教过程中，教化者往往需要触及价值根源的问题，例如上帝、天道、天理、真理等。无论世俗中的大众对于未有确证的真理相信到何种程度，也都在意识中存在着关于真理性质的认识。永恒与绝对的追寻似乎是来自人类心灵深处对生存的渴求。

无论人们对真理本身秉持什么态度，生存在社会秩序中的人都需要承认或默认秩序中的一致性，诸如善的一致性、伦理结构的一致性、价值取向的一致性等。这并不意味着在一个社会内部，人们在善、伦理结构与价值取向上要保持完全的一致。秩序的形成意味着人们生存在某种一致当中，并在生存的过程中不断趋向和维护这种一致性。现实社会中的行为选择和评判也多以此为内心和舆论的标准。由真理意识形成的生存秩序是人类生存秩序中最具存在感，同时又隐藏的最深的一种秩序形式。最具存在感是因为人类世界的全部教化活动都是按照自身是正确原则或正确观念来进行的，这种正确原则的教化方式一般都是伴随着终极理想的实现进程来推进的。其中存在着一些仅以自身信仰理论为唯一普遍真理进路的教化系统。信仰与真理的相似性质使得根系于两者的秩序也基本相同，不过在历史现实中各有差别。相比于信仰的明晰性来说，真理秩序在人类的现实生存中是隐藏的最深的一种秩序。由于关于真理及其性质的观念一直作为教化实践的支撑部分，可以说它已经完全渗透到人类自我建构的社会秩序之中。

在人类的生存进程中，真理意识体现在秩序建构和教化实践两个部分。我们可以在一种文化类型中发现文化群体的集体性格和集体认知，甚至可以从中体会到根系于特殊的真理意识形态所导致的群体性偏见。绝对真理秩序的危机在于"舍我其谁"的优越感和优位性。而意识形态背后的暴力支撑又总是处于文化冲突或暴力战争的状态中。虽然，在一般的教化系统中，秩序的建构普遍以善的一致性作为价值体系中核心的价值取向，但是，善对于多种文化间或多种教化系统间的生死对决也是无能为力的。道德的本真力量在此种境遇中后退到边缘。甚至在教化系统争抢唯一性真理的过程中，道德也会成为暴力的代名词和帮凶。即在绝对真理的秩序中，自认掌握着绝对真理的一方，以"真理"、"道德"、"善"、"正义"等名义对他人进行精神压制，又以根系于特殊性真理建构的意识形态去打击和消灭其他与其不一致的意识形态。表现在文化层面，是一种文化类型对其他文化生存空间的挤压，以致文化多样性和人类存在秩序多样性的丧失。

三、理性至上——科学秩序

神的秩序与真理秩序虽然在不断经历哲学家与世人的反思和批判，但两者仍然在人类的生存秩序中占据重要位置。除此之外，**根系于人类理性的生存秩序逐渐在文明的进程中被凸显出来，占据了至关重要的位置。**虽然，现代科学建立与发展的历程在起初依靠的理性源自西方意识形态的演变，但是，理性本身并不仅仅属于某一个特定的意识形态。能够基于当下所能获知的所有信息作出某一选择来满足人的生存需要，或者进行符合于现实的推理和预测是有理智的人的一种基本能力。在早期人类的生存印记中，理性的能力就有所体现。真理的观念往往也被认为是理性的结果。神的存在也被宗教学家视为是出于理性的构造。**在某一时刻被人们视为迷信、谬误等非理性的观念，实际上在其出现的当下很有可能是人们理性的选择。**当然，理性本身作为一种生存能力同神与真理一样，一旦极端化就会在现实中走向自身的反面。

即便人类的发展历程是由人的理性主导的，在特定的历史时期，哲学家们也总是会看到当权者对民众的欺骗、压榨等行为。16 世纪，德国的哲学家意识到人类教化的实质不应该等同于当时统治者的独裁与权威的压制。康德等人主张个体放弃懒惰，勇敢地运用理性。启蒙运动思潮为人自身的理性作了一次正名。实际上，人类理性的启蒙早在古希腊时代就开始了，柏拉图的洞穴之喻蕴藏了人类运用自身理性来反对欺骗和蒙蔽的动力萌芽。人自身的理性得到重视意味着传统社会中神的权威受到了质疑。在近代科学兴起以后，神的秩序虽然依旧占据着核心位置，但是它的发展进程逐渐减缓。[①] 以科学为支撑的生存秩序的建构与发展进程飞速地开始了。

科学的出现将人们从确定性中获取安全感的方式改变了。不过变化的不是确定性，而是确定性的来源。在传统的生存秩序中，确定性源于神明。实证研究的发展改变了人们看待世界的方式，也改变了确定性的来源。原本变化无常不可把握的现象世界反而成为有规律、可认识的确定性世界。而原本那个给予人不安的心灵以慰藉的神明和永恒真理的世界落入了既无法证实也无法证伪的两难困境。它们原本与人们之间的距离是暧昧不清的，这本来是它们的优势。科学的突飞猛进使这种优势成为劣势。人们显然会为自身的生存秩序选择更加清晰明了的建构基础。科学通过直观的方式让人们相信它要输出的事实和原则，这是此前任何一种教化都难以匹敌的。人们能够通过更为直观有效的方式获取知识，并且知识本身又以人们能够直观到的方式与现实相符合。这样的确定性便于人把握，而承载确定性的科学知识也便于传播和学习。

人们运用自身的理性能力就能够获知与自然和社会相符合的

---

① 在神的秩序世界里，圣言或神言能够维系其力量以及力量来源的神圣性。当理性作为力量被凸显出来以后，圣言就迎来它软弱无力的时代。"力量与言彼此排斥。实际上，如果发号施令的是技术控制（它之所以能这样做，是因为它首先计算出了可以依靠的东西），那么凡是存在言之处，行使这种权力的不复是言；反之，在民主的对话中，凡是存在言之处，从一开始力量就被排除在外：一个给定的论据必须从其被接受的方式之中，而完全不是从其被陈述的方式之中，获得自身的价值。自以为天生有力的言，立即就会受到怀疑，从而信誉扫地。因此，圣言之作为神圣之物，在现代世界中不复有其地位。"（雷米•布拉格《圣言的无力——说完了一切的上帝》，陆象淦译，参见《第欧根尼》中文精选版编辑委员会. 圣言的无力 [C]. 北京：商务印书馆，2007：11.）

各类知识，除了教授者以外，无需借助任何神的使者，更无需神出场。通过科学的研究方法和理性的知识建构，自然科学与社会科学在知识的质量与数量上都突飞猛进。人类的生存秩序中的诸多层面逐渐被自然科学与社会科学的成果取代。权力的合法性、政治体制的建立、社会经济的发展、社会结构的形成、社会成员的教育等各个领域都成了社会科学研究的重点内容，社会科学研究的成果也逐渐在现实中发挥效用。以自然科学和社会科学为基础建构出来社会秩序给予人们更具有现实性的安全感，权力的制约机制不断地被研究和实验，现代的生活方式给予人们更多的便利，医疗水平的进步削弱了人们对伤病的恐惧，现代国家的政治制度给予人们更多政治权利的保障，现代社会的经济结构给予人们更多获取生存资源的方式，等等。

以科学为基础建立生存秩序仍是当下最为重要的文明进程。但是，科学秩序的危机也早早显现了出来。例如，人类制造的杀伤性武器会在战争中造成无差别攻击，科学技术中的数字化进程加剧了人类的均质化，文化多样性的衰减，人类整体经受的不断加快的生活节奏，消费主义难以遏制，资源的浪费与枯竭，国家之间政治经济发展的巨大差距，等等。这些危机产生的根源被哲学家归于人类理性的狂妄。人们似乎都意识到现代社会中的人缺少一些敬畏，对于自然的敬畏以及对于超验之物的敬畏。敬畏精神是遏制人类狂妄自大的重要精神，如今要重新激发人们的敬畏之心同样需要通过科学的方法来研究和操作。即便是传统社会中最具权威性的神明，到今天也要通过宗教中的理论诠释者搭建与科学之间的联系。除了在社会生活需要面临的各种层面的危机以外，教化以及与教化相关的价值体系等等同样面临着由科学秩序带来的伴生问题。

在教化方面，传统古典的教化实践逐渐被区分为意识形态教育、公民教育和道德教育。在现代社会，以科学为基础建立秩序，那么也必定要建立以科学为基础的教育制度。古代社会并非没有教育，教育是比教化更广泛的概念，它不仅包含文化、道德、价值等方面的教化内容，还包括生存技术和生存经验的教育。但在现代教育中，生存技术和生存经验的教育成为社会教育的主要内容，每个社会成员理想上都需要接受知识教育和职业教育。随着科学研究在各个社科领域的展开以及知识教育的逐渐普及，在一些政治经济发展水平较高的国家，人们的政治需求也更为多样化。从个体政治权利的争取这一层面看，这当然是个体精神进步的表现。不过，对于社会整体来说，不同政治需求的群体性组织之间的对立和斗争也在一定程度上干扰了社会秩序的稳定。

除此之外，建立在科学基础上的秩序还会因科学的特点出现新的问题。科学有一个特点，它虽然追求人类理性能力下所能获取的知识的最大确证性，但是科学的研究经常会出现已经被确证的知识又被新的发现和新的实验推翻。这也正是科学精神独有的内涵，不停止科研的脚步，那么所有的被科学确证的知识就都存在被推翻的可能性。也就是说，虽然人类从科学中获得的是当下最大程度的确定性，但是这种确定性不能保证时效性。科学虽然也追求真理性的知识，但它已经同传统的永恒真理存在很大的不同。即便难以说明是否在本质上存在区别，但至少可以说，科学给予人的真理观已经不能够与古典真理观同日而语。以科学为基础的生存秩序为人类带来了高效率的经济发展方式和便利的生活方式。对科学的信任催生了唯科学主义，唯科学主义同样是一种极端思维。不过，即便在现代社会，科学已经占据了时代的主流，但还未能统摄所有人的意识，这并非是不利于人类生存的坏事。人类的生存领悟虽然呈现出线性的发展过程，但多样的生存领悟能够增加生存方式多样化的概率。

生存领悟与生存方式的多样性关涉人类在文明和文化层面的创造能力。现代生存秩序虽然为人类的生存价值和意义创造了多元共存的共识空间，社会中的文化现象也越来越丰富。但人文中那些原始的、粗犷的生命力却在减弱。这原本是人类社会秩序和文化模式在长期的发展过程中越来越精巧和精致的表现，可是人类的本性中似乎又向往着那些能展现原始生命力的东西。除此之外，文化和教育的市场化也是导致古典文化中具有丰富内涵性的文化成果逐渐缺少的重要原因。虽然古典文化的衰减可以说是因为时代需求的变化导致的，但是文化的市场化依然是需要人们加以警惕的。现代社会秩序需要的是效率的保证，即便是人才的培养也是如此。知识教育与职业教育能够保证人才的产出效率，教育的效率在很大程度上影响着一个社会经济运转的效率。与之相比，真正的人文教育需要时间的积累和精神境界的培养。从古代社会知识精英的状况来看，培养一个人文人才甚至需要大量金钱上的付出以及家庭文化底蕴的濡化。这也是为什么在古代社会，人文文化在贵族阶层有着丰富的成果。虽然，现代教育存在这方面的缺失，但这并不意味着现代教育阻碍了人类的文化发展。实际上，现代教育是一种具有正义性的教育。接受教育应该是每一个人的权利，而非仅仅因为贵族人文教育成果丰富就可以抢占其他人的生存资源。所以，在人文精神的培养方面，现代教育应该要找到更为适宜的方式，而非简单地回归古典教化。

建立在科学基础上的社会秩序促使生活在其中的人们相信事实。未经证明的观念想要通过古典教化的方式获取支配他人的力量正在逐渐边缘化。社会科学将人类经历过的全部秩序变成被研究的对象。科学的原则成为人们获取"真"的方式，在古典教化中形成的"真、善、美"的集合逐渐分离开来。科学能够研究社会道德的形成，研究人的道德情感和道德意志。而"真"与"善"在研究中的分离，逐渐将道德取向与真理取向逐渐分离开来。这种分离体现在教化实践中，也体现在社会现实中。传统教化实践中的道德教化的话术被社会科学的研究者加以分析。例如在传统的教化内容的表述中，一个事物的存在可能直接被赋予某种善恶的性质，如黑暗代表恶、光明代表善与正义等。但是随着自然科学知识的普及，科学的发展让人类对他物的存在的认识有了本质的改变，曾经的那些价值意义是首先被剥离掉的。① 一物存在不是

---

① "唯物主义的形而上目的在于，通过使自然与诸神的所有行动彻底分离，把自然作为扰乱灵魂的源泉加以消灭。如果总体的自然和特定的天体并不像大众信仰所认为的那样代表诸神，而不过是运动着的事物，那么许多可能会引起恐惧的力量，就从人们的大部分环境中被清除了。"（参见 ［美］沃格林. 政治观念史稿·卷一 ［M］. 段保良译，上海：华东师范大学出版社，2020：102.）

因为人存在，不是因为要被人判断而存在，它们的存在是因为它们自身。人们通过科学常识的普及认识了宇宙、地球、白昼和黑夜。虽然在文化作品和教化实践中依然保留着这些文化传统，但是大家清楚地知道这是一种修辞式的话术。传统教化通过这些方法所产生的敬畏和恐惧等效果，在崇尚科学的社会环境中会大打折扣。真与善在社会现实中成为两种不同的追寻目标，也成为两种不同的教化目的。

第二节　政治理想决定教化过程（政治秩序）

如果只考察教化系统，世界上所有的教化系统和教化团体都是可以独立研究的。其独立性在于，它们具有不同于其他教化系统的独特信仰理论、信仰叙事、演变历史以及文化成果。在其所属的地域和人口聚居地，教化系统与政治统治之间大体存在两种关系：一种是参与社会的统治与管理，一种是被政治权力的所有者管理。在现实的社会进程中，凡是与政治权力和政治治理紧密结合在一起的教化系统，无论是对当下的社会秩序还是人类的文明形态都有着重要影响。不论是政教合一的国家还是政教分离的国家，社会的政治秩序、法律秩序、伦理秩序必然由政治权力的所有者来主导，而在社会秩序中，人们也要接受一种或多种教化系统的教化。多种教化的来源包括国家的意识形态、该地区的文化传统、宗教教化系统以及新兴的群体性组织等，这些都是秩序建构的重要内容。

政治的基本内涵是公共生活，这是任何一种政治定义都无可否认的基本前提。政治生活之于教化系统的重要性在于个体的价值完全需要在公共生活和组织内部实现。政治行为的价值取向从理论上说需要与社会中主流的价值体系相符合，例如对正义、公正的追求。但是政治管理以及政治秩序的建立是极为复杂的事务，政治组织所面临的价值取向以及所要作出的选择往往不是简单的二选一。

一、权力形式决定教化实践的行进结构

对权力形式的总结实际上来自描述权力的视角。这些由不同视角、不同维度产生的权力观都是正确的，在现实生活中都能够找到对应的权力现象。在现实社会中，也的确能够找到某一种权力观的侧重现象。例如马克思的阶级性权力观体现在国家统治当中，这也相应地会出现侧重于此的教化方式，国家统治必然会出现国家教化或政治教化。可以说，权力观是多样的，现实中它可以是由某一主体选择运用的，权力的运用方式影响着教化的真实过程。

(一) 自上而下的权力形式与教化路径

统治性的权力源于自然界。在动物群体中，由统治者和被统治者构成的上下等级结构也同样是人类世界最普遍的权力形式。统治权力有两个最大的功能：一是统治者对被统治者的支配，二是统治权力的运用能够直接形成自上而下的社会秩序。权力形式的自上而下意味着底层民众对权力的占有量可以忽略不计，对权力拥有者的干预能力极低。在早期人类社会，这样的权力形式占据主导地位，由此开启了其在人类发展进程中的重要影响。即便在后世的发展过程中，为了限制权力的绝对集中，不同的国家采取过不同的权力制约手段，但实际上君主统治、皇权统治以及君主权力的世袭实际上都是自上而下的集中的权力形式。到目前为止，它们在人类社会长久的发展过程中占据了大部分的时间。当然，占据多数时刻的仅仅是如此的权力形式，而非该权力形式的特殊代表者。至于集中权力的掌控者，不过是都身处于"你方唱罢我登场"的争夺游戏中。自上而下的权力形式决定了社会中的绝大多数资源都是属于统治者以及统治阶层的，下层民众对于统治者有恐惧、有敬畏、有热爱（怯懦者的权力欲[1]），所以被统治者服从于统治者的指令。虽然这样的权力形式也能够形成稳定的社会秩序，但其政治理想的实质仍然是统治阶层的利益。普通民众即便能够在这样的权力秩序下满足生存需求，其生命的自主权却是无法得到根本保障的。

"普天之下，莫非王土；率土之滨，莫非王臣"，[2] 君王权力是集中权力自上而下的统治。要实现天下皆王土，不仅需要担有君王的名位，还需要将统治者的权力真正地运用到现实中。现实中的君王仍然需要对社会中的一切进行整合建立起秩序，这就需要权力与教化共同作用。一方面，教化行为的结果表现为受教者对

---

① ［英］伯特兰·罗素. 权力论［M］. 北京：商务印书馆，2019：16.
② 《诗经·小雅·北山》

教化者的认同，这一功能普遍化为社会性功能，统治者就能够通过教化统治民众。另一方面，社会秩序的建立，尤其是伦理秩序与精神秩序都需要教化实践来进行构建、实现和运转。自上而下的权力形式使得统治者的教化实践也是自上而下的。与权力性质相对应，统治者施行的教化往往是规训式的、哄骗式的、监督式的，甚至是精神压制式的，统治者需要使民众心甘情愿地服从自己的统治。① 但是，君主权力的来源问题首先就是一个无法被彻底合理性论证的问题。"君权神授"或"天赋王权"的说法是古代政治教化与宗教教化的常用内容，统治者的统治不仅凭借其掌握的暴力武器，还寄希望于自己能够找到道义上的根据。

（二）结构式的权力形式与教化转变

权力渗透在社会的各个角落，编织在每一种秩序中又相互交织在一起。如果从不同的维度观察权力就会得到不同的权力观，从不同的时代也能够看到对社会发挥主要效用的权力所具备的不同样态。君主制自上而下的权力运作方式虽然占据了人类历史上的大部分时间，但是随着人类生存的变化，多样的权力的形式也逐渐出场。随着人类社会生产力的提升以及生产关系的改变，人类的分配方式也随之有了变化，社会中的阶层的性质也发生了改变。随着思想观念的进步以及政治体制的变革，较之古代社会而

---

① "温顺的人有福了，因为他们将承受世界。"（参见《新约·马太福音》第 5 章，第 5 节）"为了获取王冠，基督出发征战。他的鲜红的旗帜卷向远方。谁追随他的后面？谁最能克服痛苦，体验他的忧患，谁耐心地背着他的十字架，谁就追随在他的后面。"（英国主教雷金纳德·希伯所写的赞美诗。参见 ［英］伯特兰·罗素. 权力论 ［M］. 北京：商务印书馆，2019，8 - 9.）

言，社会中更多的阶层获得了更多的资源分配。对资源的占有意味着对社会力量的占有，也就是拥有了更多的权力。现代国家体制将统治者的权力转变为管理的职能，虽然权力依然是层级性的、较为集中的，但是相较于君主制的权力集中来说，权力的制约方式与制约手段已经变得更加丰富。

现代国家的政治活动与古代社会相比有很大的改变，其中一点就是社会各阶层政治参与度的提高。由于现代国家中权力形式是结构式的，这就使得每一个具有一定权力的阶层、团体、组织都拥有了自身参与政治的方式。结构式的权力形式不是两方或多方的斗争，在同一个政治集团中，它依然表现出某种自上而下性。但不同的是，君主制权力形式的自上而下不是权力分配的自上而下，而是命令与执行的自上而下。君主制分配出去的执行权，君主可以任意收回。但是在现代国家中，各个阶层、组织所拥有的权力一旦在法律意义上获得确证，国家就不能随意收回。在现代民主式的国家中，统一于国家权力的结构式权力很少进行对抗，更多的是制衡。国家的管理者需要明确，自身行使的是公共权力而非私人权力。在这样的权力形式中，教化实践的目的是培养出与现代国家理念相符合的个体。在现代教化中更多的是道德教育、公民教育和人文教育。

在现代教化中，政治教化表现为意识形态教育。同君主制自上而下的教化不同，君主制下的教化目的主要是对政治权力的认同与服从，现代意识形态教育在很大程度上侧重于对政治权力的选择服从。虽然，结果导向是一致的，但是由于现代人远比古代人知晓的文化类型和政治体制种类要清晰，所以现代政权不仅需要让人们在政治上服从自身，还需要让人们自认为在自由地选择后自愿地认同其意识形态（其中自由的程度并不确定）。同自上而下的教化路径相比，结构式权力形式下的教化方式对人的精神压制程度有所降低，在教化内容上更加侧重对行为规范的规训。虽然意识形态教育依然是自上而下的教化路径，但是与传统的政治教化和宗教教化相比，公民有自主教育的权利，也有自由选择接受哪一种教化的权利。

（三）后现代解构权力与普遍性教化的消解

后现代主义是以反对现代主义原则为主的文化思潮。如果有什么以某种规范存在，后现代主义者就去消解什么。权力理论必然是后现代主义需要消解的重要部分，甚至于权力本身都将在后现代社会中被消解。但这并不意味着权力不再存在于人类的生活中。只不过，后现代哲学家打破了传统的权力认知方式，从不同的角度、维度、层面对社会中的权力进行拆解。例如权力的合法性问题在后现代思潮中不再是一个需要百般论证的问题，只需看到它在现实中的作用即可。

福柯对权力的研究是后现代思潮中的典范。他对于以往历史上按照某种思维规范建构起来的权力理论进行了批判，抛除了传统权力理论中权力主体、权力中心的认识方式，并将权力拆解到人们原本缺乏关注的社会秩序的边缘中去研究权力，以现实中的每一个权力点切口对权力进行碎片化处理。福柯想要分析出"现代社会是如何通过监视、检查、管理等规范化手段实施对人的支配和控制的"，^① 这是后现代哲学家对于传统教化的一种相似观点。这种观点会导致后现代哲学家以及对后现代主义持支持态度的人，排斥和拒绝普遍性的教化方式和教化内容。在后现代教育理论的研究中，精英主义、中心主义、原则主义等现代教化特征在后现代的意识特征中被削弱。传统教化中的神圣观、绝对观和真理观都会遭受一定程度的冲击。后现代主义者看到了人类传统教化与现代教化中会引发人类存在危机的诸多弊端，而这些弊端又正是传统教化和现代教化得以形成发展的根源。

从后现代主义教育理念中的教化目的来说，好生活仍然是人们追求的首要目标。但与需要依赖精英教化和精英政治建构良好的生存秩序这一观念不同，后现代主义思想注重的是以往在建构生存秩序时缺失的部分，比如尊重人类原本就具有的差异性和偶然性，关注到不确定性本身的价值，而非一味追寻确定性和同一性。后现代教化观注意到了人类教化中的缺失，但后现代教化究竟以何种态度对待人类生存秩序中的确定性与不确定性、差异性与同一性？是彻底否定同一性与普遍性？还是寻求确定性与不确定性、差异性与同一性的平衡？如果这些问题是模糊不清的，那么实现后现代教化理念的依据也就无法谈及。就目前来说，后现代教化理念的实现还是需要借助于现代和传统的教化思维。

---

① 陈炳辉. 福柯的权力观 [J]. 厦门大学学报（哲学社会科学版），2002（04）：84-90.

二、政治信仰的依附形式影响教化的现实进程

政治理想和政治信仰是人类所向往的生存现实的具体体现。对于政治理想的研究，哲学家一般是将政治理想作类型上的区分。例如，从道义论和价值论的角度确立了公平、正义的政治理想；从目的论的角度确立了好生活、好社会的政治理想。除此之外，一个具有管理职能的组织团体也会给予民众好国家、好政府的政治许诺。政治主要关切着公共生活的管理行为。管理的实施者是组织内部政治信仰的依附，不同的政治体制有着不同的信仰依附，这些依附可以作出形式上的区分。不同的政治信仰依附会对其团体内部的教化的现实进程产生影响。

（一）精英政治

在公共生活中，拥有管理权力和管理职能的人数在组织内部占据少数，这也使得人们认为政治是少数人的游戏。在政治秩序中，进行管理或统治的少数人实际上就是其组织团体政治信仰的现实依附者。理想上，他们必须承担关乎人类生存的重大责任，必须有仁善的品德、智慧的头脑、敏锐的意识、坚定的毅力、果敢的勇气等众多优秀品质。这是因为，政治统治和政治管理是具有综合性的事务，需要统治者和管理者具有处理各种生存问题的综合能力。具有这些能力的人在人类历史上被称为统治精英和政治精英。以统治精英和政治精英为结构核心建立的政治体制可以被称为精英政治，人类主要的世俗秩序就由这些精英进行统治和管理。

精英政治在人类文明的发展进程中占据的历史最为久远。它

不仅是政治思想史和社会现实中传统的政治观念，直到现在，精英政治依然是人类世界主要的政治信仰依附形式。在政治文明萌发的时期，精英是政治信仰在现实世界的核心依附（甚至可以说精英是政治信仰的绝对依附）。在古代的政治秩序中，人们把政治信仰建立在人的神格或神性上，这与古代政治权力合法性的神圣来源相符合。君主制政体就是典型的精英政治。民众将获得好生活的愿望寄于神灵和君王，但实际上，在精英政治中，国家或组织的各种政治机关从根本上对统治者负责，而非对民众负责。政治集团的目的是实现和维护统治者的统治，并非真正为了民众的好生活。虽然，统治精英和政治精英认识到保证民众的好生活是长久维护统治的必要内容，但是，统治者也会为了维护自身的统治而牺牲民众的好生活。也就是说，其并不是以民众的好生活为根本目的。

当精英政治被作为政治信仰的绝对依附时，意味着权力集中在统治者手中，统治者同时拥有政权和教权。统治者统治权力的实施是自上而下的，这使得通过政权所进行的教化也是自上而下的，但这不意味着教化实践是严格按照秩序中的政治等级所进行的。在社会现实中，教化活动是复杂的，并且还有独立于政治教化的其他宗教教化系统和学派教化。精英政治统治下自上而下的教化实践，并不是指在社会秩序中所有的教化实践都是自上而下的，而是指统治者所进行的政治教化。政治教化是人类教化实践的重要部分。从秩序维系的层面说，政治教化在一定程度上保证了人类生存秩序的长久稳定。而政治教化的从上至下既表明了政治权力与教化权力的集中，也体现了教化背后的暴力基质。

教权的集中以及自上而下的实行方式使得教权背后的暴力基质存在无限放大的可能。权力历来是人们争夺的对象。政权以及教权的所有者未必是具有综合优良品质的精英，而仅仅是因为继承统治权或用暴力战争等手段获得的统治地位。这样的管理者意味着精英政治的垮台和失败。在教化活动中，由于统治者或管理者缺乏真正的教化能力，只能借助暴力压制或精神灌输来使人民认同其统治权力。而教化背后的暴力基质一旦被不良的统治者和管理者放大，民众就会认为精英政治的实质是欺瞒和压制，从而对于精英政治就会丧失信心和希望，甚至寄希望于革命权力的出现能够推翻当前的统治。

（二）共同体政治

在人类的生存秩序中，通过各种方式组织在一起的人们可以被称作共同体。共同体不是简单的某个区域内人口的圈定，共同体意味着一定的人口在同样的生存秩序中生活，并且有着同样的文化传统或者政治理想和宗教信仰，等等。一个共同体内部有着某些属性鲜明的认同共识。这些属性鲜明的认同共识既是共同体内部成员现实中能够共同生存的基础性观念，同时也内含着促使共同体团结的情绪与意识。

在社会现实中，共同体的政治理想不同于专制政体或独裁政体中的政治理想。与专制或独裁社会由组织内部成员对统治者负责的政治秩序相比，共同体政治更加关注组织内部成员生存的基本权利的保障。在共同体政治秩序中，公共生活管理者所拥有的权力是组织内部成员赋予的，组织内所有成员的所要达成的目的是相同的。共同体政治不是所有人员对管理者负责，而是管理者履行社会治理的职能，为共同体内部成员提供生产生活所需要的社会环境和社会秩序。虽然，共同体政治中的管理者依然是具有综合能力的政治精英，但是这些管理者的任职或是需要经历严格的选拔制度，或是需要选民的投票。同专制和独裁政治相比，向上负责的政治秩序转变为向下负责的秩序。民众享有更多的政治权利，在政治秩序中有了更多的话语空间。共同体内部的组织黏性也比专制和独裁政治强很多。因为相同的政治理想和行动纲领，共同体的组织内部具有很大的利益相关性或利益连接性。这也使得在共同体政治中，政治信仰依附于集体，也可以说依附于自觉参与政治建设的每一名成员所连接起来的共同体。

在这样的政治秩序中，集体（共同体）会成为教化实践的重要场域，相关于集体的观念也会成为教化实践的重要内容。在政治哲学的范畴中，集体是一个与个体相对的概念。在社会现实中，人们也能切身地感觉到集体利益与个体利益是存在对立的。因为政治理想的依附是共同体，集体的利益在共同体政治中会更加重要。这和民众对统治者负责不同，服从统治者的利益未必是民众甘愿的，可能是外力压制的结果。但是在集体利益与个体利益之间如何选择，却会关涉个体的道德品质和来自他人的道德评价。集体利益关涉道德选择这个事实，在一定程度上来自共同体内部的教化实践。共同体的政治理想需要团体内部多数人的参与，这使得团结成为共同体教化需要发挥的重要的社会功能，从而使共同体获得不断凝聚的力量，达到坚定政治信仰的教化目的。当教化实践的功能实现后，具有凝聚力的共同体不断增强其组织黏性，集体就成为与个体生活息息相关的生存事实。个体需要建立与集体之间的链接，并且在共同体政治秩序中，集体在价值体系中占据重要位置，个体往往需要为集体让步。这样的行为在社会秩序中是备受称赞的，社会成员也将以集体为核心的价值体系作为个体道德修养的目标。

虽然，相较于依附于精英政治的政治秩序来说，在政治信仰依附于共同体的政治秩序中，团体内部成员有更大的话语空间与政治权利，但是，集体在道德上的优位性也在一定程度上造成了对私人生存空间的挤占以及对个体精神的压制。与统治权力背后的暴力支撑不同，集体或共同体对人的压制更多来自道德层面的话语权。为集体利益牺牲个体是共同体秩序中比较重要的价值取向和行为选择。在共同体的教化实践中，为了大多数人的利益所作出的选择是符合正义的，为了个体利益损害集体利益是不道德的。这样的教化内容是合理的，但是问题在于，当"集体"运用自身的优位性以及话语权无限制地挤占个体的生存空间时，社会是否会呈现出病态和危机从而威胁人类的生存。毕竟共同体是由每一个真实的个体组成的，无差别的个体不过是被均质化的符号。由均质化的符号组成的无差别共同体或许很难保有长久的活力与生命力。

（三）政治制度或政治结构

与前两种政治信仰的依附不同，现代政治信仰的依附不在于或者说不完全在于人和人的组织，而在于可以被运用的理论和知识。以理论和知识为依附的政治秩序是与时代发展的总路径相符合的。自知识理性和科学理性成为人类认知外部世界的主要方式以后，人类的各种生存秩序逐渐转变了建构基础。政治秩序也同样如此。将政治和政治秩序作为研究对象进行符合于历史现实的理论分析是政治学、政治哲学、社会学的工作。这个工作在人类历史上开始得并不晚。而将政治制度、政治结构、政治决策等知识性理论作为政治秩序的建构基础是近现代才逐渐形成的一种方式。理论知识作为政治信仰的依附得益于学者们对政治哲学、政治学、社会学等领域的全面分析。

美国政治学家罗尔斯撰写的《正义论》引领了现代政治理论，甚至是现代政治秩序的转型。与罗尔斯做同样工作的政治学者们对权力、公平、正义、平等、集体、个体、公利、私利等政治哲学范畴的概念进行界定；对人类历史上各种政治体制、政治形态、政权结构作类型学的分析；对与人类共同生存最合宜的政治秩序作出设想并进行理论构建。这些工作的指向不仅仅是建立一门政治学科或丰富政治哲学的各种理论，最终的指向是现实中的社会秩序，是理性政治秩序的不断尝试和实践。所以，政治学以及政治哲学等学科的建立与发展不是孤立的书斋思索，它实际上是同现代社会政治秩序的建构和发展共同进行的。因为学者们的目的是探索最适宜人类生存的政治秩序，而不是为了维护任何人的专制和独裁。可以说，现代政治秩序以知识理论为基础，面向人类负责（当然，这其中包含着不同意识形态对哲学家的影响和限制）。

现代政治秩序的政治信仰以理论知识和理论研究为依托。而在现实的政治秩序构建进程中，随着权力合法性来源的改变以及权力运作形式的变化，政治权力由传统的压制性权力转变为服务性权力和管理性权力。与政权类型的改变和知识地位的凸显相应，在教化实践中，教化行为本身变得更加类型化。因为学理性的分析将伦理、政治、法律等人类生存的层面区分开来，这在现实的教化实践中表现为教化的内容被类型化地区分为公民教育、意识形态教育、道德教育等。这些不同的教化类型也成为学术研究的对象，在现实的教化实践中，这些教化类型的内容、方式、目标也以理论知识为基础进行开展。公民教育、意识形态教育以及道德教育中包含着大量知识性的内容，现代教化实践的展开是以知识的灌输为基础的。这样的教化方式相较于古典神道教化和王道教化而言，更具有平等性与开放性，但是，以知识输入为基础的教化同样具有陷入教化困境的可能性。

教化实践逐渐转变为知识输入的教育活动，是同科学理性在人类生存秩序中的凸显这一事实紧密相关的。科学理性成为一种信仰在一定程度上也是源于教化的功能发挥。科学的信仰在现实中迅速传播，虽然现代社会没有形成传统式的教化系统来信仰科学和理性，但社会中信仰科学的人也以新的组织方式构成了新的共同体，例如现代大学、科学家和学者的身份认同等。[①] 近现代科

① 信奉科学的人虽然并不在同样的组织团体或教化系统之中，但是他们也有属于自身的信仰理论。不过他们又各自受不同意识形态、价值体系等教化内容的影响。

学的飞速发展和知识性内容的积累使得人类自身的理性能力被凸显出来。由知识带来的优越感逐渐引起了人类理性的狂妄，从而引发了关切到人类生存的诸多危机。知识并不能够完全地代表品质。虽然古希腊时期，苏格拉底提出了"美德即知识"的观点，但是真善的统一不能驱除真与善的分离。古希腊自此开启了善的功能化和理性化，而后西方走上功利主义的道路实际已经潜藏在了古希腊哲学的开端之处。人类世界又在西方强势话语的压制下，同西方一起走上"去人化"的道路。[①] 人类今后能否避免智能时代中的生存危机还需要在教化实践中发挥智慧。

三、个体参与政治影响教化的现实指向

人类的政治秩序是由全人类共同参与的。虽然政治是对公共生活的管理活动，但是只有每个个体参与群体秩序中来才能形成公共生活。纵览人类的宏观政治发展史，个体在政治秩序中的位置是随着时代的变化而变化的。个体参与政治的程度代表了某个特定的生存秩序中个体意识觉醒的程度，它必然与人类的教化实践紧密相关。

（一）强制性参与和政治边缘化

个体参与政治作为政治学的研究主题是近现代的社会思想家开始研究权利问题以后才真正出现的。此后，个体如何参与政治才逐渐成为现代国家进行政治制度建构中的重要部分。不过，这

---

① 西方功利主义"去人化"的观念来自张志扬。

并不意味着是个体政治意识的觉醒才使得个体参与了人类的政治活动。

在政治活动发生的时刻，个体必然会以与政治秩序以及权力形式相符合的方式参与政治。例如，在权力集中的专制和独裁社会，个体参与政治的方式并非是自愿的，即个体被迫成为政治秩序中权力主体的资源和力量。导致这种情况的主要原因在于社会权力的集中。即便在政治秩序中存在一些权力制约机制或手段，政治的主要参与者也是集中在统治者与统治者的周围。在这样的政治秩序中，被迫参与政治的个体在其成为政治秩序一部分的多数时候都是出于对自身参与政治的"无意识"。因为在权力绝对集中的精英政治中，权力的合法性来自上天和神明，而不是来自民众。民众因为政治教化的缘故自觉不自觉地认同这个说法，自然也就不会产生"天赋人权"的意识和观念。宗教教化中的宿命论又会影响民众将自身所受到的压迫和由此获得的悲惨命运当作是天定的宿命。统治者之所以会确定某一宗教为国教，也是因为宗教教化能够有效地促使民众服从统治者的命令。

在这样的政治环境中，教化活动不过是"指令—服从"的一种变体。个体缺乏参与政治的途径，但是政治是关切到每一个人现实生活的具有公共性质的管理活动。公共生活需要个体的参与。那么如何参与公共生活中与他人和集体建立联系就成为群体性的行为，而非个体性的行为。这会加强个体在政治秩序中的被迫感和缺失感。虽然关涉政治秩序的教化实践是面向群体的，追求的是教化功能的实现，但是教化实践在过程中会落实到每一个个体身上。政治秩序和政治教化又缺乏对个体政治需求的关注，除去那些真正参与政治建构中的少数人，多数人都处于政治秩序的边缘位置。占据资源和权力越少的人政治边缘化的现象就越严重，这也导致人们会认为政治距离现实生活很远。从这一点上说，哲学家们对专制和独裁政治的批判本身就是在争取个体的政治权利。

（二）个体政治权利的争取

虽然，知识作为教化基础会出现一些问题，但是知识的输入也是个体政治意识觉醒的重要环节。如果一直延续传统政治教化，个体很有可能依旧相信"君权神授"这样的权力合法性来源。毕竟，对统治者来说，他们会选择成本最小、功能最明显的方式作为政治教化的主要内容。随着现代教育制度的兴起以及知识输入作为现代教化的基础，个体认识世界的方式也随之改变。神的话语成为历史知识，被人们分析和学习。个体也以新的方式认识自然、认识社会、认识他者以及认识自己。这些新的认识促成了个体意识的觉醒，个体开始争取自身在政治秩序中的位置以及个体应该拥有的政治权利。个体政治意识的觉醒意味着个体意识到，政治是塑造人的生活方式与存在秩序的重要环节，每个人都想塑造自己的生活。

个体的政治理想并非仅仅是共同体的政治理想。因为参与政治的过程在很大程度上意味着获得荣誉和权力，也是个体生命力与理性的集中体现。参与政治也是个体幸福感的重要来源。个体的政治理想可大可小，小的政治理想即是其自身处于政治秩序的位置或获得对政治进行制定和决策的权力与能力；大的理想会上升到共同体的高度，即他思考的是关乎全人类的政治理想，自觉担负指明人类社会发展方向和建构公共生活秩序的责任。[①] 但是并非每一个人都能够充分地参与政治决策与公共事务，个体的参与不过是高度抽象化后的简化参与。[②]

在现代社会，经受过教育的个体能够意识到自己拥有参与政治的权利，自己有维护自身政治权益的权利，可以去思考正义、公平、平等的真正本质。亚里士多德曾有过关于主奴统治的论证，认为天生的奴隶只能接受被人安排好的秩序和生活，不能够主动引导自己过好的生活，需要主人对其进行统治。显然这种观念在今天已经完全不适用了。现代社会的人们相信的是"平等"，尤其是因天生资质和出身不平等而产生的政治身份平等与政治权利平等的渴求使人们相信，每一个人都有权利在法律允许的边界内安排引导自己的生活。这已经是人类发展史上的巨大飞跃。个体参与政治的方式由边缘化到积极争取实际上体现了人类教化的转变，以及人类对教化需求的改变。这种改变集中体现在教化内容和教化方式上。但真正改变的是人类对不同类型教化系统的侧重程度的变化，原本对宗教教化系统的侧重转变为对现代国家教化系统

---

① 美国学者莎伦·R. 克劳斯在《公民的激情》一书的导论部分就提及，在现代社会，公民与法律的关系不应当是一种盲目服从的关系。个体（公民）应当体现出批判性的参与和健全的判断。克劳斯认为作为自由民主社会的公民，"我们负有一种政治义务，去评判法律并抵制（或努力革新）那些确实侵犯自由或妨害正义的法律"。基于此，莎伦对于公民应该如何承担政治责任并参与政治提出了自己的阐释。（参见 ［美］莎伦·R. 克劳斯. 公民的激情——道德情感与民主商议 ［M］. 谭安奎，译，南京：译林出版社，2015：1.）可以看到，在当下的政治哲学研究中，个体参与政治已经超越了"争取"的观念，进一步地成为个体"应该"担当的一种责任。这种变化能够体现个体在政治秩序中位置的改变。

② 刘小枫、陈少明主编. 政治生活的限度与满足 ［C］. 北京：华夏出版社，2008：3.

的侧重。这表现为原本只接受宗教教化的个体，由于现代国家政体作为社会秩序的基本框架，使得公民教化成为社会的基本教化。即便是接受不同宗教教化的个体也需要在政治秩序和法律秩序限定的边界内行为。

四、政治系统与教化系统之间的对抗与博弈

在此前的论述中，似乎教化与政治之间多呈现正向的关系，两者相互协作、相互补充，共同建构人类的存在秩序。但在现实中，教化系统未必一直配合政治权力，政治权力也并非接纳所有的教化团体。在政权拥有者与诸多的教化系统之间更多的是对抗与博弈。即便是成为国教或掌握了政治权力的教化系统，在其发展过程中也多存在着与当权者对抗与博弈的阶段。

一个国家和地区或许已经建立了作为主体的政治体制类型，并且拥有较为稳定的政治秩序。即便是在这样的地区，其内部的教化系统依然是多样的、混杂的。不同的教化系统对于当前的政治秩序有着不同的态度和立场，地区内的教化系统和教化团体并非都能够与主流的政治系统和谐并处。信仰理论或信仰叙事之间的差异所导致的对抗性有时是"致命"的。当国家主体权力的政治理想与其他教化系统的信仰理论不能够很好兼容的时候，教化系统必然要与权力主体之间产生某种"关系"，或是在博弈中妥协和争取或是直接激进地对抗。

（一）适应关系

众多教化系统与主体地位的政治系统存在适应关系，包括主动适应与被动适应。并且两种适应关系都是双向的。也就是说，其他教化系统会主动适应或被动适应作为主体的政治系统，作为主体的政治系统也会去主动适应或被动适应其他教化系统。主动适应表现为教化系统向政权靠拢，与政权需要的政治教化相结合；被动适应表现为政权对教化系统的压制，但在被动适应关系中，主体政治系统对某些教化系统的压制是双方适应后的结果，意味着压制是在一定程度内、教化系统可接受的压制。适应关系不会长久地存在于教化系统和政治系统之间，随着它们在社会中位置的变化以及各自对现实秩序的新意图，适应关系会转变为对抗关系。

（二）对抗关系

对抗关系是作为主体的政治系统与其他教化系统之间最容易出现的关系类型，一些教化系统甚至与政治系统长期处于对抗关系之中。[①] 对抗关系包括暴力压制和暴力反抗。在历史现实中，往往是作为主体的政治系统对其他教化系统进行暴力压制，被压制的教化系统对政治系统进行暴力反抗。集中表现为政治团体对其他教化团体的奴役和杀戮，以及因教化系统反抗从而与政治系统发生战争和武力对抗等暴力行为。作为主体的政治系统与其他教

---

① 在西方，自反犹运动出现以来，犹太教经常处于对抗关系中，历史上的许多政权都主张过反犹运动，以至于在西方社会中形成了反犹主义。在斯里兰卡，僧伽罗佛教由于人口众多加之在国家政治中具有优越地位，使其与斯里兰卡的其他宗教也长期处于对抗关系中，虽然僧伽罗佛教不是斯里兰卡的国教，但僧伽罗佛教徒一直在致力于僧伽罗佛教的国家化。虽然佛教本身主张平等与平和，但与政权相结合的佛教同样会使佛教徒产生优越感，从而催生出原教旨主义，发生族群冲突。[僧伽罗佛教与斯里兰卡其宗教之间的冲突参见张敦伟. 族群政治中的宗教对抗：斯里兰卡的佛教国家化与国家意识形态 [J]. 南亚研究季刊，2016（01）：83-90.]

化系统的对抗关系在一定阶段和一定地区可以直接看作是教化系统与教化系统的对抗，或者可以说是宗教与宗教之间的对抗。

(三) 制衡关系

政治系统与其他教化系统存在制衡关系意味着在一定阶段内，作为主体的政治系统与教化系统之间相互需要又在一定程度上可以互相钳制。教化系统对当权政治系统的需要来自两个方面，一是教化系统的生存与发展对政治权力的需要，二是教化系统侧重于建构现实的政治秩序，需要通过政治权力来实现自身的信仰理论。[①] 新政权与传统教化系统之间可能会出现制衡关系。在传统教化影响力较为长久的地区，新政权需要借助传统教化的影响力来稳定社会秩序。这意味着传统教化在一定程度上掌握着挟制新政权的势力。即便如此，制衡关系可能会很快走向对抗关系。[②]

---

① 儒家的思想侧重于建构现实的政治秩序。道统与政统的关系是明清及以后的儒学关注的重要问题。儒家具有强烈的"师"的意识。儒家对儒者的要求不仅是为人师，其最高的圣人理想是为天下师。为天下师必然要对现实的政治秩序进行建构。儒家意图以"师"的概念来影响或驯驭政治系统。"师"的意识也与儒家的担当意识相契合。担当意识使得儒家侧重于对政治问题的思考。如何与权力结合、如何行使权力、如何维持权力等都是儒家经典中的重要内容。因为社会秩序需要有对政治系统进行监督和批判的力量。所以，儒家对现实进行担当的意识使得儒家在中国古代社会掌握了一定的话语权。从儒家对教权的获取路径能够看到教化系统与政治系统相博弈的一些方法。儒家在经典学说中建立了大量关于权力合法性、君王的职责、君王的形象等理论。儒家思想在一定的历史时期成为建构政治秩序的指导理论。加之儒学长期作为中国古代的科举的主要内容，这也使得儒家能够长久地保持其政治性和优越性，对政治系统具有一定的监督作用。在明清时期，政治系统对儒家思想的控制过度，一些儒者提出道统观念，希望能够抵御政治系统对儒家思想的裹挟。当儒士能够意识到自身所秉承的道统与其生存当下的政治系统存在分歧时，儒士会受到来自于政治系统的压制和打击。儒家的现实位置与其自身在社会秩序中的定位紧密相关。治世的政治定位也使得儒家容易被政治系统利用。
② 埃及的现代化进程在一定会程度上体现了政治系统与教化系统由制衡关系到对抗关系的转变。"从穆罕默德·阿里启动现代化改革到 20 世纪上半期埃及争取民族解放和国家独立的历史进程中，世俗政权与宗教政治的冲突并不明显。很长时期内，埃及的宗教系 （转下页）

适应、对抗与制衡是政治系统与教化系统之间常见的三种关系，这三种状态会在不同的阶段出现在作为主体的政治系统与其他教化系统之间。制衡关系会在政治权力逐渐集中以后变化为对抗关系或适应关系。受到压制的一方也可能主动将被动适应关系转变为对抗关系。在一些地区内部，世俗权力与宗教等教化系统进行对抗与博弈主要源自理想信仰的分歧和政治权力的争夺。在现代化的进程中，许多国家和地区面临着的政治权力与宗教系统的纷争指向的是社会秩序的重建。政治系统与教化系统偏重的是各自的政治诉求，不能够简单地对对抗关系中的双方进行正义与否的价值判断。如果因为某些教化系统具有监督政治系统的话语权而简单地为教化系统赋予正义的职能就过于武断了。现代化的进程伴随着的是现代政治秩序的转变，现代民主政治体制促使更多的人意识到了自身的政治权力，也意识到传统的教化系统中存在着束缚和压迫，甚至存在着不利于人们在现代秩序中追求好生活的因素。也就是说，个体政治意识的觉醒会促进教化系统的现代化转变。对于同一地区内部政治系统与教化系统之间的博弈与对抗还是需要在具体的历史现实中进行考察。

　　除上述三种关系以外，在同一个生存团体内部，教化系统与

（接上页）统与世俗政治保持着一种相互伴随、彼此渗透，但又相对独立、互不干涉的平行关系。"这表明埃及的世俗政权曾与宗教团体处于相互制衡的阶段。20世纪中期，革命政权与穆斯林兄弟会发生对抗冲突。随后穆斯林兄弟会没落，爱兹哈尔大学宗教学者得势，"它标志着在宗教思想上适应性潮流取代了对抗性潮流，成为埃及政教关系的主导趋势。"（参见王泰. 埃及现代化进程中的世俗政权与宗教政治［J］. 世界历史，2011（06）：52—61，在这篇文章中学者王泰也提及了世俗政权与宗教政治之间"适应"与"对抗"这两种关系。）

政治系统还存在一种排斥关系。这种排斥关系不同于对抗关系。排斥关系表现为教权所有者对拥有政权的排斥。英国宗教学家弗雷泽在其著作《金枝》中详述了这一现象：教权所有者对王权的排斥与抵制。导致这一现象的原因是"王位的重负"。由于在人类发展较早的阶段，权力所有者将权力的合法性和有效性与自身牢牢地绑在一起，这不仅使得人们相信权力是王位上的人应得的，也促使人们认为王的行为与其国家的祸福息息相关。"如果旱灾、饥饿、疫病和风暴发生，人民便归咎于国王的失职或罪愆，从而相应地鞭笞、桎梏以惩治之，如果他执拗不悔，便废除他的王位，甚至处死他。"[①] 这种观念逐渐固定下来成为制约国王行为的约束力量。在现实中，来自这一观念的约束力量往往体现在国王生活的各种细节上。例如，由于自身的神圣性，日本天皇不得不遵从只针对王位之人的各种规范："他的脚触及地面，也被认为是有失体统。甚至日月之光也不允许照射到他头上。他身上任何多余的东西都不许去掉，不剃须发，不剪指甲。凡是他吃的东西，都盛在新的器皿里。"[②] 这样的现象并非仅发生在日本，弗雷泽详述了非洲西海岸曾经的一些国家，诸如卢安戈（今刚果境内）的国王、费尔南多波岛的干、斯莱夫海岸说克瓦语的民族、达荷美的国王等都需要遵从诸多的规范，在古代爱尔兰、埃及、印度等地，它们内部各个地区的国王也都受到一些禁忌的约束，在日常生活中

<hr/>

① ［英］J. G. 弗雷泽. 金枝——巫术与宗教之研究［M］. 汪培基、徐育新、张泽石，译，北京：商务印书馆，2019：168.
② 参见［英］J. G. 弗雷泽. 金枝——巫术与宗教之研究［M］. 汪培基、徐育新、张泽石，译，北京：商务印书馆，2019：170.

需要严格遵守那些精确不变的规定。①

　　将国家和民众的福祸与国王相联系实际上是王权与神权相结合的一种表现。但是对国王过度的生活细则的要求使得王位后继无人，遭到排斥，"附加于王位或祭司职务的令人生厌的规章自然要产生影响，或者人们不肯就任这种职务，使王位或祭司之位无人继任，或者虽然有人继位，却被压在这些规章禁忌的重负之下而沦为萎靡不振的傀儡或遁世的隐士，以致政府的统治权从他那软弱无力的手滑入那些惯于不见其名而实际支配着君权的人的坚强掌握之中。有些国家，最高权力中出现的这种裂隙逐步加深，终于导致了神权与世俗政权的彻底的永恒的分离"。②通过弗雷泽的论述可以看到神权与王权的结合最终可能会导致神权与世俗政权的彻底分离。当神权与世俗政权分离后，掌握着神权的传统教化系统与掌握着世俗权力的政治系统大概率会进入到适应、制衡或对抗三种常见的关系之中。

第三节　伦理秩序体现教化成果（伦理秩序）

　　人类社会的伦理秩序源于人与人、人与组织、组织与组织等

---

① 参见［英］J. G. 弗雷泽. 金枝——巫术与宗教之研究［M］. 汪培基、徐育新、张泽石，译，北京：商务印书馆，2019：296－297.
② ［英］J. G. 弗雷泽. 金枝——巫术与宗教之研究［M］. 汪培基、徐育新、张泽石，译，北京：商务印书馆，2019：296－297.

行为主体之间建立起来的生存关系。最早的伦理关系是从自然中生发出来的。个体与他者存在自然上的血缘关系，并由此开展出家庭关系、姻亲关系。随着社会秩序的建立，人们参与到复杂的社会生活中。伦理秩序与道德规范、风俗习惯成为对个体行为产生约束的重要力量。虽然教化的终极目的在于其信仰理论或信仰叙事中终极理想的实现，但教化系统必须要在现实世界形成其自身的存在秩序。关涉人类世俗生活的伦理秩序最能体现出由教化系统塑造、导向的教化成果。

一、道德体系

在一个教化系统内部，由信仰理论或信仰叙事不断符合于人类现实伦理生活，而产生出来的人类行为引导，从而形成的一致性趋向就是其伦理秩序。在伦理秩序中关切善的行为趋向上的一致性建构，就是该教化系统内部的道德体系。由于伦理秩序的差异，每一个教化系统或教化团体的道德体系也都各不相同。

个体人格或道德品质的提升是个体实现教化系统终极理想的必要路径。这就意味着道德体系与人类现实生活的融合是教化系统在现实生活中的各层级秩序建构中最为重要的核心部分。[①] 虽然多数的教化系统建构的信仰理论自认都是能够导人向善、鼓舞人

[①] 康德将道德教育作为教育中最为必要的内容和最为重要的内容。"一个人在身体上可能受到了很好的培养，在智力上也得到了出色的训练，但是假如在道德上得到的培养是糟糕的话，那他仍是一个劣质物。""道德，普遍地被认为是人类的最高目标，因此也是教育的最高目标。"（参见［德］康德. 康德论教育［M］. 李其龙，彭正梅，译，北京：人民教育出版社，2019：32；19.）

心的，但是对于善的存在、善的价值、善的实现等问题每个教化系统各不相同。存在领悟上的差异导致了每个教化系统和教化团体各自建立了与其存在领悟相符合的伦理秩序。虽然现代生活方式的一致性使得社会现实生活中的伦理秩序开始有趋同的倾向，但是只要存在根系于不同的存在领悟建构起来的教化系统，那么人类的伦理秩序就不会完全趋于一致。

在以往对道德体系的认识中，人们往往会将道德体系归于一个阶级、一个时代、一个人类发展阶段的道德价值趋向。这样的认识体现了道德体系中内涵的一致性和稳定性。而由教化系统塑造的道德体系与以阶级、民族、时代为特性的道德体系往往处于一种重合又分野的状态。不同的区域、民族和阶级看似都有属于它们的道德体系。但是如果以实证研究的方法聚焦到某一个时代的具体时间和具体区域，又会发现其道德体系可能同宏观的道德体系存在较大差异。

道德体系的建立和维系依靠的是教化实践的力量。在古代传统的教化实践进程中，比如古典政治教化和宗教教化，道德体系的构建不是教化实践刻意为之或独立进行的。当教化者按照信仰理论和信仰叙事对组织内部成员进行教化时，其对善的解读、对实现善的路径的传授必然是基于其自身的信仰理论和信仰叙事的。对于教化系统而言，其道德体系内部一致性的根本来源是其信仰理论。但是在现实的生存秩序中，人类的伦理秩序与道德秩序不仅仅受到信仰理论的作用，信仰理论也需要与现实中的诸多的生存要素进行协调和取舍。所以说，道德体系是教化系统的信仰理论不断符合于人类现实生存所产生的行为倾向上的一致性。不同道德体系中的各自不同的"一致性"既是对其教化成果上的显示，也是其真正具有价值意义并对人类产生重大影响的那个部分。其各自的"一致性"也就是不同教化系统在道德体系上的差异所在。

二、个体身位

个体对于人类的生存秩序（伦理秩序）来说是一个有着巨大张力的内容。首先秩序是由个体、个体的观念、个体的行为、个体之间的关系、个体与整体之间的关系等内容组成的。伦理秩序包含着个体的生存和个体的成长。而伦理秩序恰恰规范和约束的也是个体的行为，这也是为什么建构伦理秩序的教化活动可以说成是人类的自我驯化行为。在某个特定的伦理秩序中，"个体处于什么样的位置""个体对个体有着什么样的认识""个体如何将自己融入伦理之中"，这些问题意味着教化系统对人类存在在人际（主体间）维度上的认知和取向。

"个体"是一个学术研究中使用的概念。在学术研究中，每一个人都被均质化为个体。个体一般指代与社会、团体、组织、集团等等具有整体性的事物相"对立"的单个主体，几乎不具有个人身上的独特性，也不表示人与人之间巨大的差异性，仅代表人的基本共性。当我们要表达单个的人与社会之间的关系时，个体是一个较为客观的词。对个体的认识需要有整体性组织或群体性组织来作为认识的参照。我们对自我的认识、对一个特定的他者的简单认知都不能完全算作是对个体的分析和研究。当我们在思考个体与社会、组织、团体、机构等的关系时，每一个真实的个人所具有的个性的内容也不利于归纳和总结。

"个体的身位"指的就是在一个社会、团体、组织内部，个体之间建立关系的方式；个体在人伦结构中伦理身份的差异；以及个体保有非社会性自我的方式，等等。对个体身位的认识就是指社会中的成员对上述问题的认知和行为。个体对自身身位的认知往往与社会现实的真实身位是存在差异的，这既有教化的原因，也是个体先天禀赋所导致的。伦理秩序中真实的个体身位，以及每个人对个体身位的认知是关键性的两个问题。真实的个人对个体身位的认知，关涉到个体在生存秩序中伦理角色的塑造和伦理行为的选择。对个体身位的认识过程是困难的，其难度源于个体与伦理结构之间的关系疑难。伦理结构的基础是个体与个体组成的，而个体与个体之间的关系是复杂多样的。不同的伦理关系有着不同的连接方式，比如血缘、友谊、金钱、权力等，这些连接方式错综复杂地连接在人与人之间。如果没有伦理连接的方式和结构，那么个体之间依然是独立的个体，不能够称其为人伦。除了上述具有实体性质的连接方式以外，人类大规模的组织连接也会通过教化系统的教化实践，借助苦难、交换、约定、承诺等精神性或行为性的方式进行连接。

个体与整体之间的连接关系看似是一次性的、僵硬的。但在现实中，个体与个体、社会之间的连接是持续不断的。新的个体不断地成为整体的一部分，个体也在社会中不断地接触新的个体或行为主体。社会整体的主结构在一段时间内是稳定不变的，社会内部却一直是动态的，社会中人际连接的搭建一直处于不停息的状态。个体的身位虽然在伦理结构的分析中是静态的，但在现实生活中，个体的伦理身位是在不断变化和丰富的。除了由血缘和婚姻搭建的亲属关系较为稳固以外，其他的伦理关系一直处于变动之中。而即便是较为固定的伦理结构，在不同的人生阶段、不同的生存方式下，个体的身位也会产生变化。比如，在中国古代的家族关系中，大家长任职者的变化引起的家族内部伦理关系的变化。

虽然伦理秩序总是处于变动不居的状态中，个体在伦理秩序中需要不断地进行伦理关系的连接，但是个体也需要在不停息的秩序运转中为自身的独立留有一定的"空间"。个体形成组织和共同体的原初目的是更好地生存。显然，在人类社会的初期阶段，个体聚拢为整体的目的是产生最大的利好局面。但是随着人类组织方式的增多、社会团体规模的扩大，整体对个体产生影响的层面越来越多，每一个人可以从共同体中获得的利好依然远远超过他独自生存。不过，在社会中却出现越来越多需要整体与个体相互协调的地方。因为群体掌握着生存的资源和权力，所以协调的方式一般都是个体的让步。个体生存空间完全地被挤占未必是一件有利于人类生存的事，在伦理秩序中，人如果缺乏独立的精神空间，也就很有可能失去了"连接"的生成来源。伦理秩序的参与和伦理关系的建立在很大程度上成为被迫的事情。人际之间需要的真诚和自然难以生成，人在伦理关系中的情感需求不能够获得满足，伦理秩序很大程度上会变成等级秩序。

在人类的教化实践中，个体对自身身位的渴求同其在社会秩序中寻求自己的位置同样强烈。例如，在宗教教化中，个体如何在"自我"与神明之间建立起连接。正是"自我"的意识存在于个体头脑中使得教化实践总是呈现着规训与自由意志之间的张力。教化中的受教者能够意识到自我。诸多教化系统要求个体进行的修行首先就是需要个体能够感受到自我。无论是对于接受教化还是参与秩序中的个体而言，"我在"的感受是真实的。但是"我在"却未必是可靠的，尤其是当人意识到自身在很大程度上受到意识形态的影响之后，同样会对"自我"能否独立产生怀疑。个体必须依附群体生活，个体必须将自己融入秩序中以获得生存的权利。而群体性组织一旦形成，整体性的社会如何对待个体才是现实中个体的真正身位。现实中的个体身位并不会与理论分析中的伦理结构、关系连接完全符合。总是会出现偶然性的因素将秩序中的身位设定破坏或打乱。

三、他者关系

在教化活动中，"对他者的认识"也同生存秩序的建构一样源自人的存在领悟。"对他者的认识"实际上是人对自我认识的一种写照。而建立与他者的关系是个体参与外在世界的第一步。认识他者的行为甚至要先于人自我意识的建立。他者是一个含混的概念，以个体自身为参照，他者至少可以代表"他人""他意识""他物""自然""主体"等一切具有自身存在方式的非我存在。在某个特定的伦理秩序中，能够发生伦理关系的对象可以概括为"主体"和"主体"。个体与个体之间的关系就是伦理秩序中基本的伦理关系，多个个体与个体关系的连接形成了伦理结构。不同生存秩序有不同的伦理结构，个体与他者建立关系的方式多种多样，血缘、姻亲、邻里等。除了固定的伦理关系的产生以外，个体与他者之间建立的关系往往也是偶然因素导致的。在现实生活中，个体对待每一个"他人"都会采取不同的态度、言语、行为，会建立不同的未来关系预期。这体现出个体与他者之间的关系中存在着普遍的差异性。

他者关系的差异性主要体现在个体与个体之间关系的差等上。在伦理秩序中较为常见的关系差等顺序来自**"亲疏远近"**，即由血缘、姻亲、友谊等建立关系连接的他者关系。就血缘来说，个体与个体之间就可以建构出不同程度亲厚的他者关系。例如，在较为正常的家庭关系中，个体与父母之间的关系要比侄甥更为亲近，这是由人的情感积累所致。除了"亲疏远近"的差等关系，个体与个体之间的关系还受到**权力秩序**的影响。例如在某些传统的家族关系中，往往会存在父系血缘较母系血缘更为亲近紧密的现象。这样的关系建构源自父权社会的存在和延续。在社会现实中更为细致的权力秩序中，个体与个体之间会依循社会地位或社会等级的差别建立差等的伦理关系。上述两种关系连接主要是在某一群体内部，跨越团体的界限，个体与个体之间关系的建立还会受到文化传统和宗教信仰的影响。例如，个体对于相同信仰的人与非相同信仰的人会建立不同的伦理关系。

除了伦理关系的建立方式，个体对待他者的方式在很大程度上取决于其接受的教化实践。从教化成果在个体行为上的体现来看，尊重、谦和、团结、友爱、平等是许多教化系统主张的对待他者的方式，而傲慢、任性、歧视、偏见、排挤等行为则是不被鼓励的对待他者的方式。这些行为在现实生活中会被视为"没有教化"的人。虽然这些在教化系统或教化团体的内部往往是普遍的观念，但是一旦将关系的主体扩大到群体与群体或组织与组织之间，就会发现组织主体在对待他者时往往是傲慢并带有偏见的。个体所能感知到的傲慢和偏见在一定程度上来自教化系统，这与教化实践以导人向善为目的看似是矛盾的。但在组建教化团体时，来自教化信仰理论的真理式傲慢好像又是必须借助的心理状态。

第四节　类本性作为人类全部秩序性活动的源头

人类秩序的建构是一个漫长并不断演化的过程。从早期文明痕迹的留存到历史中的文献记载再到近百年的影像记录，人类的生存方式在不断地改变。相较于可能截然不同的生活习惯和地域风俗来说，对人类整体的社会秩序的认识和分析则可以涵盖不同的生存方式和文化传统。人类的生存秩序是具有一致性的生存方式或生存规范。人类的生存秩序可以分为自然秩序和社会秩序两类。[①] 自然秩序是人对自然形成的具有总体性、规律性的认识,这些认识的产生在很大程度上源自自然本身所表现出来的规律性和一致性。

一、类本性根源于自然秩序

"类"是具有某种一致性或相似性的存在物的集合,它是人的认识能力中所具有的一种边界意识。这样的认识能力使人能够在思维意识中将外部世界加以分门别类地区分和处理。类意识兼具对抽象意识和现实物质的区分,现实物质的类区分借助于人的感官知觉和知性能力。纯粹抽象的类意识可能由现实物质的类区分意识发展而来。类的思维构建了人类思维意识中的大部分内容,对人日常的思维运动起到了内容支撑的作用。类意识的出现可能是因为人类的自然本能中存在的对"一致性"的认知、辨别、提取和记忆能力。这四种能力必须以人体的感知器官作为基础。也就是说,对一致性的认识源于自然本身。当它作为一种生物的本能时,类意识社会性的产生实际上无需讨论。因为只要外界的事物给人以感知上的刺激,人就能够运用这一本能对它们进行类的区分。所以,在人类文明的早期,通过纯粹抽象的类意识对逐渐丰富的人造物和社会关系进行分类并处理应该是基于本能自然而然的事情。社会秩序也是随着人的认知经验、生存物质、伦理关

---

① "人是类存在物,不仅因为人在实践上和理论上都把类——他自身的类以及其他物的类——当作自己的对象;而且因为——这只是同一种事物的另一种说法——人把自身当作现有的、有生命的类来对待,因为人把自身当作普遍的因而也是自由的存在物来对待。"(参见马克思恩格斯文集(第一卷)[M]. 北京:人民出版社,2009:161.)

系和权力结构不断丰富的过程逐渐复杂化。类意识的区分能力可能不仅仅属于人这一物种，但只有人类将类意识不断抽象化、复杂化，成为人类自主创建生存规范的必要能力。

与类意识的自然发生和自然运用相同，在文明阶段的初期，人类的一些文明创造多是基于自身的本性和生存需求而自然生发出来的，以至于很难将人的生存秩序作自然与人为的彻底切割。即便人类建立了庞大复杂的社会秩序，但依然无法完全从自然中独立。从人的内在来说，自然本性与自然需求是人类生存的必要部分；从人的外在来说，自然是生存资源和生存环境的必要来源。人就是自然的一部分，人参与自然秩序，是生物链条中的一个环节。人的"本性"在人类长期的探索研究中早已经进入了本体式的思维范式中。这可能是因为人意识到人的本性是可以探究的时候，人已经形成了人类是区别于外物的特殊存在。人想要为自身的特殊性找到来源和根据，在寻找根据的过程中，自然是一个重要的方向，但并不是唯一的方向。尤其是自然中的其他事物不具有如人一般的特殊性。这就使得人会将自身本性中的最具特殊意义的部分归于一个可以独立于自然之外的存在，或者直接将其本体化。不过，在人类漫长的探索过程中，关于人类本性的任何一种理论都没有获得普遍性认同。几乎所有的人性理论都有其合理性，人性论中最大的合理性在于思想家们对人性的描述在现实中是具有普遍性的。

人性中对人的生存具有普遍意义的部分是现实中有理智的人在日常生活的过程中能够体会到一些性质。比如孟子所谈的"四心"中的恻隐之心和羞恶之心，这些品质是促使人在现实生活中为善的性质。人存在为善的意愿，也普遍认同人性中有善的或向善的性质。人性中的贪婪、怯懦、嫉恨也是人们在生活中能够感知到的具有普遍性的心理状态和情绪。它们往往促使人在现实生活中为恶，所以人们往往将这些情绪和心理作为人性中恶的部分。因为人们对待善与恶的态度并非完全出自对自身利好还是损害，对自身利好的行为有可能对他人是恶的，对自身损害的行为对他人可能是善的。而人对他人造成了损害，即便不是出于对自身利好的目的，人也会感到羞愧。所以人们往往会认为"善"是人性中非常珍贵的部分。

如果将人的需求扩大，例如按照马斯洛的需求层次理论，人不仅对安全感有需求，在满足安全感以后还会产生好奇和探索的需求，此外，还有更高阶的爱的需求、尊严的需求。[1] 如果按照马斯洛的理论，那么"善"与"恶"的生成也可以说是为了满足人的需求而出现的。善的行为能够在某种程度上满足人们对尊严和价值的需求，甚至善的行为能够带给人"高峰体验"。[2] 这是基于健康的人格来说的。而对于那些不健康的人格，恶的行为也能够使他们的某些需求获得满足感。"人本性中的那些性质以及善恶的倾向是为了满足人的不同层次的需求"，如果这样说是合理的，那么人的本性源于自然秩序这一说法也就是合理的。因为自然秩序赋予了人最基本的生理需求和情感需求，而后其他的那些复杂的、

---

① 马斯洛. 完美人格 [M]. 高适，译，武汉：华中科技大学出版社，2020：77.
② 马斯洛. 完美人格 [M]. 高适，译，武汉：华中科技大学出版社，2020：177.

属人的意义性需求更大的可能是随着人类文明的进程逐渐发展出来的。当然，如果这些需求是一开始就存在于人的本性中的，那么就更加说明了人的本性源于自然秩序。人依据着对自然秩序的认识以及对自身需求的满足，创建出了丰富多样的生存规范。上述这些人性中具有普遍性并能够被人们普遍感知的性质和需求就是人的类本性。

二、类本性是秩序建构的前提

人的类本性之所以能够被现实中的人普遍地感知，是因为许多性质具有人能够认识、分辨、提取和记忆的一致性。例如贪婪以及贪婪的表现、怯懦以及怯懦的表现、善良以及善良的表现，等等。人们能够在情感、心态、行为等各个层面感知到它们各自的一致性，进而能够对它们进行类的区分和抽象化。类本性的存在也是人与人之间能够建立关系的前提，因为人有满足自身需求的欲望，即便是基本的生理欲望和情感欲望，人类也很难独立实现。人类多数欲望的产生和实现都要在群体中进行。但是，群体不单单是为了满足一个人的欲望和需求而存在的。个体能够汇聚成群体组织并长期地维系下去，是因为所有人的欲望都要在群体中进行。这样一来，群体生存就必须建立生存规范，以确保人在满足自身需求的同时有所限制。群体性的生存规范与人的现实生存共同形成了社会秩序。

社会秩序是人类为了获得更好的生活方式而创建的，涵盖着人类为自身设立的生存规范。但现实中的诸多秩序最初未必是人类"自主"创建的。人类聚居在一起，自然会对食物的分配、劳动的分工、等级的划分、婚配的方式等不同生活层面的事务作出规定。在人类生存的历程中，对这些不同层面的事务的规定都要经历长期的发展演化后才能够形成被社会集体默认的风俗和习惯。这也就是说，不是哪个部落的首领或者统治者突然决定要创立某种生存秩序，社会秩序是人类自我演化的结果。这印证了人的类本性是人类全部秩序建构和秩序性活动的源头，没有类本性以及对类本性的意识，人类的社会秩序就无法建立。

对类本性的意识是人类建立秩序、创造文明的重要能力。意识到类本性不仅意味着人类能够意识到本性中普遍的一致性，还意味着人类对于各种类本性进行了意义的赋值。而赋予不同的类本性以何种价值的过程与人建立社会秩序的过程相符合，这也是不同的生存秩序中对于人的类本性的意义赋值不完全相同的原因。例如，在古希腊的城邦时代，勇敢被认为是非常高贵的品质。但在其他文化传统中，勇敢则不具备古希腊城邦秩序中的价值地位。在不同的人类发展阶段和不同的情境，人类对类本性的赋值行为也是不断变化的。比如战乱时期忠诚、勇敢的价值提升，和平富足时期慷慨、友善的价值提升，等等。从全人类的角度来看，本性中那些促使人行善和为恶的诸多品质的赋值行为是具有相对稳定性的。人们对本性中的诸多性质形成了是非观与取舍观，这两种观念的产生能够决定教化实践的指向性。教化实践的指向性是导人向善的，使人为善不仅关乎个体人格的建构，从人的生存需求这一角度来说，教化实践导人向善能够在很大程度上保证人们按照生存秩序中的规范有序地生活。

在以往心理学的研究中，人与其他生物的相比特别之处在于人能够意识到自我的存在。在心灵哲学和行为主义的研究中，人如何意识到"他心"的存在是一个具有基础意义的问题。但是在现实的日常生活中，人们不会怀疑或者说不会过多地怀疑"他心"的存在。我们既能够意识到自我，也相信他人能够意识到"自我"，并且也相信自我与他者之间可以进行交流并建立联系。这些日常的观念都源自人能够意识到自身是一种类存在物。能够意识到自身是一种类存在物，意味着个体能够意识到自我与他人之间存在着本性上的相同之处。这是人能够与他人建立连接的首要环节。从教化行为的角度来看，人意识到自身是一种类存在物意味着人能够通过统一的方式引导。而某种具体的教化内容也能够对人造成相似的影响。人类能够聚居生存，又因为按照类本性和类需求不断建构着生存规范。生存规范的形成使群体性组织形成了相对稳定的生存秩序，生存秩序又使得人类聚居生存的规模不断扩大。生存秩序与群体规模之间是相互影响的：群体规模的扩大会促使群体内部产生更多的生存规范，使得生存秩序不断复杂化；但也正是生存秩序的形成和发展才使得人类的群体组织能够不断兼容更多的人口，不断地扩大群体的规模。

社会秩序的形成和发展需要发挥教化实践的社会功能。群体内部的生存规范虽然在形成之初是自然演化的，但随着生存规范的复杂化，就需要教化行为来促使人们遵守已有的生存规范，最终使生存规范形成群体内部的传统。作为人类群体生存的必要内容，教化实践以类本性为源头。类本性不仅仅是人类本性中某些具有一致性的性质，还包括类本能和类需求。教化实践除了能够运用人的类本能，以及发挥社会功能以外，它还能够满足人的类需求。安全感、尊严、价值、超越、爱、信仰等是人类内在的需求，这些需求相关于每一个群体内部具体的教化实践。需要说明的是，由于教化实践还要兼顾着树立生存规范的功能，所以，在对待类本性的问题上，教化实践并非仅仅是以类本性为源头、运用类本能以满足类需求，在具体的教化实践中，类本性也是教化转化和利用的对象。

三、建构生存规范对类本性的转化和利用

教化实践是人类精神的塑造活动。古典教化的目的可以笼统地分为两类：一是政治教化，使人服从掌权者或认同群体组织的意识形态；二是宗教教化，指引人们向善为善，抚慰和安顿人的心灵。当然，两者往往是结合在一起对人发挥作用的。在不同的教化系统或教化团体中，每一个团体会根据自身的生存需求、存在领悟形成不同的生存规范。不同的生存规范表现为不同的价值体系、不同的道德要求、不同的礼节仪式等。人的类本性具有一致性，教化实践又以类本性为源头。除了人与人之间的差异会造成人格上的差异以外，相同的教化实践应该取得相似的教化成果。那么人类在教化系统中的各项内容上所表现出来的差异除去自然的原因以外，必然在很大程度上取决于教化实践。

在具体的教化实践中，人类的情绪、情感和需求都是教化过

程中被运用的对象。人在后天生活的环境、接受的教育和教化同样会对人的品性产生决定性的影响。为了使人们自觉遵守生存规范，教化实践按照与生存秩序相符合的价值体系对组织内部的成员进行引导，促使人们形成统一的价值取向。总览人类的教化史，能够看到教化系统对某些欲望的抑制、为人的行为建立起奖惩机制，等等。除此之外，教化实践对于人的超越需求提供了路径。超越需求同卓越需求不完全相同，超越需求是人类独立于自身规定性的心理渴求。在传统的教化内容中，既有身体上超越自然规定性的方法，也存在精神超越的路径。精神超越是人类教化实践的重要内容和重要指向。对于精神的超越性需求是否来自类本性无法作确定性的回答，但是，通过人类创造的绚烂的精神文明能够看到人对超越自身规定性的执着。那些在道德上坚持利他主义的实践者更是不断地超越着人类本性中自私的"基因"。[1] 类本性通过教化实践的长期转化和利用，在现实的生存秩序中会成为教化的传统稳固下来。后世的人一经出生就面临着家庭教化与环境影响，多数人不会再参与教化实践对类本性最初的塑造和引导行为中。但这并不意味着人们不会经历对某些类本性和欲望在态度上的转变。随着人类生存需求的变化，人类本性中的能力、欲望和性质会随着价值取向的变化不断地被塑造。现代社会，享乐的欲望从被抑制转变为被提倡，消费欲望也被塑造出来。

人类教化实践真正的对立面不仅仅是人性中那些不被人们欣

---

① ［英］理查德·道金斯. 自私的基因［M］. 卢允中、张岱云、陈复加等，译，北京：中信出版社，2019.

赏的性质和需求，还有教化行为本身。在生存秩序长期的演化发展过程中，秩序中不仅存在着满足人类需求和超越指向的内容，还会衍生出大量与生存规范相违背的内容。教化实践虽然导人向善，但是它不能够促使所有人都遵从生存规范。社会现实中包含着大量的恶，这些恶也存在于人类的教化行为中。即便不是直接的恶意，社会现实中人类事务的复杂性也会使教化行为、教化活动成为真正教化实践的对立面。人类的类本性是可以塑造和转化的，这是教化的现实功能，这样的功能可以变成一种社会力量。教化权力因此成为各种势力争夺的对象。而"真正的教化实践"似乎是一个具有批判性质的概念。因为大部分的教化活动在行为的当下是很难被判定其真正的性质和目的的，当它造成了一些坏的事实后，人们或许才意识到它是不同于教化实践的行为。并且由于教化实践的目的本就不是单一固定的，人类生存秩序中教化更大的存在价值本就是其功能性的发挥。也就是说，具体的教化行为最终还是需要人来把握，是人的生存领悟、生存目的、价值取向决定了教化的现实展开。这样说来，教化就难以避免地发生异化。甚至可以说，教化一开始就是因其功能而存在，教化中所蕴含的那些具有超越性的价值和意义也有可能是在文明发展的进程中逐渐出现的。在现代社会，人类将理性知识作为建构生存秩序的根基，对于那些传统秩序的根基和演化人类也开始运用科学的方法进行分析和研究，对于人本性中的欲望、情绪、心理都通过科学的方式进行分析，从而形成理论运用到现实实践中。今后，人类社会会通过科学的方法运用人的类本性以构建与现代生存领悟相符合的社会秩序。

本章小结

人类的存在秩序主要指代的是人的生存秩序。不同的教化系统通过教化内容建立了不同的生存规范。这些形态各异的生存规范形成了现实中不同的社会秩序。这样说来，教化就在一定程度上成为人类生存秩序差异性的生成之源以及至关重要的现实环节。存在领悟或生存领悟是教化系统的差异性来源。不同的地域、人种、环境影响着人类产生不同领悟的生存领悟。在人类文明的发展过程中，神的秩序、真理秩序、理性秩序是人类生存秩序的三种主要样态，它们普遍地存在于所有的教化系统和教化团体之中。这三种秩序就其存在的普遍性来说不具备时间上的次序性。但是在不同的人类发展阶段，它们随着时代的需求和发展都有处于凸显地位的阶段。

在统治权力进行的教化实践中，建构现实的社会秩序是政治教化的关键目的。由于政治权力在社会中具有更为稳定严密的结构，使得政治教化的过程也有了更为清晰的行进路径，比如自上而下的权力形式决定了自上而下的教化路径。随着近现代民主国家的建立，政治权力结构的改变以及个体参与政治的方式决定了古典政治教化向现代的意识形态教育与公民教育的转化。在现实的生存秩序中，伦理秩序是与人们日常生活关系最为紧密的生存秩序。人类社会的道德体系、价值取向、他者关系都同真实的个人紧密相关，并且，人类对于爱的需求是在伦理秩序中获得满足的。随着"伦理"问题研究范围的扩大，人类与神的关系、与统治者的关系、与权力的关系等都被视为是某种伦理关系。而这些伦理关系的建立和维系依靠的是家庭的教化、社会教化以及教化系统的教化。人类全部秩序性活动以及生存秩序的建立和发展都是根系于人类的生存需要。教化实践也是根据人的需要一步一步地丰富自身在秩序上的建构。教化实践的现实操作以人的类本性为根基。人类本性中的相似性是教化作为群体性实践得以展开的前提。

第三章

类本性
——教化之"化"的可能前提

人是一种类存在物。人类在认识外界时也把自己当作一种具有普遍性的类存在物。[①] 自人类世界出现思想者，并将人作为思考的对象以来，思想家们也多思考人身上具有的普遍性的问题，例如人性、善恶、实践、道德、伦理等。虽然思想者不可能认识世界上的所有人再对人作出思考，但是根据对类存在物中一致性的认识提取和抽象归纳，思想者们可以从少部分人中获取到内在于人性的普遍性质。[②] 这样的能力并不是仅属于思想家们的，现实中

---

① "人是类存在物，不仅因为人在实践上和理论上都把类——他自身的类以及其他物的类——当作自己的对象；而且因为——这只是同一种事物的另一种说法——人把自身当作现有的、有生命的类来对待，因为人把自身当作普遍的因而也是自由的存在物来对待。"（参见马克思恩格斯文集（第一卷）[M]. 北京：人民出版社，2009：161.）

② 泰勒在《原始文化》中认为"当人们从广义的角度来进行研究时，人类的性格和习惯就出现了相似和一致的现象。这种相似性表现在两个方面：一方面，从人的本性的一般相似点；另一方面，从其生活环境的一般相似点。"（参见金泽. 宗教人类学学说史纲要 [M]. 北京：中国社会科学出版社，2010：78.）

有理智的人都能够做到这一点。也正是因为有理智的人普遍具有认识类存在物的能力，使得人类的教化实践成为可能。如果没有类本性和类意识，教化行为或与教化相似的行为也是可能发生的。即一个生物向另一个生物传递生存经验这样的类似于教化的行为，这实际上是一种动物生存本能。但是教化实践是一种属人的实践，教化实践是有目的、有内容、有差异、群体性的。虽然在现实中教化实践最终落实到每一个真实个体的精神和行为上，但从教化实践的终极理想、现实目的、秩序建制等方面来说，人类的教化实践建立在普遍的"类"前提之上。那么单个的人能够被教化就不足以作为教化实践的现实基础，教化实践的现实基础应该是作为类存在物的人具有能够被普遍教化的类本性。

第一节　教化可"化"的前提条件论证

人类是可以被教化的，这是人类几千年文明进程呈现出来的事实。人何以能够被教化？外部强力和暴力可以促使人被动地接受由外部而来的观念。外部观念长期的强力输入就能够塑造人格和意志，使之传递的价值观念在个体心中固定下来。在现代社会中广为人们讨论的斯德哥尔摩综合征以及"Pick-up Artist"都是通过人意志的脆弱性、对亲密关系的依赖等人类具有普遍性的心理状态进行暴力控制和精神控制，以实现加害对象的认同和顺从。① 这显然是不符合教化实践的本真性质的，但至少表明了人类是可以被塑造的，且无关塑造行为本身的目的，只要通过一些有效手段就能够实现人格塑造。这样一来，教化实践本身的价值取向就对教化实践的性质有了决定性的作用。也就是说，人本性中是否存在是非善恶的一致性成为不易判断的问题。那么如果从教化能够引导人的精神、塑造人的人格这一事实来分析人性问题，就要从最具有普遍性的抽象性质来讨论。去除人类行为中的价值意义后还可以观察和描述的就是人类行为所表现出来的倾向性。

一、人本性中的倾向性

人性的究竟是所有文化问题面临的根源性问题。对人性的不同解读会导致理论的不同走向。② 在多数文化类型的哲学研究中，

---

① 在伊斯兰宗教和埃及、印度等地还保存着"荣誉谋杀"等为了传统的价值取向而无视现代法律和生命权利对女性施以人身伤害的行为。而由此行为产生的"荣誉"的观念不仅存在于加害者的意识中，社会中的许多受害者也会将这样的价值取向视为是正常合理的。

② 在理查德·罗蒂的反传统主义哲学著作《偶然、反讽与团结》的导论部分谈及关于人性的哲学导向问题。"当柏拉图尝试回答'为什么正义符合个人的利益?'，或者当基督教宣称'人可以由服务他人而获得完美的自我实现'时，他们背后的企图都是希望将公共和私人融为一体。为了这类形而上学或神学的角度，把完美的追求与社会整体感结合起来，他们要求我们承认有一个共通的人性。他们想尽办法让我们相信，对我们每个人而言，最重要的东西就是我们和其他人所拥有的共通人性；换言之，私人的实现和人类的团结，起始来自同一个源头。与之相对，像尼采一样质疑这种观点的人则再三强调，形而上学与神学说穿了只是让利他主义显得比实际上更为合理而已。可是，这类怀疑论者往往也都有他们自己的人性理论。他们也主张所有的人类都有共通的本性，例如权力意志或原欲冲动。他们强调的重点是，在自我的'最深处'根本没有人类团结的意识；人类团结的意识，其实'只是'人类社会化过程所虚构的东西。""自黑格尔以降，历史主义的思想家一直努力尝试突破众所周知的僵局。他们否认有所谓的'人性'或'自我的最深处'这种东西。他们一贯的策略是极力主张社会化或历史环境的无所不及，所以根本没有任何在社会化的背后，或先于历史的东西，可以用来定义人性。""由于受到了这股历史主义转向的潜移默化，我们已经逐渐摆脱了形而上和神学，不再受到逃离时间与机缘的诱惑。"(参见〔美〕（转下页）

善恶一般作为人性的基本性质或基础标准被哲学家使用以作为其理论的研究基础。以教化来说，哲学中常见的三种人性论都能够作为教化可能性与必要性的依据：性善是教化可能的前提；性恶使教化成为必要；性无善无恶显示教化的意义。三方争论往往难分胜负，因为任何一方都没有绝对的证据能够反驳另一方的论据。学界也反对僵化地看待经典思想对于人性问题的解读。

把人类需要教化的必要性与教化是使人灵魂转向的基本定义结合起来看，非常容易就会得出人性恶的结论。但是这一结论并不能够得到人性恶在本体论上的确证。从人类可以教化为善这一点来看，似乎又可以断定人具有善性。所以，关于人性的善恶与否不能简单地作出定论，善与恶是人类社会的产物，它们本身代表的是于己、于他者、于团体的意义与价值。如果不是人类创建了文明，使人在行为和品质的选择上有了倾向，那么现实中可能不会存在善与恶，仅仅只是自然的内容。所以，在对人性进行更为基础的挖掘之前，只能先把善恶看成是相对的、具体的，而不是完全本体化了的人类本性。既然不能够将性恶与性善直接作为教化的现实依据，那么在人本性与善恶之间就必定还存在着人性发展的环节。

（接上页）理查德·罗蒂. 偶然、反讽与团结 ［M］. 徐文瑞，译，北京：商务印书馆，2003 版，2019：5 - 6.）不同时代的哲学家对人性的看法不同，在上述关于人性问题的不同导向中，能够看出其呈现出来的矛盾是私人与公共或个体与团体之间的矛盾和张力。古典教化将共通的人性视为教化的基础，但历史主义者们的批判也同样具有合理性，共通的人性，即类本性实际上也是社会化的产物。两种看法实际上都与人类教化有相符合之处。或者可以说，两种看法呈现出来的矛盾可以统一在对教化问题的研究中。

考察教化本身能够对人性基础作出分析。教化能够被印证是因为人类世界的教导行为是事实存在的，这意味着教化的发生是因为人类能够被教化，[①] 其中包含着人类的一个绝对的能力与一个绝对的性质：即绝对能教的能力与必然能化的性质。"能够被化性"[②] 可能是比性善恶论更为基础的人类本性。人类世界存在着被"教好"和"教坏"的事实，教导结果的好与坏是不好确定的，也是不好预定的，但是唯有能够被教是必然可知的。把生存技能传授给后代在自然界是十分常见的现象，"能够被教"可能只是一种简单的动物本能。但当这种本能与人类陆续创造出来的各种抽象意义，在教与化的过程中结合起来以后，教化就变成了成就人类文明繁荣的第一功臣。在过去，我们总认为教化的必要性是源于人会作恶或导向恶（恶的行为会给人的生存带来极大的不确定性，而社会需要的是秩序性和稳定性），所以要通过教化来规范人的行为，塑造人心灵和行为的倾向性。现在，我们也许能够再向前一点去说明，教化的必要性也许来自教化的必然性。而善（包括向善）才是作为引导人类心灵与行为的教化活动的必

---

① 康德认为教化后的人性才是人类与动物的区别所在。动物一旦拥有力量就会合乎规律地（以不伤害自身的方式）使用自己的力量，但是人是需要父母来保育的。"训诫或者训育把动物性改变为人性。"在努力发挥人性的自然禀赋的过程中，是人运用自身理性的过程。康德将人性作为人的规定。"训诫防止人由于自己动物性的动机而偏离其规定。"（参见［德］康德. 康德著作全集（第 4 卷）［M］. 李秋零，译，北京：中国人民大学出版社，2013：4-5.）康德将人性作为先在的规定性或先在的使命，是人应该去努力发挥的本质规定性。
② "能够被化性"与性无善无恶论存在区别，后者往往去强调的是后天"化"行的重要性；而前者没有否定人性中可能的善恶因素，仅仅是强调人更为基础的性质是能够被教导、被教化的性质，这种性质并非仅仅属于人类，驯化活动针对其他动植物也有效，所以"能够被化"是一种动物本性。

要性。

　　常常会有人将"教化使人向善，但有人依然行恶"作为性恶论的观点支撑。这种观点的确多数时候被"教坏"或"教恶"的事实所印证。[①] 教化与行恶之间的情况还是需要继续分别讨论。首先，要先对"教""无教""化""无化"在同一层面意义上作出区分。此时的"教"与"化"都作为"对人产生影响的动态过程"。"有教"指人受到教导，"有化"指受到教导和环境的影响并产生作用；"无教"指的是一个人没有被其他人主动教导的过程；"无化"指的是一个人无法被环境影响心智发展的状况。这也就是说，一个人虽然可能无教，但是仍然有可能被化，这是受他所生存的环境导致的。即使是自然环境也会对一个心智正常的人产生化的作用。一个人"无化"，则意味着他生存的环境对他起不到任何促进心智发展的作用，这样的人是非常少见的。[②] 作出上述区分以后，行恶至少可以分析出四种状况：无教无化而行恶；无教有化而行恶；有教无化而行恶；有教有化而行恶。有教无化在现实中基本上不会存在；[③] 无教有化而行恶可能意味着一个人纯粹因生存环境的影响而行恶；而一般也不会有人否认，即使是有教有化的生活状态中也会掺杂大量的不确定因素导致人行恶；无教无化而

---

① 这往往也是性善论者的依据——如果不是人性本善，那么教化向善这件事就难以实现。

② 如果是具有某种精神疾病的患者也不能说不会受到环境影响其心理状态的情况，但如果是对于人类的教化规范而言，精神疾病的患者可以算作符合"无化"的标准。

③ 虽然在批判现代教育方式时经常会用"有教而无化"来形容，但是从事实本身来看，只要存在教导行为，化的过程就会存在，"对牛弹琴"貌似和这种情况相似，但人能够主动地接受教导，那么完全不受生存环境影响的可能性微乎其微。

行恶则指向无自由意志者或精神疾病患者行恶。虽然精神疾病患者中的绝大多数无法通过教导实现生存自助，且由于精神病患者的行为不是出于自由意志，所以在社会现实中可能无需他本人承担法律责任和舆论责难。但是，精神病患者，尤其是具有暴力倾向、自残倾向的患者会做出危害自己和他人的行为。由于精神病患者实际上也参与社会生活，所以我们依然会把他们的破坏性行为认定是恶的，只不过刨除其动机为恶。

　　对上述情况的分别论述是为了说明，人类的任何一种生存状况都会有恶出现。看起来似乎是因为人性本恶才会如此，但是性本恶与受到影响后为恶是不同的，现实中很多的恶行往往不是出于人本性的选择。如弗洛姆所说，我们需要做的是先区别什么是人性，而什么是由人性而来的需要。[①]这种区分能够让我们对人性有更单纯或更为纯粹的认识。在人性与由人性而来的需要之间作出区分是非常困难的，当人对自身进行分析时多会陷入"只缘身在此山中"的困境。因为两者往往是承接顺应在一起的，由人性而来的需要会直接被认为是人性本身，比如我们难以区分虚荣、贪婪、勇敢、乐观、和蔼、慈爱、懦弱等用来描述人的性质的话语，到底是人性本身，还是由人性而来的需要。如果它们只是由人性而来的需要，那么懦弱和乐观很有可能来自同一种人性。这就意味着，原本对人类的一些所谓本性作出的善恶区分，很大程度上是源于其在社会中促成的结果而导致的一种行为评

---

① ［美］E. 弗洛姆. 健全的社会［M］. 贵阳：贵州人民出版社，1994：18.

价。这不足以论证人本性到底是以什么样的方式呈现，又显示出什么内容。

但显然那些在社会生活中具有明显道德色彩和价值倾向的品性用词不会是人的基础性质（人性）。因为在社会现实中，这些词语用来形容或评判的人物和事件所具有的都是相对意义。例如，勇敢是一种好的品质，它的定义也算清晰明了，但是它所对应的现实行为却不是固定不变的。杀人在某种境况下会被认为是勇敢，但在另一些境况下会被认为是邪恶。这种品质究竟属于哪一种性质不仅仅由人的本性（性格）决定，还取决于当时复杂的现实情境。也可以说，勇敢这种品质是在某一次具体行为完成后才算彻底生成。评价一个人是勇敢的人也是因为他在以前的人生中至少完成了一次可以被称道勇敢的行为，并留存在了其他人的记忆中。而如果一个人的行为是杀人，我们又无法获知杀人的情境，那么这个行为的性质只能算作是破坏性或毁灭性的行为。破坏性行为显然会有不同的表现方式、发生在不同的情境，以至于会获得不同的价值评判。这就意味着我们所熟悉的那些价值评判用语，虽然具有完全相反的内涵，却可能同属于某一相同性质。这里可能会有人反驳，勇敢的行为与邪恶的行为虽然在外在形式上都是破坏性的，但它们的实质完全不一样。这里的"实质"显然指的是行为的目的，即是为了善的目的还是恶的目的行破坏之事。这种观念是合理的，但是由于行为的目的性需要依附于某一特定主体，行为的具体主体所作出的选择是依据其本性还是依据其后天所受到的影响，抑或是两者皆有，想要对此作出判断是非常困难的。

　　如果要对基础的人性进行考察，就要尽量避免那些不稳定、不确定的因素对我们的判断造成影响。从人类行为的外在形式对其性质进行总结归纳至少能够保证其性质确定性，且由行为外在形式进行的归纳多体现人类思想与行为的某种倾向性。[①] 比如破坏性是一种普遍的倾向性，在实际的行为中会有更具体的行为与之对应。例如：破坏性倾向——故意损坏、杀人、自杀、辱骂、挑拨等。在人类文明发展之初，"人性——由人性而来的需要"这种行为发生要比直接出于善恶意念的行为选择更具可能性。善、恶以及一些其他的品质型意念的塑造本身就是一个长时间的历史进程。而把什么是善、什么是恶作为直接具体的教化内容传递给下一代，使人们能够直接出于善恶意念进行行为选择显然是在成熟的教化系统中更容易发生。在各种教化系统的发端处，就是在利用人自身的诸多倾向性对人的心灵和行为进行引导，并且在人类群体中建构出一个具有整体性的人格倾向，这种整体性正与第一章和第二章谈及的存在领悟和存在秩序紧密相关。

[①] 从人的行为中观察到的最基本的倾向性来自人接触外部世界时产生的最基本的感觉。卢梭将其称为内在的自然。"我们生来是有感觉的，而且我们一出生就通过各种方式受到我们周围事物的影响。可以说，我们一意识到我们的感觉，便希望去追求或者逃避产生这些感觉的事物，首先要看这些事物使我们感到愉快还是不愉快，其次要看它们对我们是不是方便适宜，最后则看它们是不是符合理性赋予我们的幸福和美满的观念。随着我们的感觉越来越敏锐，眼界越来越开阔，这些倾向越来越明显；但是，由于受到了我们的习惯的遏制，所以它们也就或多或少地因为我们的见解不同而有所变化。在产生这种变化以前，它们就是我所说的我们内在的自然。"（参见〔法〕卢梭. 爱弥儿〔M〕. 北京：商务印书馆，2019：10.）

二、行为倾向性的矛盾性对教化的需要

在人类教化的初始阶段，^① 人类意识和行为中的倾向性可能是教化活动主要针对的对象。即使是在当下，这种观点对于个体教化而言也是成立的。因为，一次由某种倾向性引发的行为——到形成与此行为相应的意志——是一个过程。意志代表的是一个人心中恒久稳定的品质。^② 人的某种倾向性在现实中受到不同的教化就会被塑造成完全不同的品性。教化活动要争取的，就是将人的某些倾向性塑造成，与某一特定教化系统的价值观相符的社会性格或群体思维。^③ 人类本性中的倾向性可能有许多，如何去确定人的倾向性就成了一个问题。**此前已经出现了通过行为的外在形式进行归纳总结的方式。**这可以作为确定人类行为倾向性的一种方式。

---

① 教化的初始阶段分为两种，一种是以人类整体文明为线索的教化行为，这种教化的初始阶段指的是人类文明伊始时期，有一个特定时间段，处于人类进化发展的初始阶段；另一种教化初始阶段则指每一种特定教化系统的创始阶段。

② 正如亚里士多德所言，一个人拥有善的德性是指他在一生中拥有这种品质，"一只燕子或一个好天气造不成春天，一天的或短时间的善也不能使一个人享得福祉"。（参见［古希腊］亚里士多德. 尼各马可伦理学［M］. 廖申白译注，北京：商务印书馆，2017，第20页.）

③ 社会性格："在某一文化中，大多数人所共同拥有的性格结构的核心，这与同一文化中各不相同的个人的个性特征截然不同。……社会性格的功能正是以某种方式对社会成员的能量加以引导，其结果便是，社会成员的行为不是一个可以由人们自行决定的问题，即人们无法决定是否按谁模式行事，而是一个当他们不得不行动时就得行动的问题。与此同时，人们也在按文化要求行动的过程中得到满足。换句话说，社会性格的功能便是，在特定的社会中锻塑及调节人的能量，使其服务于促使社会继续有效存在的目的。"（参见［美］E. 弗洛姆. 健全的社会［M］. 孙恺祥，译，贵阳：贵州人民出版社，1994：62-63.）群体思维是社会心理学家欧文·贾尼斯的观点，指人们在社会生活中采取的一种思考模式："在一个具有凝聚力的排他小群体中，由于人们共同的追求占统治地位，因此该群体无视对那些可供选择的行动方案所作的实事求是的评价。"但文中不对群体思维作价值评判，仅仅旨在以它说明一种群体思维中的统一的倾向性。（［美］E. 阿伦森. 社会性动物［M］. 上海：华东师范大学出版社，2019：13.）

除此之外，对人的生存最具影响力的那些要素，诸如身体（肉体）、意识、理性、情感、癫狂等也能够催生出人的各种行为。**这些对人的生存具有影响力的因素也是确证人类行为倾向性的基点。**在我们现在的认知中，人类在文明进化过程中所表现出来的某些性质特征是彼此矛盾对立的，但这些对立的倾向性却又对人类文明的建构有着巨大的作用。如果存在着一种由人类主动进行的活动来引导、调和、增强或减轻人的各种倾向性，这个活动必然就是教化。教化就是人类主动对自身的各种倾向性进行调节引导，并以此来完成自我驯化的活动。由于人类本性中的那些对立矛盾的倾向性是基于人类的认知方式、认知能力而言的，所以下文涉及的三对矛盾的倾向性完全是基于人类生存发展中的根本指向而言的，它们之间的矛盾对立也是在人类生存现实和思想观念中的对立。[①]

人类生存的全部过程中最为直观的对立是生与死的对立。从人类相关于生存的种种追求来看，生本能需要安全感的持续获得。确定性能够带给人安全感。确定性倾向促使人寻求更稳定的生活方式、更安全的生存环境。这种倾向应该是来自人对生的渴望，与之对立的则是人类的破坏性倾向。弗洛伊德把它直接归根于毁灭性倾向，他认为这种倾向源于人的死本能。而弗洛姆则认为毁灭行为是人的超越本性中的一种表现，是创造性的替换物。[②] 暂且

[①] 此处想要表明的是，人类倾向性之间的矛盾对立性质完全是基于人类文化本身，它们在最初或最根本的形态上是否存在矛盾与对立无从得知。

[②] 弗洛姆从心理分析出发，将源于人生存的需要和情感分为五类：相关性与自恋性；超越——创造性与破坏性；根性——友爱与乱伦；身份感——个性和顺从性；倾向 （转下页）

不去分析破坏性行为的本质原因，破坏性行为从外在形式上与确定性行为存在着一种对立，即塑造安稳确定的生存状态与打破、突破某一种稳定状态之间的对立。

除了确定性与破坏性的行为倾向，人的行为选择受到的影响重要来源还包括肉体性与精神性，文化内容上多体现两者的对立。实际生活中，人类也需常常在相关于肉体与相关于精神的对立事务中进行选择。在全部的人类生存状态中，人类的文明史又表现出自然性倾向与走出自然或独立于自然的倾向之间的矛盾对立。① 人的精神性倾向与独立于自然的倾向性在现实的发展进程中都包含着理性因素。这些倾向性的矛盾对立体现在，人类既想满足一种倾向性，去除与之对立的倾向性，但是又无法真正做到，只能在生存过程中感受到对立倾向性带给他的心态拉扯和纠结情绪。此时，就需要教化的出现，因为它是某个或某些智慧体对某一阶段中人类生存方式的最好感悟，它擅长于利用人类所体现出来的各种倾向性以达成教化系统自身的目的。为了考察教化活动与人类的各种倾向性之间的关系，暂时以**确定性倾向与破坏性倾向、肉体性倾向与精神性倾向、根源性倾向（自然性倾向）与独**

（接上页）性与献身方式的需要——理性与非理性。（弗洛姆《健全的社会》）这些分析仍旧是基于人类文明历程而言，掺杂着较多的后发文化因素。

① 这种对立在弗洛伊德的研究中较为重要，但是弗洛伊德是以人进化发展的心理层面进行分析，并将人类为着独立于自然的行为，落实在人的一种心理特征发展状态的依据上，即人从固守土地自然的乱伦状态向成熟独立的理性状态发展进化。弗洛伊德的观点实际上能看出西方传统文化中所体现出来的部分意识形态，也能看出西方历来对理性的追崇，以及缘何导致了理性与自然之间的分歧。这种分歧甚至影响着西方文化的发展进程，也影响（塑造）了近现代的教化精神的内涵。

立性倾向作为考察人性与教化之间关系的基础性质。引导这些倾向性是教化实践存在的意义；倾向性本身的存在是教化活动可能的前提；引导倾向性的过程是教化活动所运用的手段。

人的**确定性倾向与破坏性倾向**可能源于动物的生本能。在文明进程中，人类建构的诸多生存秩序就是由确定性倾向所发展出来的最重要的创造。确定性是人类获取生存安全感的重要来源。所有的教化系统在教义的制定过程中都会涉及伦理秩序的确定，并且随着人类的进化发展逐渐演变自身的形态，以使人类能够既保证繁衍后代的数量，又提升生命的质量。在社会逐渐形成规模以后，建构生存秩序以及维系它的稳定就成为教化活动的主要目的。而安稳确定的生活状态又能够满足人本身的确定性倾向，所以，对此类教化的主动建构符合人的本性要求与生存需要。在常规的教化活动中，有利于帮助建构生存秩序的品性和行为都会被认为是好的、善的行为，会获得来自群体或统治者的赞赏。而破坏性的行为往往意味着打破现状，当现实的生存状况符合大多数人对确定性的需要时，破坏性行为就会被视为是恶意的、必须加以抵制的、在群体中会受到排挤的。当这样的信息传递给群体中的每一个人，大家就会以破坏行为为耻。

但是，即使是在各种教义和教化内容中，人类的教化也从来没有完全否定破坏性倾向。在适当时候的破坏行为可以得到勇士称号。而像战争这样对人类生命有着巨大危害的破坏性行为，在教化中也并非是被完全否定的。反战精神的主流声音是在"一战""二战"以后才得到群体的关注。在古典教化中，为维护教内信仰进行的战争、屠杀会被认为是神圣的；为信仰而献身也常被认为是伟大的举动。因为在人们看来，献身等毁灭性行为的实质是为了维护某种存于献身之人心中的已定的秩序。这说明，人在进行教化活动时有意识地对确定性倾向与破坏性倾向加以利用。凡是由此产生的利于维护教化延续、实现教化理想的行为都会得到认同和赞扬。而凡是阻碍教化理想实现的行为，无论其本身是什么性质，都会被认为是负面的或恶的。

这也是为什么多数文明类型或教化系统，都存在对过度满足肉体性倾向（肉体欲望）行为的贬斥和禁止。教化是使人团结起来共同生存的实践，纵容个体一味地满足私欲与其精神内涵相悖，也不利于群体团结。在诸多教化系统中，尤其是在古典教化和宗教教化中，禁欲常常是修行的主要途径。普遍的观点是精神境界与肉体私欲处于对立矛盾的状态之中，历史上道德精神高尚的伟人都是利他主义者。**肉体性倾向与精神性倾向**的对立原因，在很大程度上来自满足私欲与团体生存之间的冲突。诸多教化系统对教内成员的精神境界设有层级，[①] 而境界的高低与道德修养是成正比的。即使是在求知寻真的精神追求里，肉体欲望也并不受欢迎。过度地沉溺于肉体的快乐被认为会对纯思造成阻碍，这种观念显然来自人们的生活经验。对于社会中的人的成长而言，身体上的诸多欲望也被认为总是会起到阻碍的作用，例如懒惰、食欲、性欲等。在传统教化中，多对这些肉体性欲望进行贬低式、肮脏化

---

① 例如儒家教化的天境界。

处理，这可能是源自教化者想要将神圣之物或神圣之人与普通人乃至"更为低下的人"区别开来。直到西方大工业时代开启，消费时代来临，肉体欲望的价值得到了肯定与提升。加之对人体科研的深入，人的身体得以被重视。满足身体的欲望成为大众教化不再拒斥甚至是加以鼓励的主流思想。无数鲜艳夺目的广告、商品刺激吸引着人们的感官，促使整个社会陷入造物的狂欢之中。在一些教化或教育批判研究中，学者往往将这种现象归因于教化的某种缺失。但实际上，这可以算作是某些具有教化能力的群体有意为之的结果。这说明，人类的某一倾向性本身并没有善或恶的性质，当它在某个时代不能为人类生存发展发挥效用时，就会受到排挤和拒斥。而当另一个时代需要它发挥作用时，在群体利益的驱动下，部分教化活动会扭转主流的文化态度，放宽对原来拒斥的一些行为的容忍度，甚至是转换为相反的态度。受主流社会力量的影响，某些教化系统也会或主动或被动地迎合时代的需要改变自身的教化方式和教化内容。实际上，这也是人类同人类本性中的各种倾向性作博弈和调节。

在人性的诸多倾向中，对立最为激烈、对人类文明影响最深远的两种倾向性就是**根源性倾向（或自然性倾向）与独立性倾向**。弗洛姆把这种矛盾性总结为人在自然与独立（走出自然）之间的两难。两者的对立源自人的意识能力，即人能够意识到自己区别于其他万物，或者说能意识到抽象的自我。这原本正是人之所以为人的首要环节，当他开始有了更高级别的自我需求以后，成为一个独立的人就变成了一种渴望。但是，脱离自然的成熟独立并非就是人最高的文化形态。与其说人在两者之间的两难是选择上的两难，不如说是存在上的两难。在思想理论的建构中，无论执取哪一端作为价值的终极都难以解决人的生存困境。① 即自然作为人类的发源处，既难以满足人类对终极认识或终极归宿的需要，但又始终牵扯着人类无法摆脱的自然规定性。由于根源性和独立性之间暧昧不明，这两种倾向历来是宗教教化中理论建构时需要处理的重要问题。例如基督文化中亚当夏娃如何开启的人类世界，《尚书》中关于绝地天通的记载，等等。教化作为人类的自我驯化活动，正是因为人类的本性使得他不得不同自己的各种倾向性作斗争。在人类发展的全部文明中，那些历史悠久、影响深远的教化活动利用自身的影响力，不断地对人类本性中的各种倾向性进行塑造。从教化塑造的历史和成果来看，不同的文化类型选择的教化倾向有很大程度的相似性。这种相似性可能既包含着实用性的需求，也包含着类本性使然的因素。

人类按照类本性中的基础倾向性对人格进行培养和塑造。从人类文明发展的各阶段文明成果来看，不同的生存秩序会呈现出各自特征鲜明的社会性格。弗洛姆认为社会性格就是以某种方式对社会成员进行引导，使他们的行为不能是按照自身的意志来完

---

① 弗洛伊德以现实中的人的心理进化的阶段映射人类发展进化的阶段，认为只有摆脱固守自然的恋母情结才能真正成长为成熟理性的个体。这种观点在西方思想发展的脉络中有迹可循，强调理性与自然的对立使西方在近代理性愈加膨胀的状态下与自然越走越远。而东方文化，尤其是中国古典的儒、道文化一直讲求顺应天道，敬畏自然，各种存在秩序都要在天行有常中找到自身的合理依据。而无论是哪一种偏向的文化类型都没能彻底解决人在自然与独立两端拉扯中所产生的迷惑与困境。

成，而成为一种不得不这样做的社会性格。但同时，人们在这种行动中也会获得满足（声望、道德、荣誉）。所有的社会性格都是依据社会的需要而被塑造的。在农业时代，勤劳、朴实被认为是好的品质；战争时期，勇敢、忠诚是被高度赞誉的；在工业时代，守时、守纪是受到赞扬的品质。现在，没有人会认为守时是一种不好的品质，它被看作是认真、负责、严谨的表现。在人类发展的各个阶段，行为与道德品质都紧密地对应着。在中国古代，社会需要坚固的家庭关系，所以三纲五常、男女大防就被塑造成具有高度价值的道德规范，以使人们在履行这些规范时获得对自我的认同、满足道德上的崇高感，以这种后天培养出来的愉悦去弥补行为被管控所带来的束缚感和压制感。教化使那些原本外在的行为要求转变为人的内在动力。由于教化是在满足类本性的需要，所以教化活动本身在现实中既可能是伟大的文明塑造活动，同时又是一种极具危险性的活动。这种危险的诞生有时是在集体无意识的情形下发生的，有时是某人或某一集团刻意为之的结果。

三、教化实践与自由意志

人类拥有对自由的渴望，它可能是人的自然天性或动物本能。[①] 生存的自由无论是表现在动物身上还是人类身上都能让人体

---

① 卡西尔在《人论》中将人类的自我认识作为哲学探究的最高目标，并且，他提出了一种与人类的文明发展依赖于人向外界求知这一观点稍有不同的观念，或者说提出了一种补充。他的补充恰恰说明了人在文明发展早期以及人类的教化实践中所体现出来的人类自由意志的萌兴。"从人类意识最初的萌芽之时起，我们就发现了一种对生活的内向观察伴随着并补充着那种外向观察。人类文化越往后发展，这种内向观察就变得越加显著。人的 （转下页）

会到一种强烈的生本能，但由于人类世界的生存秩序过于复杂，每一个人都需要在群体中生活。群体性的生活作为一个整体需要一定程度的稳定与和谐。这使得人类需要对"自由"进行新的赋值和贬值，哲学家对自由的阐释不过是对自由进行赋值的过程。真正能够体现自由实质的是什么，似乎秩序中的人无法作出回答。因为，秩序内的暴力与教化在一定程度上压制了自由。但是，如果没有秩序内部的教化和暴力，人也就没有谈论自由的意义了。

自由是什么？如果从神与无神这两个视角去说明，可以得到两种说法。神论的世界观认为人的自由意志是神的恩赐，人能够按照自由意志进行选择正是人之为人的尊严的获得。所以，神不会在世俗生活中干预人的行为选择。无神论往往更偏向于生物进化论的观点，人从动物中脱离出来逐渐组建社会和国家。在这样的认识中，自由表现为人对自身生存权利的设想。人类文化和个体意识中的"自由"，更为确切的性质是一种生存状态推断或生存状态联想。如果无法从神那里获得明确的答案，人类似乎也无法

（接上页）天生的好奇心慢慢开始改变了它的方向。我们几乎可以在人的文化生活的一切形式中看到这种过程。在对宇宙的最早的神话解释中，我们总是可以发现一个原始的人类学与一个原始的宇宙学比肩而立……从此以后，认知自我不是被看成为一种单纯的理论兴趣，它不仅仅是好奇心或思辨的问题了，而是被宣称为人的基本职责。伟大的宗教思想家们是最早反复灌输这个道德要求的。在宗教生活的一切较高形式中，'认识你自己'这句格言被看成是一个绝对命令，一个最高的道德和宗教法则。在这种命令中，我们仿佛看见了最初天生的求知本性的突然倒转——我们看见了对一切价值的另一种不同估价。在世界上一切宗教——犹太教、佛教、儒教和基督教——的历史中，我们都可以看到它们各自的这种发展步骤。"（参见［德］恩斯特·卡西尔. 人论［M］. 甘阳，译，上海：上海译文出版社，2020：7.）不过，如果按照康德的观点，人的自由意志可能是在服从于自由的因果律，而非自然所致。但无论它是来自自然的法则还属于"自由王国"，自由都无法与人完全彻底地分离。

对自由的生存状态进行全面细致的描述。导致这一困境的原因可能有两种：一是人类无法完全地获知或体会自由生存状态，[①] 二是人类即便能体会却无法精准地表达出来。但是，第二个原因是否是真实的也无法说明。在人类思想史上，许多思想家都提出过关于自由的定义，也对自由的价值和意义作出过不同层面、不同领域的阐释。多数思想家必定都认为自己对自由的表述就是准确的，并且，他人也无法对这些自由概念准确与否进行绝对的判断。如果不能把这些概念当作绝对真理，我们也仅仅只是通过说明它们是一种主观意识来否定其绝对性。

现在来看第一个原因——人类无法完全地获知或体会自由的生存状态。造成这个"原因"的原因是人的现实生存状态，人总是在现实的生存状态中感受到来自外在因素的限制、强迫、压制、约束等。[②] 而外在因素所造成的影响主要有两个方面，即人的肉体和精神。肉体与精神上的不自由感受源于暴力和秩序，暴力的压制性和束缚性是直接的，而从秩序（伦理秩序、政治秩序）中衍生出来的自由问题更具有张力和复杂性。人类建构社会秩序的手段之一是教化实践，人类在秩序中所感受到的非自由在一定程度上是由教化导致的。教化实践的过程以及人格养成的过程必然会

---

① "无法完全地获知和体会自由"意味着人能够体会到自由，只是不能定义绝对性的自由。人能够准确地判断一些行为是非自由的，比如被拘禁或被伤害。

② 康德认为，与理性相对的是野性，野性意味着摆脱法则，而训诫使人遵从于人性的法则，人会感受到法则的强制性。为了防止野性的增强，康德主张尽早地对人进行训诫和教导以使他们尽早地习惯于服从于理性的规定。康德认为"人天生就有一种对自由的如此强烈的趋向，以至于他只要在起初一段时间习惯了自由，就将为它牺牲一切"。（参见［德］康德. 康德著作全集（第4卷）［M］. 李秋零，译，北京：中国人民大学出版社，2013：5.）

对人的欲望、思想、行为和目的产生一定的约束。虽然多数时候秩序中的约束是个体出于生存需要或利好目的而自愿的，但是人们依然会在长期的现实生活中感受到压力和消极情绪。这种不自由的感受每一个个体都会有不同程度的感知。在社会现实中，阶级、阶层和等级会给人带来更多不自由的感受，并会形成一种集体情绪。无论是个体的感知还是集体的情绪都会外露于人类的思想和行为中，人们并非不能表达对自由的向往和对非自由的批判。在教化实践中，我们也常常能够看到关于自由的教化内容和教化理想。

这是教化的现实张力所在：一方面，它会给人带来不自由；另一方面，人类对自由的追寻也需要教化。当自觉担负教化责任的人意识到自由的真理性，并对现实中的非自由进行批判时，他们就在不断地丰富人类教化实践中关于自由的向度与可能。相关于人类自由意志的教化实践的张力的形成，实际上涉及人类的本质倾向性中的一组对立倾向，即根源性倾向（自然性倾向）与独立性倾向。在人类文明伊始，那些为了摆脱自然带给人的限制的最初行为都是人自由意志的现实体现。人类最初建构生存秩序的目的是为了自由，只不过，这时的自由意愿更多的是保全生命，从而从与自然的规定中获得更大的行为自主性。这是人类的独立性倾向引发的自由意志，独立的对面是自然。但是，秩序的建构需要大量的确定性行为，而确定性行为的持续产生必然伴随着对人的行为的约束和规范。随着社会秩序复杂程度的提高，对人行为的规范就会随之增多。加上规范效力得以发生的根源在于权力的集中与使用，这增强了人们对压制和强迫的感受程度。也就是说，人类在追求自由和独立的进程中走进了对人类自身的另一种限制和规定，并且这一次是由人类自身导致的。这就使得人类陷入到了一种奇怪的因果关系之中——因为自由所以不自由。从形式上看这个命题似乎不能成立，但在"因为"与"所以"之间还涵盖着人类所进行的诸多秩序建构的进程。

在生存秩序中不断地感受"约束—教化—自由"之间张力的是个体心中的"自我"。自我与个体虽然落实在现实中都指代每个真实的个人，但是两者在社会秩序中却可能处于不同的地位、发挥不同的作用。个体是一个关系性概念，与之相对的是社会概念、集体概念、群体概念等，个体以某种组织方式连接是社会形成的基础。从哲学家和社会学家对不同社会结构的分析中，经常能够看到"个体缺失""个体被湮灭"等具有批判性的思想。而自我是一个心理学概念，它表示人对自身存在的基本认知。虽然，"自我"有时会被认为是个体的个性显现，在现实的个性评价中，一些缺乏特殊个性的人会被评价为缺乏自我。但实际上，有理智的、能够正常生活的人必然是都能够认识到"自我"的存在的。与自我相对的概念是他人或他者。即便在那些个体缺失的社会秩序中，个体对"自我"的意识依然是存在的。[①] 教化在约束与自由间的张力，先在地生成于人的自我意识中，最终会外化

①"自我"是心理学的概念。在心灵哲学和行为主义的研究中，自我是重要的概念。哲学家也针对自我的研究产生了不同的哲学思想。美国实用主义哲学家威廉·詹姆斯将自我分为"经验自我"与"纯粹自我"。弗洛伊德将主导人行为的意识分为了"本我""自我"与"超我"。本书所运用的"自我"主要指代人对自我存在并有别于他人的一种意识。

为个体的行为表现。人能够意识到自我，教化才得以在他的身上成为实践，或者说教化行为才称得上是真正的教化。没有自我意识，教化与驯化也就没有了区别。教化实践的现实目的落实在个体上就是人格养成。人格养成是一个长期的实践过程，同时也是个体的自我意识不断发展塑造的过程。对这个过程产生影响的有文化传统、社会秩序以及教化和教育等。虽然人的自我意识的发展脱离不开其生存的现实环境，但是在现实环境中感受到的生存过程中的复杂与矛盾，以及人的思维本能使得人未必完全地服从于各种教化活动。

在针对教化的研究中，往往会将受教者均质化。虽然有"因材施教"的教育意识来凸显个体差异性，但是，知识精英与统治精英的存在似乎使得人们忽视了群体中众多个体的智慧差异。智慧差异不是指个体在聪慧程度上有等级差异，而是为了强调，每一个个体都有自己的生存智慧。个体独有的生存智慧或生存领悟受教化的影响，但是也受到很多的偶然因素的影响。说得全面一些，就是个体的生存智慧和生存领悟来自他全部的生存经历。约束与自由带来的具有对立性的生存感受，是个体的自我在与外界接触时所产生的。当外界带来的压制是直接性的暴力时，不论是软暴力还是硬暴力，如果暴力强度过大，个体的意志将出现两种可能：一种是意志直接被压倒，不会产生反抗情绪；另一种是意志坚定地予以反抗。但是，当外界的压制是群体普遍默认的约束而非直接性的暴力时，个体就会对自身的感受、情绪以及所要作出的行为进行理性地思考。这个自我平衡行为选择的过程就是教化张力的表现：个体能够意识到行为上对于规范的服从是出于集体利好的角度，这需要个体的自我意识在个体与集体之间作出选择。① 在选择中，即便个体选择了自身的利益，也无法证明个体是出于自由而作出的选择，因为他完全有可能是出于贪婪的自私心理。如果个体选择了集体，也会出现两种可能：一是个体选择服从于当下他所处的集体关系；二是出于上文所说的集体情绪的产生，选择了他认为因追求自由而团结在一起的新的集体。这样的选择表现在现实的教化活动中：可能就是个体放弃了原有的教化系统，选择接受新的信仰理论或信仰叙事；或者是以新的存在领悟对原有的信仰理论进行新的诠释和革新。人类文明的发展需要教化，同时也需要自由意志的存在。只有这样，才能保证教化不会完全地僵化或彻底地变成强者对弱者的驯化。

---

① 在《世界公民视野下的普遍历史观》一文中，康德提出了人类在社会中的对抗性，即人类的非社会的社会性。"人类具有进入社会的倾向，但是这一倾向又和一种经常威胁着要分裂社会的永恒抗拒结合在一起。这种非社会的社会性显然是人性的一部分。人具有一种要使彼此联系起来的社会化倾向；在这样的一种状态里，他们才会感到自己不止于是自然人，也就是说，只有这样他们才能够发展自己的自然禀赋。然而，他们也具有一种强大的使自己单一化（孤立化）的倾向；他们会遭遇到其自身的非社会性，从而促使他们想只按照自己的目的来摆布一切，并因此会到处遭遇到抗拒，正如他们从其自身就会知道，他们自己也有抗拒他人的倾向。可是正是这种抗拒才唤醒了人类的全部能力，推动着他去克服自己的懒惰倾向，并且，由于受对荣誉、权力或财富的欲求的驱使而要在其同胞——他们既不能容忍其同胞，可又不能离开其同胞——中间为自己争得一席之位。"（参见［德］康德. 康德论教育［M］. 李其龙、彭正梅，译，北京：人民教育出版社，2019：66.）康德认为正是通过上述过程人才真正地由野蛮进入文明，没有这样的过程人的才能无法获得开启，自然禀赋也就无法转变为理性的实践原则。正是社会性（集体）与非社会性（孤立的个体）之间的张力促使了人类文明的进步。

第二节　教化主体与受教者的类差异

　　类本性是人类的社会本性，但并不意味着所有的类本性都内嵌于其所在的团体内部，类的区分是依靠标准来进行的，只要具有相同的特质都能够被划分为一类。① 所以人类的类本性除了被几个简单的大范围概念所囊括以外，在其具体细节上按照类的标准选取可以划分出难以计数的类存在，其中大部分的类存在不能够称其为团体。而这种依据选取标准判定的类本性并非一定是先天的，也并非必然属于某个个体的，这种类本性是概念上的、价值上的、成长性的和选择性的。一个教化系统内部的教化者和受教者虽然同属于一个教化团体，但是从其"教"与"受教"的两种不同行为方式作为区分，两者分属不同的类，即使是在教化系统内部，需要两者凸显出来存在特性也是不一样的。而不同的教化系统虽然信仰理论不同，但是有着相同"教"的行为的教化者却在"教"与"受教"的区分中能够成为一类。从人类发展的历程中看，人类对教化者的要求向来是最高的，他们有着相似的类本

---

① 费孝通在《论"论知识阶级"》中在事物的区分上澄清了"差"和"别"两种不同的差异形式。"别"是指可以成为社会分化基础的有可别的标识，例如男和女。费孝通认为现代经济中的分化基础是生产工具所有权的有无。生产工具的有无是"别"，而经济中的贫富差距则是"差"。（参见费孝通，吴晗. 皇权与绅权 ［M］. 上海：华东师范大学出版社，2017：8.）"差"很难成为社会分化的基础或者作为人们认识社会分化的标准。但是"别"可以帮助人们认识社会分化。文中涉及的"差异性"更多的是在"别"的意义上的差异性，也就是说类的区分是具有可别的标识的。

性，这个类本性是生成性的、概念性的和理想性的。[①]

一、教化者的类特性

教化者是教化系统中最重要的群体。这里所指的教化者不是能够参与教的行为中的每一个个体，而是指教化系统中那些明确具有教化者身份的人或在人类历史中逐渐呈现出具有教化禀赋的那些人。值得注意的是，此处讨论的是理想的状态中概念性的教化者所具有的类本性。现实中存在着大量行为恶劣、目的败坏的教化身份者，他们在本质上并不是真正的教化者，或者说不应该成为教化者，这涉及复杂的人本性，这里不作进一步讨论。

教化者实际上还可以继续进行类的区分。一小部分教化者往往就是信仰理论的创设者和完善者，这些人往往既在现实中担负着教化行为，又要对世界、人类存在的意义方式进行不断地思考（当然也存在着赋予型的教化创设者，例如耶稣），形成独具匠心的理论并有记载有传承。一大部分教化者是受教化系统甄选出来的，在日常生活和教化活动中担任最直接也最琐碎的教化任务。虽然他们也会对信仰理论进行思考，但是仅仅只是思考和运用，而没有成为信仰理论的一部分。这两种教化者在行为上重合度很高，但是在人类文明的历史上，前者能够留下浓墨重彩的一笔，

---

① 区分教化者与受教者的类本性目的并不是要将人类确定明晰地区分出两类人群，以教化与受教作为标准也无法做到这一点，因为教化与受教的行为都是持续性的，一个个体往往既是受教者也能够成为教化者，并且当教化作为一种日常说教来引导行为时，成为教化者就不具备门槛或限制，人有意为之就可以。所以此处只为表明在教化互动中，教化者与受教者在概念和理想上各自有着不同的类本性，其根本上还是各自的存在价值。

后者则多默默无闻。他们共同构成一个教化系统中的教化阶层，也成为人类全部的生存方式中具有类生存特性的教化者群体。

探究教化者的类本性只能从教化者的最基本、最表象的存在方式入手，由此推进到其存在特性。显然对于教化者而言，最表象的存在方式是教的行为（包括立教、护教和教授）。教的行为中包含着教化者教的方式和教的目的。行为的目的是教化者一切行为方式的终极价值意义的呈现或实现，能够体现教化者的心灵倾向。教化者的教化行为依据的是自身教化系统的信仰理论或信仰叙事。教化系统的终极目的是信仰理论中形而上理想的实现。可以说，教化系统内部的教化者的最终目的都是形而上理想的实现，当然对于许多教化者而言，其行为倾向仅仅是更为直接的、朴素的教化目的。但对于教化系统而言，这些教化行为的汇聚都在指向其形而上理想。这体现出教化者的第一个类特性——**教化目的中的秩序倾向性**。即便一些立教者在其具体行为上堪称秩序的破坏者，但就整个教化系统而言，教化者的目的是依照信仰理论或信仰叙事，建立起与之相符合的社会秩序或团体秩序。对于教化者来说，维护现有的秩序更是他们的重要任务。

除了秩序的倾向性，教化者还拥有**教化关系中的上位性或优位性**。教化活动虽然可以在内容上主张人与人之间的平等，甚至在教化方式上也逐渐平等化，但是在教化实践中，教化者要比受教者具有优位性。优位性的基础来自教化系统教权的合法性，这本身是具有合理性的。因为教化实践中包含着规训、教导以及惩罚行为，如果没有现实中的优位性，教化的现实功能也未必能够

发挥作用。在完全平等的关系中，人类教化是否还能存在是一个
问题，受教者会不会普遍地服从于教化实践就是首先面临的困境。
虽然，从对现实中教化实践的思考来看，教化者的优位性是必然
的也是必要的，但是，教化者的优位性也是危险的。在理想状态
下，教化者的信仰境界与精神境界都需要高于受教者，这是教化
者优位性的另一种内容。可现实往往并非如此，或者说现实中的
人的行为会受到更为复杂的因素的影响。优位性能够带来教化功
能的实现，但同时也会在激发人心中的权力欲，权力欲的实现又
会给人带来快感。在教化活动中，教化者并非都能够克制住内心
的权力欲。这就导致教化行为中原本为了发挥教化功能的优位性，
变成了教化者实现自身权力欲的手段。教化者将教化实践变成了
精神压制和精神胁迫。这也正是具有自由精神的哲学家对传统教
化作出批判的原因，他们认为教化无法避免这样的事发生，所以
将教化的实质看作是一种精神控制。康德在回答何谓启蒙时，主
张个体要勇敢地使用自身理性，实际上就是担心教化会在现实中
形成地位上的压制。① 在政治秩序中，集中权力所进行的精神压制
就是独裁。

---

① 康德提出了品质不好的教育者会对受教者造成恶劣的影响。他认为人只有通过教育才能成
为人。在社会中，"人只有通过人，通过同样是受过教育的人来受教育。因此，一些人本身
在受训诫和教学方面的欠缺，也使得他们成为了其学童的糟糕的教育者"。康德认为只有好
的教育者才能够帮助人类成就其规定性。"一旦一个更高品类的人承担起我们的教育，人们
就会看到，人能够成为什么"。教化者的品性对人类的发展有着至关重要的作用。（参见
［德］康德. 康德著作全集（第4卷）［M］. 李秋零，译，北京：中国人民大学出版社，
2013：6. ）

二、教化者与受教者的分离

教化实践是人类现实生活中的一种对象性活动，教者与受教者同时是教化实践的行为主体。在具体的教化活动中，施加教化行为的称为教化者。从具有群体性的教化实践来说，教化者包括信仰理论的创立者（教主）、教化权力的拥有者、教化行为的施加者。由于教化实践是群体性的行为，掌握教化权力的人不会由一个人对组织内部的全体人员进行教化。在一个组织群体内部，教化者也指代由一部分人组成的教化群体。教化者相对于受教者拥有教的权力，教化者群体由此构成了教化者阶层。虽然，教化是属人的普遍性行为，即个体与个体之间就能够产生教化行为，个体是受教者的同时也可能就是教化者。但是，在具有事实的政治权力和教化权力的团体内部，教化者与受教者之间存在着事实上的群体分离和不断分离的趋势。

（一）教化者与受教者之间的社会等级差异

教化行为本身就体现着权力。从最简单的教化概念上看，教化是扭转人类心灵和行为的活动，但是并不是每一个人都会因心悦诚服而主动接受某一种教化。对于政治教化、宗教教化和地域教化而言，教内的许多人接受这种教化有两个重要的原因：

一是生而如此，带有着一种命定的色彩。比如出生在天主教家庭的孩子在人格培养的关键时期可能直接接受了天主教的教化。虽然在他拥有选择的能力以后可能会选择接受其他教化，但出生时期面临的教化环境是个体难以拒绝的，至少在观念的纯输入阶段需要被动接受家庭所选择的教化内容和方式。

二是因为区域教化的稳固性。一个特定区域内部可能只有简单的几种或一种教化。如果一个区域内部主要的教化内容和方式是固定的，那么人们为了生活的便宜性和舒适度也不会轻易地拒绝此地的教化或选择其他教化，否则将很难融入当地的生活。入乡随俗不仅是对当地文化的一种尊重，也是让自身迅速进入当地生活状态、进入社会合作的重要方式。作为一种已经形成了具有上述影响力的教化系统，它本身就是权力的拥有者，它已经具备了足够的社会力量，并且形成了具有自身意志的教化场域。

在上述这两种教化系统的选择原因中，人们进入社会中就意味着进入到社会的等级分化中。在常见的社会秩序中，等级差异始终存在于历史现实中。按照马克思的阶级理论，人类社会至少可以区分为统治阶级与被统治阶级。在专制统治中，统治阶级向被统治者施行政治教化。在这样的教化实践中，教化者是统治阶级的一部分，教化者与受教者的分离表现为阶级差异。在社会现实中，统治阶层也需要接受教化。甚至可以说，由于占据着更多的资源、担负更多的责任，统治阶层需要接受的教化要比被统治者更为丰富。统治阶层与被统治阶层之间的教化方式、教化内容与教化目的也完全是按照两种路线进行的。在不同的历史时期，由阶级分化导致的教化者与受教者之间的差异有着不同的表现形式，大体可以概括为贵族教化与平民教化或者精英教化与平民教化。两种不同的教化路线是由社会等级的区隔导致的。不过，人类的教化实践既能够起到固化阶层的作用，也存在激发改变社会等级秩序的可能。在人类历史的发展过程中，稳固阶级秩序的教化实践与改变社会等级秩序的教化往往不是相同的教权主体。阶层与阶级教化差异中的流动性与突破现象更多地依赖于社会制度。中国唐朝设立的科举制，可算作是教化差异格局重置的突破设置，但是这种突破仅仅是阶层上的突破，无法实现由被统治阶级跃升至统治阶级。在以世袭继承统治权的国家，打破阶级壁垒的方式主要是通过联姻和暴力推翻皇权。

除了原有的社会阶级或阶层先在地决定了教化者与受教者的等级差异，教化者与受教者之间的等级差异还体现在伦理关系之中。例如家庭教化中家长因为伦理身份而直接享有对子女的教化权力。在古典的生活方式中，诸如师傅和学徒、家主和奴仆、绅士和乡民，等等，[①] 这些权力关系源于既有社会秩序中的伦理传统。因为伦理传统中一致性观念的传播和传承一般是通过家庭教化和风俗习惯，所以伦理传统一旦形成就会影响深远。这也是家庭教化的等级关系、基层权力教化的等级关系、传统经营形式中的等级关系非常稳固的原因。与政治教化依附暴力支撑稳固教化等级关系差异不同，在伦理传统中形成的教化等级差异还关联着教化者与受教者之间亲密的情感关系。这样的教化等级差异既是坚固的，同时又会带给人一种不同于暴力压制的约束感。

从人类教化史整体来看，教化的阶级和阶层差异是在逐渐削弱的。从西方历史来看，中世纪时期西方的基督教神学家面临着如何将希伯来信仰与古希腊理性精神结合起来的挑战。神学家应

---

① 参见费孝通，吴晗. 皇权与绅权［M］. 上海：华东师范大学出版社，2017.

对这个挑战时所作出的改变，影响到了教化的等级差异。古希腊理想精神的获得是灵魂与教养，这种理性教养是在贵族内部进行的，因为他们具备充足的闲暇时间去培养思考的能力、享受沉思的乐趣。到了中世纪，基督教信仰成为全部文化的背景，即使神学家要做信仰与理性的集合，也是以基督教信仰为前提和目的。"闲暇—自由—教化的古典传统"[①]中原本贵族与卑贱者的阶级对立被宗教信仰的统摄力弱化。基督教在中世纪创立大学就是为了建构出一个拥有闲暇的"机构"，大学的设立与发展逐渐改变与发展了贵族与平民间绝对的教化差异，成为平民接受理性教化的一个重要渠道。

（二）教化者与受教者之间的信仰层级差异

就人类教化实践的本质指向而言，教化者与受教者之间的类差异自然地存在于精神境界和信仰层级之中。在真正的教化实践中，教化者在某一方面的精神境界必然是要高于受教者的，比如道德境界、人格修养等。这是教化者应该具备的资质，只有精神境界高于受教者的教化者才能够通过自身的精神修养感染他人。在现实生活中，教者与受教者的差异性是较为容易看出来的，这主要源于社会和教化系统以及大众对于"教者"的要求。不论是哪一个教化系统，其教者在整体上都呈现出品性、德性、智慧与大众有所分离，一般是高于大众，在少数方面表现为不同于大众。这是教化行为本身对教者提出的要求。但造成这一事实的还有其

---

① 耿开君. 中国士林哲学导论［M］. 哈尔滨：黑龙江人民出版社，2013：9.

他现实性的因素，例如在古代社会，教者与受教者在知识上存在的差距往往因为社会等级差异。

从人类文明的总体性上说，人类的现实生存能够被宏观地视为存在于某种特定的社会秩序之中。如果只查看某一阶段的某一地域，就会发现有许多人并不生活在稳定的社会秩序中。例如，"在1914年以前，大多数欧洲人的生活完全不同于英国资产阶级的生活。对于中欧和地中海沿岸的欧洲居民来说，生活是艰难和没有保障的，受霍乱、疟疾和饥饿的影响，而不是受书本和音乐的影响"。① 这样的现象不仅仅出现在1914年以前的欧洲，在完全丧失社会秩序的地方，教化实践很难长期稳定地进行。在这样的境况下，政治教化很难继续发挥效用，而宗教教化却能够在丧失社会秩序的地方留存并发展。导致这种情况的原因主要是宗教教化与政治教化在社会功能方面的差别：政治教化的现实目的是建构和维持社会秩序，对人的内在精神和遭受的苦难等方面不是特别关注；而宗教教化有大量的人文关怀，关注人的苦难，关注人精神中的困境、良心上的折磨，这些内容使得宗教教化能够在一定程度上抚慰失序地区人们恐惧害怕的心灵。尤其是宗教中往往具有明显的关于来世的叙事以及对于苦难意义的赋值。所以在这些地区进行宗教的传教活动，对于受教者来说就是在艰难的生存中获得某种精神关怀。

教化者与受教者之间存在精神境界、道德修养、信仰层级等

---

① ［英］理查德·韦南. 20世纪欧洲社会史 ［M］. 张敏、冯韵文、臧韵译，海口：海南出版社，2012：4.

方面的差距。这源自教化实践的本质对教化者的必然要求。但是如果从具体的教化实践对教化者的要求来看，就会出现一个更为具体的问题——教化者是否需要与具体的教化目标和教化内容相符合的问题。例如教化内容是关于勇敢，而教化者是否必须具备勇敢的特质才能对受教者进行教化。理想上说，对于教化者如此要求似乎是合理的，因为教化者不仅是通过说教、仪式等方式进行教化，还需要让自己成为榜样，否则在具体的教化实践中很难具有说服力。不过，这样的要求似乎又过于严苛。教化实践的重要意义还在于其社会功能的发挥，有着重要的群体性意义。社会中结构化和制度化的教化实践，在一定程度上降低了对于教化者本身的要求。如果不采取结构化、制度化的方式进行现实教化，那么人类教化实践发挥功能的效率可能就会大打折扣。就目前来说，教化实践存在的这一问题最后的结果需要个体来担负。

(三) 人为导致的教化者与受教者的类差异

导致教化者与受教者存在差异的原因，除了教化本质性的差异要求和固有的社会等级，还有现实中人为的因素。大致可以概括为两点：一是政治性因素，二是教化功能因素。

教者与受教者的特性分离，涉及政治性因素的方面，表现为政治秩序调节的需要。例如在罗马皇帝与罗马教廷斗争的几百年中，格里高利七世为了实现自己的政治目的，以残暴的手段对待教士夫妻，要求教士过独身的生活。而后 11 世纪的改革运动又赋予了教皇任命教内主要职位的权力，以在一定程度上防止买卖圣职的问题。这些都造成了事实上的教者与大众的分离。① 中国古代南朝梁武帝萧衍因自身礼佛，也下令禁止佛教徒吃荤食，甚至还要求臣民吃素，但禁荤的律令后期扰乱了社会的经济生活遂又恢复了臣民的正常饮食。此后中国汉传的佛教徒都要遵循禁荤的禁忌。这些都是由于政治因素导致的教者与受教者之间行为品性的分离。

教者与受教者之间品性存在差距一方面也是教化功能本身导致的，这与由教化的本质性要求而导致的分离是相近的。教化实践无法脱离社会现实和社会需求来进行。不论是神道教化、王道教化还是人道教化，教者都应该身体力行地使受教者感受到精神方面的鼓舞和感动，从而追随教化者。如果教者的不良行为被受教者发现，那么对于受教者的信仰和价值观都有可能会造成负面影响。所以，教化者在树立自身形象的时候，也会选择通过施行道德、积极修行、禁止欲望等方式来彰显自身的德行。正是由于这些导致教者与教化者分离的因素源于社会需求，使得无论是教化系统对教化者的要求还是教者对自身的要求都不是高度统一的，它们都是随着社会需求和时代观念的变化而变化的。

教化者或教化阶层的类特性对于受教者、教化系统本身乃至整个人类文明的发展都至关重要。教师被誉为人类灵魂的工程师，一旦教者不能胜任或者品质有问题，对于受教者的影响，尤其是年幼者的影响是极为恶劣的。这促使教化者的类特性同人的

---

① ［英］伯特兰·罗素. 权力论［M］. 北京：商务印书馆，2019：48.

无价值的生命本性区别开来，教化者的类特性必须具有一定的价值高度。教化者的类特性分析还存在一个问题，即教化者的类特性源自先天还是后天。在传统教化系统中，最高级别的教化者，比如教主以及信仰理论中的理想人格，其内在于自身的教化属性或教化能力往往被认为是来自上天或神灵的，例如儒家的圣人生而知之以及基督教中来自上帝指派救世的耶稣等等。虽然，在无神论或实证主义的教化中，这些宗教性的理论因为不能被现代科学证实以至于不被认可，但是人的天赋和资质的确存在很大的个体性差异。是否存在一些特性是先天地更适合于教化他人是难以说清楚的。如果说教化者的类特性完全是后天教育和环境影响的结果，那么如何承担起培养教化者的责任就成为人类生存秩序建构中的重中之重。每一个教化系统都应该建立起与自身信仰理论相符合的教化者培养体系。对教化者的培养实践本就是教化实践的一部分。政治教化和宗教教化中的教授者，例如君王、祭祀、神父、牧师都需要经过教化系统的培训。在现代社会，教化者的身份更是变成了职业。为了保证教师的能力和素养，国家建立了标准化的培训方式和考核方法。但可以肯定的是，培训或培养出来的教化者，并非都能拥有教化者的类特性。在人类教化史上，品性顽劣、恶行累累的"教化者"不计其数。他们虽然不是理想的教化者，却也构成了历史现实的一部分，同时，由这些人引发的社会事件也参与到人类的生存秩序中来，或偶然或必然地发生，不仅对人类的价值观念造成影响，也影响着人类的生存方式。

三、知识精英与统治精英

精英可以分为两种：一种是先知式或天才式的，一种是时代性的。人类社会的大部分精英是时代性的。尤其是古代社会，由于权力集中以及社会结构的封闭性，下层民众的上升途径稀缺。又因为古代信息技术和传播能力的局限，"知识是一种权力"某种程度上表明了"知识""历史"等需要依靠文字记载的史录，几乎只能被上层社会或权贵获得。这样产生的精英是知识精英与政治精英的集合，也就是说，政治精英同时是知识精英。如老子、孔子等中国古代的精英式人物，在信息记载能力和传播能力还非常欠缺的时代，他们实际上都可以算作是时代性的精英。当然，这不意味着他们就失去了作为先知的可能性。

在现实世界，精英可以分为知识精英与统治精英两种。统治精英是人类历史上出现过的那些具有良好统治能力的统治者。虽然良好的统治能力不是一个可以完全客观衡量的标准，但是人们对于好的统治者有着近乎天然的判断能力。这关乎统治者的现实表现，一般体现在统治者自身的德性、民众的生活水平、社会的经济运转、国家的军事实力等，实质就是统治者综合管理能力的体现。但实际上，统治精英必然是知识精英，只不过由于"知识"本身的概念存在争议，使知识精英这个概念也可能存在范围或内涵上的问题。知识概念的外延非常丰富，人们在不同的场合都会使用这一概念。如果是真理主义者，那么知识则被认为是人们所相信并符合于事实的信念命题，它兼具合理性与真实性。^① 如果是建构主义者，那么知识可能只是某种情境下人类的精神建构与事实需要。因为，在教化实践这一现实活动中，两种知识类别都会成为教化者进行教化的内容，且它们都能够在现实中转化为教化权力。所以，知识精英是指掌握着最丰富外延的知识中某一部分的人群。^② 这样一来，统治精英必然是知识精英这一判断就是成立的。也正是由于知识所指代内容的广泛性，使得知识精英未必是统治精英。比如西方哲学史上那些追寻真理的哲学家是知识精英，但是他们不是统治精英。同样，统治精英虽然是知识精英，但是他们仅仅在统治知识上具有高超的水准，并不代表他们掌握了所有的知识。

这样一来，在一个群体中，统治者、统治精英与知识精英的分布可能存在两种情况：^③

统治者是统治精英：统治精英（统治者）、知识精英。

---

① ［美］保罗·博格西昂. 对知识的恐惧　反相对主义和建构主义［M］. 刘鹏博，译，南京：译林出版社，2020：14.

② 对于"知识阶级"，社会学家费孝通做过较为深入的分析。他认为现实中的人不会全然是无知者，知识是人类共有的能力，知可以泛指一切知。这样说来，就只能从"差"的角度来看待知识，而无法从"别"的角度将知识作为社会分化的基础。显然，知识的拥有造成了社会分化。费孝通提出"知"本身是有所区分的。知具有两种性质，一是知道事物是怎样的，二是知道应当怎样去处理事物。前者是自然知识，后者是规范知识。在中国古代，占据规范知识的是知识阶级。规范知识的占有和运用可以生成权威。因为与自然知识相比，规范知识的背后是应当与不应当的行为指向。（参见费孝通，吴晗. 皇权与绅权［M］. 上海：华东师范大学出版社，2017：8-17.）费孝通对知识性质的区分以及对中国传统社会以规范知识作为社会分化的分化基础不仅表明了对某种知识的占有能够造成社会分化，还阐释了中国传统社会与西方现代知识架构难以承接的问题所在。

③ 实际上，介于统治精英与知识精英中间，还可以区分出政治精英，但是由于政治精英既可能是统治精英，也必然是知识精英，而此处重强调政权与教权的所有者，所以只谈论具有统治权的统治精英以及具有知识的知识精英。政治精英此处不再多作详述。

统治者不是统治精英：非精英统治者、知识精英。

可以看出，一个群体内部总是有统治者与知识精英这两类群体（在现代民主国家，统治者被政治精英替代）。在类特性上，尤其是在人类历史现实中留存下来的知识精英与统治精英的类特性上，两者存在着较大的区别。他们都能够掌握现实的教化权力，但是在教化内容、教化方式和教化目标上却有实质性的区别。两者的区别在历史中的某些时刻导致了统治精英与知识精英之间的对立，有时又互相成就。由于知识精英并不都归属于同一个阵营，他们又具有号召力和凝聚力，所以知识精英往往能够自成团体进行教化，甚至是建立较为完备的教化系统。

统治精英与知识精英的教化任务不同，这也导致人类教化两种不同类型的分化：

与统治精英相匹配的教化类型源于统治者对统治的需要。统治者掌握教权、施行教化的目的是促使民众承认自身的统治权力，以使统治权能够真正发挥作用，从而维护自身的统治秩序。所以，教化实践所进行的范围也是广泛的。即便是具有宗教信仰的民众也会成为统治者进行政治教化的对象。这样的教化不关注个体真正的心性修养，甚至在很大程度上会对个体理性进行压制和束缚。虽然以启蒙的眼光来看，这不应该是真正意义上的教化，但不可否认的是，这样的教化在人类发展的进程中占据着较长的时间。当然，如果从秩序维护的角度来看，对个体行为的约束未必是不具备合理性的，只不过人类需要一直寻找适宜的尺度。

与知识精英相匹配的教化类型源于知识精英的气质禀赋。知识精英往往肩负使命感和责任感，一部分具有永恒使命感的知识精英将自身的精力投入对真理的追寻之中。他们可能不参与直接的教化实践，但是他们研究的成果以及他们本身都成为人类教化实践中的重要部分，甚至可以说帮助人类确立了具有普遍意义的价值取向。另有一部分知识精英具有强烈的时代责任感与历史责任感，他们把精力投入对现实生存秩序的思考与研究之中。这类知识精英虽然不是统治者，但是他们致力于政治学问，希望能够为人类找到最好的政治体制和最适宜的统治者（管理者）。在知识精英的学问中往往能够看到对统治者的指导、批判和评价。

每个时代都有知识精英自觉担负民众的意志，他们在统治者的统治中看到了民众的苦难。如果条件成熟，知识精英会使用革命权力向统治者发起挑战。知识精英天然地拥有教化权力，但是在社会现实中，教化权力可能会受到统治阶层的限制。统治阶层因为拥有统治权所以也就拥有了教权，但是统治阶级与知识精英之间可能存在教权上的制衡与张力，这种制衡往往体现在道义对统治权力的牵制上。不过，统治精英（以及政治精英）与知识精英也可以相互成全。统治者需要大量的知识精英为现实统治进行服务，所以统治者周围会存在知识精英。在现代社会，知识精英与政治精英在更大的程度上实现了相互协作。政治精英需要自然科学与社会科学来为社会的经济、文化、政治作出贡献；知识精英获得了来自权力机构的政治支持与资金支持。在现代社会，虽然存在知识精英对政权和现存秩序作出批判，但从主流形势来看，知识与政治管理连接非常紧密。甚至可以说，现代政治体制是依循着知识体系的建构发展起来的。

第三节　人类对"类"的差异性需求

现代社会的教化活动在人类的平等与政治的民主方面作出了前无古人的努力。等级、阶级、贫富上的差异都不能成为有碍人与人之间平等的因素。虽然在现实中，平等化的进程依然有所阻碍，但是在现代教化活动中，更多的平等与尊重进入人们的思想与个性之中。现代人类在接受教育的过程中，更多地接触到的是人生来平等的观念。种族歧视与等级偏见被视为是非正义的、非道德的（即使现实中这样的状况仍然比比皆是）。将歧视、偏见等存在着类的区隔的狭隘观念视为道德上的恶是合理的，也是有益于人类社会秩序的。但是，人类的类意识不仅仅造成了歧视和偏见。实际上，类区隔的意识似乎存在于许多生物的生存现象中，它是一种生存本能。只有人类将类意识的运用推展到了极致，顺利地将类意识运用到了社会生活中，使其成为人类建构生存秩序的基本意识方法。

一、差异性是教化系统和教化团体的基础性质

差异的显现与由此在人类头脑中形成的类意识是教化系统、教化团体得以出现的意识基础，教化活动又是人类产生文化认同的重要活动。凭借信仰理论的差异可以区分出"我们"和"他

们",每个教化系统的独特性与独立性得以呈现。教化虽然根本性的目的是扭转人的心灵与行为使之朝向理想的方向,但是在教化活动中,当教化成为一种地域性、民族性的特殊系统以后,与教化活动相伴的文化内容会使教化系统内部的人产生自豪感与优越感,尤其是通过与接受其他教化系统的人交往的时候。各种教化系统的教化活动在全体人类中显著地起到了塑造"类区隔"的作用。文化身份层面上的"我们"与"他们"可以由教化系统来作出区隔。许多教化系统(尤其是宗教)在现实中都有着把"他们"变成"我们"的使命。当然也存在着许多不能容许"他们"存在的教化团体,"他们"往往是历史文献记载中的那些备受歧视、侮辱、虐待、屠戮的"异教徒"。

社会中类意识的运用并非仅仅发生在教化活动中,可以说,类意识成就了人类各种教化系统的形成。而类意识能够存在的前提是差异的显现与人类对一致性和差异性的敏锐意识。并且,人类能够按照自我的需求为类的区隔建立新的标准,是自身与外界建立联系的重要思维过程。类的差异是教化活动的内容、形式和成效上的显著特征,由教化活动带来的类差异不是生理上的种属差异,而是指源于文化特质和教化活动所导致的身份、观念、价值取向等方面的类差异。例如阶级、阶层、职业、宗教信仰、国籍、民族、地域,还包括人的性格、性别意识、风俗习惯、价值取向等。上述提及的这些文化上的类差异具有一定稳定、静态的性质,这是长期的教化、教育活动导致的。生活在同一个群体性组织的内部,人们拥有的相同属性就越多,身份和观念等方面的类差异也就越稳固持久。例如，拥有相同国籍的人（中国人、英国人、美国人等）、属于相同民族的人（汉民族、蒙古族、哈萨克族等）、具有相同宗教信仰的人（基督徒、佛教徒、穆斯林等）、具有相似文化传统的人（华夏民族、儒家文化圈），等等。不过，人类社会秩序中的类差异，尤其是在人际关系上的类差异，实际上一直处于运动变化之中。[①] 人们在现实生活中会出于各种目的迅速地结成"类"的关系，与他者成为"我们"。例如，在日常生活中因为感到性格相似而说出"我们是一类人"，但是这种速成的类关系会因为利益的需要又迅速地瓦解。除此之外，还有移民、改变宗教信仰、加入某一政治党派等现实行为都使人加入新的群体组织中，建立新的类关系。

二、文化认同与文化冲突的同一性根源

教化是人类产生文化认同的最重要方式，而人类文明历程的荒谬之处在于人类的文化冲突也正是源于产生类意识的差异性存在前提。德国社会学家诺贝特·埃利亚斯在《文明的进程》一书中分析了欧洲"文明"与"文化"在不同国家的不同意义。埃利

[①] 随着科学技术的发展，人与人工智能之间的关系逐渐成为伦理研究的对象。机器人是否可以被看作是人类是伦理学领域的新问题。这一问题的答案关涉人类本身和机器人在未来的相处方式，甚至会影响人类的生存方式。但是从当下的学术话语来看，在面对机器人问题时，人类之间原本的各种区隔被取消，以同样的立场去对待机器人这一新的"类"。人类能够意识到自身与机器人之间存在的本质差别。"人与自然万物同是血气之属，之所以异于他类，正在于他能够有'知'，且有'爱'。有'知'强调的是人的一种自我意识、自我认同；除此之外，更重要的是'爱其类'。"［参见付长珍. 机器人会有"同理心"吗？——基于儒家情感伦理学的视角［J］. 哲学分析，2019，10（06）：40.］

亚斯表明,在德国,文化强调的具民族差异性与群体特性,文化是这个民族的自我意识。由于德国历史上的各种原因,促使德国人追问他们的特性到底是什么,从各种方面去探求自身在政治、思想上与他人的界限。[①] 可能由于埃利亚斯本人是德国人的缘故,所以他对于德国文化给予德国人身份、特性的边界意识比较敏感。但实际上埃利亚斯揭示出了文化本身的一种特性,即给人类社会以类的区隔。即使是在全球化进程如火如荼的当下,文化身份依然是个体与民族认同的重要分界。[②] 这在国际交流与个体的日常生活中都表现得非常明显。

在《文明的进程》一书中,埃利亚斯认为德国与法国、英国在面对"文明"和"文化"的态度上十分不同。德国需要文化的自我认同,而英法骄傲于自身的文明进程。埃利亚斯将德国与英法之间的文化态度作出区别,是为了将英法文明背后隐含的殖民扩张主义表示出来。进而也表明了,在西方,不同的国家和文化传统相关于整体性文明的不同历程与不同的态度。德国与英法对"文化"与"文明"的态度在认同本质上可以说是一样的,甚至对于全世界的民族文化来讲,在认同本质上都是相同的。只不过,

---

① [德]诺贝特·埃利亚斯. 文明的进程——文明的社会发生和心理发生研究 [M]. 王佩莉、袁志英,译,上海:上海译文出版社,2018:3.

② 英国社会学家乔治·拉伦认为:"文化身份的产生是需要一定的条件的:只要不同文化的碰撞中存在着冲突和不对称,文化身份问题就会出现,而在相对孤立、繁荣和稳定的环境中,通常不会产生文化身份问题。"拉伦认为:"文化身份的问题在两层含义上与个体身份问题密切相关,一是文化被认为是个人身份的主要决定因素之一;二是文化通常包含着纷繁多变的生活方式、丰富复杂的社会关系,人们只有把它比拟为个人身份,才能谈及它的连续性、统一性和自我意识。"(转引自杨谦、李萍. 意识形态问题研究 [M]. 南宁:广西人民出版社,2018:102.)

按照埃利亚斯对英法"文明"与德国"文化"的区分可以看出，扩张性的文明历程寻求的是来自外部的认同。当内部成员看到外部世界对其文化表示赞赏和接受时，被认同使他人获得了成就感，并进而希望外部世界被他们的文化所支配，进而"臣服"于他们自身。而对于德国的"文化"而言，德国人在寻求的是内部的认同，这是对自身身位的寻求与聚集。对德国来说，它的文化特性越鲜明，德国人就会觉得自身的民族身份越明晰，群体组织的凝聚力也就越强。两种不同的认同路径实际上分属于不同的认同需求。在其他地域和其他阶段的文明中，这两种认同路径都是常见的。

埃利亚斯对文明和文化所作的概念区分也是合理的。文化是每个民族自己的文化，而每个人身处的"文明"多数时候与宗教带给人的心理状态类似。经历了一个文明进程的群体倾向于相信，由自己生活的共同体创造出来的文明是最好的、最高级的。这种心态是正常的，几乎不会有人希望祖辈努力奋斗出来的成果只能屈居人后。教化活动也会向受教者输入自身的信仰理论才是真理这样的观念。这些心理往往会带来征服的欲望，因为"我们"需要向其他文化传统、教化团体证明，"我们的"才是最好的。证明的方式则需要在现实的人类世界中，将其最强、最优的地位显示出来。"征服以使之臣服"是追求这一目标的团体希望获得的成就。征服者认为全世界都要向"我们"的文明看齐，"低劣"的文化不应该存在于世间。人类文明不仅是伟大、光辉和超越，文明的背后还隐藏着征服、对立和斗争。

征服、对立和斗争发生在不同的教化系统或教化团体之间。

不同的教化系统和教化团体意味着"不同于我们"的生存方式。这是对"我们"的真理信仰的一种否定。如果"我们"的信仰理论是最好的、最真的，那么为什么还要存在其他的信仰理论来否定"我们"的信仰理论。这种仇怨是容易积聚的。^①毕竟教化的现实本质是认同，一个教化团体的教化阶层一直以来都以使别人认同他的信仰理论为己任。所以会出现将教化者的信仰理论替代教化系统本真信仰理论的情况，以至于由信仰理论产生的权力被自大的教化者所掌握。而那些不认同的异教徒显然成为教化者应该加以解决的任务。让"他们"消失有两种方式：一是把"他们"变成"我们"，二是以暴力手段进行"正义"毁灭。如果一个教化系统拥有强大的社会力量，那么其他的教化系统可能会屈服于它的强权。但这并不意味着"他们"就此变成"我们"，不同教化团体之间长久的斗争是人类文明发展的重要部分，它们毁灭文明也创造文明。

既然教化活动会导致人类不同文明、文化之间的矛盾冲突，那么教化所具有的扭转人心灵与行为的本质目的似乎与它导致对

---

① "假定一种唯一的神性，即具有理想和善性的完善性，它就会（如果正当地执行）把每个琐屑的、不合理的或非人类的事物从宗教崇拜中驱逐出去，为人们树立正义和仁爱的最杰出的榜样和最威严的动机。这些巨大的优势固然没有被压倒（因为这是不可能的），然而被人类的恶行和偏见所产生的不便稍微抵消。当一个唯一的虔诚对象受到承认时，对其他神的崇拜就被看作荒谬的和不虔敬的。不但如此，虔诚对象的这种唯一性似乎自然要求信仰和典礼的唯一性，并为心怀阴谋的人提供一个借口来把他们的对手描绘为亵渎的、描绘为神的复仇和人的复仇的对象。因为由于每个教派都自信它自己的信仰和崇拜是神完全接受的，而且由于没有任何一个教派能够设想同一个存在者会对不同的和对立的仪式和原则感到高兴，以此，几个教派就自然陷入敌意中，相互向对方发泄那种神圣的热忱和仇恨，一切人类激情中最狂爆和最不可化解的激情。"（参见［英］休谟. 宗教的自然史［M］. 曾晓平，译，北京：商务印书馆，2017：53.）

立冲突的问题上出现了矛盾。既然教化是导人向善的，那么为什么教化系统的存在还会把人导向恶。这涉及将类意识的运用贯彻到教化内容中的问题。这里关切的是善与恶的类区分，两者的区分即是教化活动中重要的教化内容也是常用的教化手段，即教化者在说教的过程中使受教者明确哪一类行为或品质是善的，诸如诚实、勇敢、友爱、奉献，而嫉妒、虐杀、歧视、自私则被归属到恶行之中（即使现实中人们并非在非黑即白的完全对立中生活）。人们既秉持着需要一代一代传承真善美的信念，又能在"灰色"的现实境况中对善与恶同时曲意逢迎。

可以说，虽然文明往往用来表示一个整体的社会进程，但是对于一个同时刻的某个社会结构而言，文明的日常差异是从上至下的。在社会发展的过程中，文明与人的思维观念、言行举止紧密结合在一起，"文明"有时就是指代一个人的行为礼貌、重视礼节，这在康德看来已经变成拖累人类生活的繁文缛节。也正是这些文明的具体表现，使得类的差异性既体现在不同的国家民族之间，也体现在不同的社会等级之间。在尊重、包容较少的地方，繁文缛节是上流社会鄙视下层民众的优越感来源。对于下层民众来说，一般会产生两种情绪，一种是来自生存差异的敌视，一种是对上流社会的仰慕，从而自觉不自觉地效仿上流社会的生活方式和交往方式。

在很多宗教教化系统中，类的区隔有时候是一种规范和禁忌，"非我族类"不允许通婚和交往以保持教内血缘的纯洁性。教外的人会被视为是不洁的象征，有罪之人（宗教罪）或触犯了宗教禁忌的人也经常被视为是污秽之物。一直到近代，西方宗教中持有这种观念的人还存在，造成了人际交往中极大的障碍。

三、"和而不同难题"（异教与异端）

"君子和而不同"是儒家理想人格中一种宝贵的人格素养。就"和而不同"的内涵而言，它也是现代多元价值社会追求的真正包含着多元精神的文明气质，是现代社会理想中的人类存在方式。不过，由人类本性必然导致的、由教化活动持续加固的类差异的存在方式将"和而不同"变成了一个文明难题。需要表明的是，"和而不同难题"并不是从现代社会中产生的，它是伴随着人类教化团体的诞生、发展始终存在的文明困境。"和而不同"源自《论语》，①指君子人格中既能春风和睦又不失自身原则的品性。如果将"和而不同"作为一种态度运用到文化类型中，就会呈现出宽容、尊重、平等、开放的精神气质。

需要加以说明的是，"和而不同"作为一种文化态度为什么会与教化呈现出对立矛盾的状态。如果从双方的现实内涵来说，两者之间出现矛盾对立的状态是不可避免的。"和而不同"倾向于默认世界的文化、传统、生存样态等是多元的共存。文化主体致力于在人类整体的世界秩序中找到自身的位置和存在方式，这个位置与方式是以与其他文化主体之间平等、共存为前提的。但是教化行为在现实中存在的两个性质导致了更为激烈的矛盾的产生：一是教化系统或教化团体在现实中具有竞争性，二是教化系统或

---

① 《论语·子路》

教化团体认为自身具有真理性。

教化系统或教化团体在现实中存在竞争性。教化活动的行为倾向是使之认同，认同是教化顺利进行的基础也是教化理想实现的首要目的。教化系统的认同需求不仅仅是面向已有教化团体内部的，教化系统的一个非常重要的现实目的是不断地获取他者的认同，这是一个教化系统要保有自身的必然方式。没有了人的传承，教化系统也就随之消亡了。在世界上现存的较大规模的教化系统中，拓展教化团体的规模是许多教化系统中教化阶层与受教者的责任。当然，这种责任并不一定是强制的。责任感的来源一方面可能是源自"好物分享"的善良意愿；一方面可能源自人类对安全感的追求。即当有更多的人同"我"站在一起，和我成为"同类"，"我"所获取的安全感就越充足。这种倾向使得教化系统与教化系统（或教化团体与教化团体）之间发生竞争关系。教化系统一旦掌握了政权或者与王权结合在一起，那么教化系统就会同国家一样，争抢地盘、资源和人口。在人口的争夺上，未必所有的教化系统都希望在数量上源源不断地扩展自己的受教者。但是，几乎所有的教化系统都希望能够有更多的人认同它的信仰理论，成为它的受教者。教化系统之间在现实中的竞争性使得"和而不同"成为难题。[1]

---

[1] 在人类历史的全部进程中，教化系统之间的对立与冲突是文明进步的一个原因。完全的和谐对于人类文明是否具有积极的意义是无法设想的。"各民族之融合为一个社会，并且当他们的文化几乎刚刚开始之际就完全摆脱了外来的危险，这对于一切文化的继续进步都是一种障碍并且是向无可救药的堕落的一种沉沦。"（参见［德］康德. 康德论教育［M］. 李其龙、彭正梅，译，北京：人民教育出版社，2019：113.）

教化系统或教化团体认为自身拥有真理性。每一个教化系统或教化团体都认为，自身的信仰理论或信仰叙事是真理。甚至可以说，它们认为自身所信仰的是绝对真理。无论真理本身到底以何种形态存在，人类长久以来对真理的认知使得人们相信真理是具有唯一性和绝对性的。即便，当下的人们能够意识到绝对的真理不能被把握，也会认为自己所选择的信念是当下最具有真理性的。教化系统作为真理的输出方，必然要让受教者相信自身的信仰理论是建构在真理之上的。但真理在人的认知中又是唯一的，这就需要教化系统去抢夺"唯一"。最后导致的现实结果同上述竞争性相同，是教化系统或教化团体之间的对立和战争。并且，由于真理意识形态在团体内部的灌输，这样的状态会在教化系统内部长久地存在。在信仰真理性的认知前提下，即便现代社会的文化精神与"和而不同"有了更大程度的相似性，但是教化系统与教化系统之间的"和而不同"实际上依然带有强烈的真理优越性。[①]

第四节　人类理想作为具有存在样态指向性的一种类本性

人类的生存是有指向性的。人不是无目的地生活，人类为了

---

① 张志扬. 缺席的权利［M］. 上海：上海人民出版社，1996.

自身的行为建构意义，其目的就是使生存有一种未来性的指向。这个指向在"当下"是精神性的。但是在人的设想中，它是能够成为现实的。这样的精神性设想是人类共有的理想。人类理想在形式上是普遍的，在内容上是具体的、特殊的。不同的教化系统根据自身的存在领悟各自生发出不同的人类理想。它们是人类团结与前进的动力。

一、对苦难的超越与赋值

对未来产生某种希望或理想是不是源自人的生本能不易作出判断，没有理想似乎人也能够生存和生活。但是人不同于其他生物的地方在于人是具有意义需求的生物。人总是在追问为什么，而"为什么"在生存的苦难中又演变成"为了什么"。人能感受快乐也能感受痛苦。可是，快乐的感受不需要人依凭意志去坚持，痛苦的感受却需要，这是不需要论证的生存事实。人普遍地希望痛苦能够立刻停止（能够从痛苦中获得直接性快乐的人或许不会如此）。现实却未必如人所愿。心灵和身体上遭受的痛苦常常是持续性的。人为什么或为了什么要忍受这些持续性的痛苦？如果能够有一个回答，并且这个答案实现后的价值使人认为大于其所遭受的苦难，那么大概率人会坚持下去，直到那个答案实现。①

在教化实践的具体内容中，为苦难赋值并给予其一个更大价

① 中世纪时期，新教徒否认天主教会所谓的超自然神力，倾向于通过为苦难赋值的方式来提醒信徒，"今生的痛苦可因为来世的福佑而变得可堪忍受。不朽福佑的希望是对人类生存的苦难哀痛绰绰有余的补偿。"（参见 ［英］基思·托马斯. 16 和 17 世纪英格兰大众信仰研究［M］. 芮传明、梅剑华，译，南京：译林出版社，2019：101.）

值的目的的教化内容出现在所有的教化系统中（包括家庭教化）。"信仰的主要特征就是致力于对人类的不幸加以说明和缓解"，① 例如基督教会认为"当厄运的受害者得知，他的命运由上帝操纵，他或许可以从中得到些许慰藉"；"基督徒听从于上帝，他笃信除非上帝允许，否则不会有伤害降落到他身上，而且即使不幸仍然向他袭来，那它们也是为了他好"。② 信徒通过接受宗教教化来使自己在苦难中的哀痛获得抚慰。在很多文化类型中，为苦难赋值是常见的教化内容。儒家经典《孟子》有言："故天将降大任于斯人也，必先劳其筋骨，饿其体肤，空乏其身，行拂乱其所为，所以动心忍性，曾益其所不能。"③ 儒家教化将坚毅作为面对苦难时的重要精神传达给世人，使其在人的心中成为一种情结和品质。通过教化活动，人类接受了为苦难赋值的做法，对苦难的意义的接受甚至影响了人们对苦难的看法。例如，基督徒会认为自己遭遇苦难是在经受上帝的考验，而败坏之人缺乏苦难则成为失去上帝恩宠的先兆。④

通过接受信仰的教化，人类开始相信生存中的诸多苦难都是有意义的。这实际上是价值体系的建构过程中的重要部分。虽然价值体系的建构是为了使人类整体性的生存变得有秩序，但是秩

---

① ［英］基思·托马斯. 16 和 17 世纪英格兰大众信仰研究［M］. 芮传明、梅剑华，译，南京：译林出版社，2020：5.

② ［英］基思·托马斯. 16 和 17 世纪英格兰大众信仰研究［M］. 芮传明、梅剑华，译，南京：译林出版社，2020：103.

③《孟子·告子下》

④ ［英］基思·托马斯. 16 和 17 世纪英格兰大众信仰研究［M］. 芮传明、梅剑华，译，南京：译林出版社，2020：105.

序的产生可以说就是源于人类生存的需要。只不过对于"意义"来说，其目的是向着秩序还是向着人类生存需要这个问题不容易解释得清楚。建构主义者会认为意义不过是人类不断建构的产物。但谁也不能否认人类的生存需要意义。"象征"的出现即便来自偶然，现实也昭示了它所具有的普遍效力。为某物、某行为和某些仪式等等赋予意义似乎成为人的一项能力。传统中事物、故事、信仰、仪式等各自承载的意义是教化行为的结果。为事物或行为赋予意义不是专属于哪个人或哪个组织的能力，生活中的有理智的个体都能够自主地为其周围的事物、为他所作出的选择等行为赋予意义。除了教化在发生作用以外，似乎人们凭借感受就可以完成简单的意义赋予行为。并且，虽然在现实秩序中有一个较为固定的价值体系作为人们行为选择的一般参照，但是每个人都会依据自身的感受为自身生存所经历的事物和事件赋予意义，并将这些意义作出等级化的处理。每个人在行为中选择的次序虽然受一般价值体系的影响，但同时也会受到自身建立的意义层级的影响。虽然两者会有很大程度的重合，但在现实中，个体的意义层级似乎总是会被优先考虑。也正是因为如此，才使得人类的教化实践既在目的上体现为一致性，又在现实中表现为千差万别。

二、人类本性中具有超越性的生存力量

"为了什么"不仅是对人的生存意义的回答，一旦这个答案具体化，那么它就成为人生活中的希望。希望是人想要得到的东西或想要实现的状态，它会促发人们的行为倾向于它。当这个倾向

落实在现实时，它就变成了一种力量。如果能将这些力量凝聚在一起，使它们的倾向性变得一致，那么这将是巨大的社会力量。这就是教化的社会功能，教化能够将人团结起来，并且给予个体相同的希望和理想。

相比于暴力对人的支配功能来说，教化发挥社会功能依靠的是人自身的生存动力。将人的生存动力转化为社会发展的动力需要教化系统来实现。一方面教化系统是组织性的力量，是团结个体并将自身的终极理想传递给个体。从另一方面来说，教化系统并非仅仅起到鼓励人发挥生存动力的作用，教化系统在团结了个体以后，会成为个体精神的依托。个体虽然需要希望和理想，且教化系统也能给予其希望和理想，但是，许多人在现实中只是跟随秩序的要求生活。团体的终极理想似乎成为一种潜意识和无意识。它们充盈于人们生活中的各处，人们又似乎没有将全部精力付诸追求团体的终极理想。人们似乎能够找到现实与理想之间的平衡，在这种相对稳定的现实秩序中，理想与希望的作用似乎又不是具有非常的意义，似乎只是在进行一般的生存诠释。但如果没有关乎人类生存各个方面的诠释，人们的社会秩序就无法建立。可以说，教化实践给予了人们两种不同的许诺：一种许诺向着未来，是明晰的、表达性的，无论是对于个体还是群体来说都是理想和希望；另一种许诺在当下，潜藏或隐匿于当下的现实生活，是一种生存秩序上的保证。

教化系统的终极理想之所以能够发挥作用，并不是因为它在受教者心中是一座难以企及的空中楼阁。教化系统在其信仰理论中为终极理想或终极意义的实现制定了路径与法则，之于教化系统，是团体共同参与的行动纲领；之于个体是更为详细的人格养成与现实实践。如果教化系统的信仰理论（教义）能够为其理想的实现路径确立起合理性，人们就愿意相信它。如果，逃避自由或逃避选择的行为是普遍存在的，那么教化系统对于生存、行为等赋予意义的功能就会使得人们乐于接受它。人们将自身行为的自由与选择的自由交付出去，来获取一个意义和价值的承担者。这样的交换也的确有其合理性。团体的类理想不仅能够团结个体、凝聚生存动力，还能够成为个体生存的意义依托，其与教化系统信仰理论的其他部分共同构成了个体生存意义的生成之源。

人有思维能力，思维能力包含着记忆与回溯功能、联想与想象功能以及推理与预测功能。人有意识空间。意识空间包含着认知的内容、记忆的内容以及想象和预测的内容。由于人类意识中包含内容的复杂性，我们不能作出意识能力是线性的还是空间性的判断。但在现实生活中，人通过时间和空间认识世界，所以，时间和空间即便是在人类的纯思活动中也是具有工具性质的。人可以借助时间和空间的尺度进行回忆，也就同样可以借助两者进行未来时空的预测和想象，这种能力是一种普遍的人类本能。

本章小结

人的本性是什么就目前而言还无法获得一个具有普遍性的判

断。为了获得最具有普遍性的内在本性，只有通过对人类外在行为的表现形式来进行归纳和总结。至少从人类的外在行为可以总结出具有普遍性的人类行为倾向性，普遍的人类行为倾向源于人类的普遍本能。人类行为的倾向性在现实的生存中表现出具体的矛盾性。人类的各种倾向性之间存在着一种可以通过经验验证的关系。通过人的生存需求以及外在表现形式可以确定人类本性或本能中的主要倾向有：确定性倾向与破坏性倾向、肉体性倾向与精神性倾向、根源性倾向（自然性倾向）与独立性倾向。这几种对立的倾向性在人类社会秩序中有明显的表征。

教化正是通过长期利用、调节、塑造这些人本性中的倾向性对人的品性和性格进行塑造和引导，以实现具有价值一致性的社会类本性。但是教化中并非完全是精神的压制活动。在人类社会，教化与自由意志呈现出巨大的现实张力，一方面自由意志总是反抗教化中的规训性质；另一方面，教化也包含着并鼓励人的自由的创造。教化实践的指向一方面来自教化系统的信仰理想，一方面来自每一代教化者的责任承担。教化者与受教者不是固定不变的，受教者会成为教化者，教化者也同时就是受教者。以静态的概念内涵来看，两者存在着一定的差异：首先表现为社会等级上的差异，这主要源自教化权力；其次表现为教化者与受教者的境界层级，这源自教化的本质要求；最后还包含着人为导致的现实差异，这源自特殊的现实需求。

在人类全部的教化者中，最具有突出地位的是两种教化者：知识精英与统治精英。与统治精英相匹配的教化类型源于统治者对统治的需要，与知识精英相匹配的教化类型源于知识精英的气质禀赋。教化是人类群体间产生文化认同的决定性实践，但同时，教化实践中生成文化认同的部分也正是导致文化冲突的重要根源。比如群体理想。不同的群体性组织因为其各自的理想团结在一起，形成稳固的生存秩序。但不同的群体理想也能够导致人类发生文化冲突。理想和希望是人的生存需求，从其普遍性地存在于个体内心来看，它们正是一种类本性。

第四章

人类理想
——教化之"化"的展开与超越

理想于人来说首先是一种思维能力，是在时空维度的意识条件下，人们对未来自身或所属团体的一种现在还未达成的生存状态的期许。虽然在一些教化系统的信仰理论或信仰叙事中，终极理想的模型是已经存在的，且已成为过去时，[①] 但无论是模型式的，还是设想式的，人类的理想永远是朝向未来时空而言的。"一个理念无非是关于一种在经验中尚不存在的完善性的观念"，[②] "待实现"是理想的永恒状态。不过，这是基于"理想"这一概念的本质特征而言的，并不意味着理想是无法实现的。现实中的理想只要在设定时符合于一定的现实条件，理想就是可以实现的，例如个体设立的人生理想只要不脱离现实就存在实现的可能。必须

---

① 在孔子时期的儒家思想中，政治理想的模型已经在现实中出现过，是"历史上"已经实现过的。
② ［德］康德. 康德著作全集（第 4 卷）［M］. 李秋零，译，北京：中国人民大学出版社，2013：8.

要清楚的是，人类理想并不是一个或简单的几个行为目标，其实质更接近于人类的生存历程，是先在于人类发展的任何一个阶段的。人类并不存在一个统一的理想，但全人类的进步理想是存在于所有的教化系统的信仰理论之中的。理想的实现虽然是在未来的时空当中，但它也存在于过去和当下之中，人类从未停止过对它的设想、思考和实践。特殊的教化系统，其过去和当下的教化活动的终极目的就是向着终极理想在行进。教化理想对生存现实的浸入与融合就在教化对受教者长期影响的情境下于受教者的"化"的目标的实现，教化之化的现实性展开都是基于团体内部的教化理想，而教化的现实展开的过程也是其教化理想正在实现的现实阶段。

第一节　理想之于人类生存的必要性

人的生存首先是现实世界。但在精神世界，人类文明的发展与蓬勃是任何人也无法否定的。精神世界对人意味着什么是一个重要的问题。如果人从生理意义上能够区分出肉体和意识两个存在维度，那么精神世界就是人在进行意识活动时所形成的那个非物质性的场域。这个场域虽然是非物质性的，却是时空性的。时空性来自个体的有限性。时间性主要指代人的精神世界形成的时代性和过程性，空间性则是一个人的精神世界的边界。虽然表面上看起来精神世界应该是无限可能的，但是源于时代和个体的限制，人的精神世界的形成与发展总是会在每一个时刻都拥有自己的边界。这就如同原始人的意识中不会出现飞机火车一样。历史发展中的人们对于此种意识现象必然是有感知的，他们一定是意识到了人类整体的精神世界随着语言的形成、信息的传播、文化的发展在逐渐丰富、扩大、积聚，并且这个过程被认为是进步性的，至少让人们的生活变得更加有趣活泼，否则"许诺"的行为就变得毫无意义。正是因为人们相信未来的时间状态下生活会变得更好，才会相信他者的许诺或者自己构想生活的美梦。精神世界的丰富必然意味着人们已经开始逐渐脱离为性命饥寒而奔波的生存现状，有更多的闲暇、更舒适的环境来促使人们更多的思考和创造。对未来时空中人的生存状态的设想可以分为个体性的与群体性的。个体的理想主要会在精神境界、外在财富、身体欲望等方面呈现，是人们对自身生存状态的渴求。个体理想包含着群体的共同理想，群体理想一般是人类各种组织方式，诸如国家、民族、宗教、党派的理想。群体性的理想往往也是群体聚集的重要原因。群体组织的发展扩大也离不开其理想带给人的信念和支撑。无论对于个体还是群体，理想都是推动人思维"进步"和行为落实的推动力和诱惑力。

一、个体性精神需求

个体精神需求本质上是生存需求。理想对于个体来说，意味着希望，意味着有一个更美好的生存样态在未来的时间里等着他。理想的实现与追寻理想的过程是个体幸福的实现。伦理学曾一度把幸福作为最高的存在目标加以讨论。幸福是人生的目的，虽然个体对幸福的感受和实现幸福的方式各不相同，但是幸福感是每个人都想获得的，那些放弃生命、放弃幸福的人是由于对幸福的获得抱有绝望的心态，其根本依然是对幸福的渴望，其渴望程度甚至超过了努力追求幸福的人。幸福是人类生存的重要意义，对于国家、党派等需要民众支持的人类组织方式来说，给予人们幸福是维系自身存在的重要方式。

人对幸福的渴求是以人生为时间单位的。人们即使在当下是幸福的，他依然要寻求更多的幸福或更强烈的幸福感。尤其对于人的生命长度来说，一时的、短暂的幸福感、快乐感并不能等同于幸福，真正的幸福是长久的。但是由于人类难免会对未来的担忧和痛苦，长久幸福的实现是有着绝对难度的，谁也无法确定未来的时间里能够一直获得幸福而不是灾难。并且在大多数情况下，被视为幸福感的终结的"死亡"，在"未来"等待着每一个人。死亡的存在和对死亡的认知就已经将人类长久幸福的可能性大打折扣了。所以，死亡成为教化系统尤其是宗教教化首先要解决的问题，理想的存在减少了死亡带给人类的阴霾。死亡本来就是一件再自然不过的事情，顺应自然的必然之事为什么对人类说是痛苦的？庄子的哲学就不主张死亡的痛苦。死亡的痛苦来自对死亡方式的惧怕、对疼痛的恐惧、对失去亲友的恐慌以及对死后世界的未知。每一种教化系统对死亡的认识、向受教者传递的关于死亡的态度以及应对死亡的方式都是不同的，其中很重要的应对方式就是将死亡的价值降级。对于人类而言，存在一些理想在价值和意义上超越死亡，这不是说理想与生命之间一定是对换的关系，而是对理想的渴望与从而产生的对生存的希望超越了对死亡的恐惧。教化活动对于个体之所以能够起作用并能够内化到人的心中，进而把教授的内容变为自觉的行为，其中起到重要作用的就是理想。教化系统的理想相比于个体自身的理想而言有着一个更为完整、清晰的模型，教化系统的信仰理论正是在不断地完善这个模型。教化系统的形而上理想是在人存在的终极意义上建构的，对于个体而言具有非常大的诱惑力。除此之外，个体也会从群体理想中获得安全感，因为有其他人与自身一样认同这个理想并为之努力，这说明他自身的行为和存在都是有价值意义的。相比于孤身一人去完成他人不认可的理想，前者的理想实现方式也更有凝聚力。

人生的希望一部分来自过去的存在，一部分来自未来的存在。过去的存在是希望的基础，未来的存在是希望的归属。人的生存总是要具有一定的目的性，这是人思考与行为的推动力。目的的实现要具有可能性，这个可能性于人而言就是希望。没有可能性的目的不过是空想。教化系统建构出来的种种修行方式实际上就是在给受教者提供形而上理想实现的可能性，所以，对于个体的生存来讲，这个世界也不应该仅仅留存一种教化系统，这是对人类理想与生存希望的毁灭性打击。理想的可能性越多，人的生存与超越也就具有越多的可能性。

通向理想之路的各种传说、故事、经典是个体的精神慰藉。人类是具有文化属性的，个体在一生之中必然要经历故事，这是教化活动的说教过程中必不可少的内容。即使没有接受过正统教育的人也会在家庭教育和生活经历中遇到故事、传说，这些内容会对人的价值观、世界观产生重要影响。对在生存中经常遇到痛苦、苦难与面对快乐时的忧虑等情绪，以及在生活中面临艰难的选择时，曾经那些在教化过程中运用到的向着理想不断奋进、不畏艰险、冷静执着的故事和传说会成为个体重要的心灵慰藉，甚至是行为指引。在当下，有一个词能够形容这样的精神需求——情怀。情怀虽然是过去的存在，但是由于过去的存在在当时有向着未来、向着理想的部分，所以情怀和情结能够成为支撑个体摆脱苦难、重燃希望的作用力。当个体的心性与其情怀中的理想情结重合时，他会真切地感受到理想的存在，并更加坚定自身的理想信念。

二、群体性文明建构

群体性理想的由来有两种生成路径：一是集体内部自然生成，但这样的诞生过程是原始的，所以对于后世的人来说意味着模糊和偶然；二是统治者或教主直接把团体理想灌输给群体，由群体内部的成员进行被动或主动的选择。第二种生成路径是人类在现实中最常接触到的群体性理想，它广泛分布于各种文化类型和政治团体之中。实际上，第一种和第二种之间有相同之处——群体生存需求。除了基本的物质需要和基础性的分配方式，群体生存最重要的需求就是秩序。

秩序是文明的一部分，甚至可以说是最重要的部分。如果参照《文明的进程》一书中作者埃利亚斯对文明的定义，"文明"是人类全部文化类型中的最高成果。[①] 虽然该作者的论述带有浓厚的欧洲中心主义色彩，但是可以看出，作者是直接将"文明"当作对一个地域的文化和生活方式进行价值判断的价值定语。在我们的传统观念中，也会存在现代生活方式比原始生活方式更"文明"、城市生活方式比乡野生活更"文明"的观念，甚至在近代中国，还曾出现过西方比东方更"文明"的观念。这主要是因为现代的、城市的生活更具有规则性，人们的行为举止、为人处事都遵守这些规则，使社会显得更加有秩序。这样的文明，表象上看是一种价值判定上的排序，但它的实质是群体生活的需要。这样的需要超越了人类生存的基本物质需求和环境需求，是更高阶的生存需要。由高阶的生存需要所生发、创造、生产出来的想象（联想）、器物（世俗与神圣）、仪式（祈求与统治）等，就是人类文明进程的开始。而想象、器物、仪式等原始文明内容可以说是人类早期秩序建构的重要部分。

由于含纳了人类文明的全部历程，现代社会秩序的内里结构复杂多样，难以简单地拆解和还原。但原始社会的秩序相较简单，社会结构与文明样式较少，可以进行一定的拆解还原。自人类群体性社会诞生，存在两对基本行为是无可否认的：统治行为与服从行为、团结行为与争斗行为。前者确定了社会内部的基本结构，后者明确了社会的边界。社会有了内容、结构和边界，社会真实

① ［德］诺贝特·埃利亚斯. 文明的进程——文明的社会发生与心理发生的研究［M］. 王佩莉、袁志英，译，上海：上海译文出版社，2018：1-3.

地存在了。既然有事物"真实地"存在了，人们总是会进行价值上的追问："它的存在是为了什么？"就如同人类永远追问"人的存在是为了什么""我的存在是为了什么"一样，意义与价值是人类的执着。社会内涵着秩序，有秩序的社会指向的是什么？这些问题一旦产生，"理想"的生成就是自然而然的了。（但追问式推测的合理性并不意味着在时间维度上理想后发于社会秩序，两者有可能是同时的。如果把现实的生存境遇也算作理想，那么理想推动秩序的生成也完全具有成立的可能性。）社会存在的意义和指向是社会秩序持续运转的精神动力，也是把社会内部成员团结起来的重要精神力量。秩序一旦形成就有了能够推动和支配人们行动的属于它自身的力量。但是秩序能够被建构也同样能够被破坏，所以，人类的团结凝聚就成为维系秩序的重要方式。如此一来，共同的价值追求和意义实现就成为群体团结的必然内容。这一理想是否有自发生成的可能性不得而知，但是通过人类历史上重大的文明类型来看，共同的理想似乎多是由一个人或少部分人提出的。这种现象是话语权的最初表现形式。

掌握了话语权的人或组织能够将自己的理想转化为群体的类理想，在这一过程中发生作用的正是教化。群体性理想来自"许诺"或"承诺"。承诺是宗教教化和政治教化常用的教化手段。在某些教化系统中，承诺是以神的发言或神的代言人发言给予受教者的。而在有些教化系统中，教化者不会直接说出"我们的理想/目标/终极意义是……"的教诲，也不会在教义或经典中出现这样直接明了的语句，他们多是以营造理想氛围的方式，让受教者甚至是教化者去感受该教化系统的理想是什么。教化的重要目的是建构和维系人类社会的现实秩序，教化系统的理想性教义往往包含群体性的终极意义以及个体性境界进阶两类理想。个体性的境界理想又是群体理想实现的必然路径。在人类的文明建构过程中，所有那些向着群体性理想而迸发、创造出来的事物，包括器物、经典、理论、记载、故事、制度、仪式等，一方面有着现实意义，另一方面又具有超越性的指向。其超越性的指向又在这些文明表现形式的代际传承中向着"未来"伸展并且会随着人类需求的改变而进行功能性地更迭。这个伸展和更迭的过程就是群体文明建构的过程。

如果没有群体理想存在，那么可能会有两种情况发生：一是仅存在个体性的个别理想，二是群体性理想与个体理想都不存在。

如果发生第一种情况，人类的秩序就无法长久地维系下去。① 因为群体性的理想影响着这个团体整体性的价值取向。如果群体内部成员不依照价值体系，而是无所顾忌地只为实现自己的个别理想，人们的行为将不可避免地陷入冲突，原本隐匿在秩序背后的暴力将直接出场成为建立社会秩序的决定方式。这实际上

---

① 群体理想实际上也可以视为是群体秩序的终极目的。康德认为目的的存在是人类秩序性历史进程得以存在的重要原因。"一个造物的全部自然禀赋都注定了终究是要充分地并且根据其目的发展出来的。"在这里，康德指出了目的的意义，但是可以看出，康德判断是基于上帝存在以及在上帝的统摄意义下作出的判断。即便如此，康德对于目的论的论述也是具有一定合理性的："因为如果我们放弃这条原则（目的论）的话，那么我们就不能再把大自然理解为一个合乎法则的大自然的，而只能把它理解为一个茫然无目的活动着的大自然了；因此，令人绝望的偶然性就会取代理性的统治原则。"（参见［德］康德. 康德论教育［M］. 李其龙、彭正梅，译，北京：人民教育出版社，2019：63.）

就是自然性的丛林法则。如果人类仅仅将秩序维系在这样的水准上，可以说人类在存在意义上依旧是动物，而绝非具有文明意义的人。教化的现实目的就是要人摆脱动物性，建构出和谐文明的生存秩序。如果是第二种情况发生，那么可能意义的世界就一直是虚无的，文明的秩序也就更无从谈起。所以，理想之于人的存在有建设性的意义，群体性类理想之于人类的文明的存在同样具有建设性的重要意义。建设本身是一种搭建行为，文明的建设是已经产生的实在之物与不停歇的精神延展共同搭建起来的。不停歇的精神延展也可以说是无终止的精神延展，它凭借的是人类意识的延续性存在。只要人类还在繁衍生息，人类的精神意识的延展就必然是无终止的。这也使得群体的类理想看起来永远处于志存高远的位置，因为它在不断地摄入由人类新的生存方式所产生的新的超越意义和超越需求。理想，尤其是群体性理想内在的实现要求与超越性质使其本身有了一种悖论意味。似乎把群体性理想看作是人类在永恒追寻却永远也实现不了的那种东西也是合理的。这样的观念显然会使人倾向于虚无主义。现代社会虚无主义盛行，传统教化没落，在一定意义上就是群体性理想所内含的悖论性质使大众的观念产生了新的偏斜。

教化系统或教化团体是群体性理想的现实承载物。理想由教主或教化阶层提出，与之相伴的是教义、信仰理论或信仰叙事、行动纲领，在宗教性质的教化系统中，还会有纪念节庆、圣物和仪式等。这些内容充满着团体成员的现实生活和精神世界。而对于生活在由教化系统塑造出来的生存氛围中的人们来说，教化系统的终极理想虽然遥远，但是它的实现依然是可能的。终极理想实现是可能的不意味着人们确信它会在何时实现，它的重要意义是它使得人们相信当下的"我"的存在和行为是正确的、有意义的，是作为终极理想实现的一部分而存在的。这个意义依然导向群体的团结。因为"我"不能单独地存在，终极理想是人类共同实现的，所以必须加入群体之中，服从群体的秩序。这既是现实生存的需要，也是超越性存在的需要。双向的生存需求促使教化团体内部的成员不仅是教义的遵从者，还能够自发自觉地成为文化的创造者。

总的来说，在文明建构的进程中，群体性理想是秩序生成的部分推动力，是社会结构形成的部分支配力，是团结社会内部成员的重要凝聚力。相较于个体独自追寻自身存在的意义，群体性理想的存在往往更能够给予个体某种确定性的回答。这也是宗教至今为止仍然是人类教化主要方式的重要原因，宗教的群体性理想更为明确，个体需要交付的与能够获得的都更为确定。在生存场域中，他人的认同是个体获得存在感与生存意义的重要部分，一致的群体性理想则是获取他人认同以及认同他人的重要方式。相比于其他的认同方式，一致的群体性理想所产生的认同更为直接，能够迅速地搭建起人与人之间的关系。人际关系的搭建是文明建构的基础，教化的方式以及教化系统的存在是人类文明之所以能够在存在了几十亿年的地球上快速发展壮大的原因。

三、群体理想的类型

个体的理想不计其数，这里不作分类归纳，但个体理想的产生和实现与其受到的教化是无法分离的。个体受到的教化源自其所在的共同体。在相同和不同的共同体中，群体理想的类型在功能和指向上是具有一致性的。各种文化类型中的教化系统或政治团体，它们都有着自身不同于他者的群体理想，但理想中蕴含的人对"未来"时空的期待与需要却是类似的。按照教化系统的类型区分，可以把群体性理想分为三类，即宗教理想、政治理想与民族理想。在现实功能和意义指向上，三种理想有很大程度的融合，其各自又有着不同的意义侧重。它们各自所侧重的意义才是它们直到今天也没有被其他理想所取代的重要原因。

（一）宗教理想

与人类的其他教化类型相比，宗教侧重于回答人类思维世界中那些复杂难解的精神性问题。比如对人生价值的回答，对终极意义的追问，人何以在有限中无限，神是否存在，人与神的关系，苦难的由来和意义，如何对待苦难，等等。人类的宗教性思维源于人对痛苦与虚无的感知和疑问，[①] 这一类的教化其群体性理想明显侧重于个体性意义的获得。为了解决那些困扰着人类的精神性难题，宗教教化的办法往往是牺牲式的，或者说是献祭式的。它们的理论关注点不在于如何解决世间的苦难，而在于教导和抚慰

---

① 从这一层面上来说，佛教和基督教等宗教就是典型的宗教教化，因为它们面临的问题是一样的，即便它们给出的答案是不同的。儒家教化则更趋向于政治教化，偏重社会秩序的建构，当它给出一些答案时，其根本的目的依然是建构秩序。

正在遭受苦难与困惑的人，这就使得通向宗教理想的道路也是牺牲式的。这似乎不好理解，因为人们痛苦自身的失去、希望能够有所获得，那为何还能够因"更多的失去"而被解救？人们追随和信仰的行为意味着他们从牺牲的行为中有所获得。虽然他们的获得不是外在性的，或者至少不是直接外在性的，但是他们所获得的是他们所需要和寻找的，即关于那些精神难题的回答和经受苦难的意义。

当"我"所付出的苦难、感受的痛苦是有意义的时候，"我"就能够付出更多来达成这个意义和理想，这是易于人们理解的。但是，在现代社会，宗教理想对个体的支撑作用有了较大程度的削减。问题的关键显然在于人们对传统教化系统为苦难赋予的意义产生了怀疑和否定。原本，在宗教教化中，人存在的意义是通过神的话语诉说的。人们相信神灵存在，也就自然相信神的话语，相信神的理想是人的至高理想。近代实证主义和科学主义的发展催生了新的研究方法以及宗教学、宗教人类学等社会科学的建立。哲学家在运用新方法进行研究时，是在研究者的立场而非教化者和受教者的立场，他们的立场使他们意识到宗教的核心是人，而非神。新的社会科学理论的传播以及生存环境的改变，逐渐让更多的人意识到，并非"神的理想成为了人的至高理想"，而是"人的至高理想成为了神的理想"。神的存在遭到了质疑，由神之言赋予的苦难意义和存在价值也就必然会受到人们的否定。蕴含着终极意义的宗教理想同样也会受到新观念新理论的冲击。

（二）政治理想

政治是关切着人类公共生活的治理活动。自社会秩序开始建构以来，人类的群体生活就不再有脱离政治而存在的可能性。政治理想的根本就是人类存在的理想秩序，这就与侧重终极价值、抚慰苦难的宗教理想产生了差别。政治理想的承载者不是神明，而是理论秩序建构背后的现实秩序。

在人类发展的历程中，政治理想更多地体现为统治者的理想。在此处，"统治者"不泛化地指代所有因世袭而获得统治权力的自私君王，而是指那些真正具有政治统治意识和自觉担负建构秩序责任的人，他们中有一些是君王，有一些是不掌握统治权的理论家。如果说宗教理想内涵着人类存在的超越意义，那么政治理想就是"当下"人类存在秩序的最高现实可能。相较于宗教理想来说，政治理想会更加受到来自时代和环境的限制。因为，就宗教来说，以基督教为例，只要上帝的存在不能够被证伪，"人是上帝的子民"也就无法被证伪，那么基督教的理想就依然有其有效性。而就政治秩序来说，曾经那些统治者的角色，诸如首领、国王、皇帝、君主等，他们都是由人类创造并担任的。历史的发展也已经向人们昭示了，政治体制是变化更迭的。传统社会的统治者一旦消失，社会结构和社会秩序就会发生巨大的改变。前一种政治体制的政治理想不会全然地延续到下一种社会秩序中。甚至可以说，以对立斗争的方式推翻前一种政体的新政体会建立自身的政治理想。而其政治理想的建立可能是在还未获得统治权之前，成为凝聚新群体反抗现有政体的团结力量。

随着现代化的进程，政治理想越来越表现为大众或普通个体对政治的参与和政治生活的能力与权利。政治理想的实现是统治阶层的许诺，大众往往会认为统治阶层在决策上的努力是政治理想实现的关键。但实际上，大众对政治决策的支持才是统治者或统治阶层努力寻求的。随着大众受教育程度的提高，政治决策者已经将政治理想的实现依托于体制和制度的设计，而非暴力统治。

（三）民族理想

民族理想是一种替代宗教理想的现代理想形式。[①] 宗教理想与政治理想相比更多地关切个体的苦难与死亡，但是宗教理想的效力削减以后，政治理想不能填补其在人文精神关怀上的缺失。虽然民族理想、民族主义会被视为是政治范畴内的思想和运动，但相较于政治理想来说，民族理想更为关注文化认同、民族身份、生存意义等层面的思想构建。民族理想不仅能够激发出促使群体团结的精神，还在一定程度上填补了人们在精神关怀方面的需求。

民族理想不同于宗教理想和政治理想的地方在于，具体的民族理想缺乏信仰理论的建构者。虽然每一个民族为了获得民族主权都会溯源自身的历史，甚至是重新建构历史为民族的存在寻找传统与合理性。安德森将民族意识称为想象的共同体。不同宗教、不同语言、不同传统的人之所以能够在同一片区域形成一个具有整体性的民族，得益于相同信息共享方式的发展和普及。经由印刷、语言、报纸等内容，同一个区域内部不同文化传统的人自上

---

① ［美］本尼迪克特·安德森. 想象的共同体［M］. 吴叡人，译，上海：上海人民出版社，2020.

至下接受同样的社会信息，这是形成社会认同的重要方式。但是民族主义的根源意识不在于信息共享方式的改变，文化认同的产生源于人类的教化活动。信息共享方式的发展改变了人们产生文化认同的方式，也在人类世界中形成了新的"类意识"，即民族意识。新的民族意识是广义的民族意识，能够涵盖不同宗教、不同文化传统、不同政治身份的人和组织。现代国家正是被广义的民族意识所维系的内部团结的民族国家。

在现代社会中，民族理想一般指国家理想。国家理想包含政治理想的部分，国家实力也表现在军事、政治、经济、文化等多方面。文化是民族理想中最独特也是最重要的部分，因为它相关于该群体的教化，相关于民族理想生成过程中最基本的认同感。虽然在现代国家体制中，群体身份的边界是与政治紧密相关的，是由国籍确定的，但实际上，文化认同感依然是对人类群体进行划界的重要标志。每个群体组织的团结和凝聚都需要文化认同的产生，而在受到过侵略的国家和被殖民的地区，对文化认同感的需求就越强烈，群体内部表现出来的文化认同强度也越大。同一个区域的人们长期共享同样的信息，生存在相似的生存秩序中，接触相似的风俗习惯。这些相似不仅建立起了一种民族情感，还逐渐激起了受侵略地区以及被殖民地区对民族主权的渴望。

民族主权不仅表现在政治方面，还体现在群体内部希望民族文化能够被认同的情感需求，欧洲中心主义与殖民地文化自卑实际上都是由此导致的。"文化优位"者必然希望能够永远保持"日不落"的地位，但处于劣势地位的民族和国家也不会就此放弃自己的民族理想。一方面，民族内部寄希望于国家实力的强大来为本民族的文化重新证明；另一方面，他们也渴望找到能够扭转自身地位的方法。民族理想中包含的内容是复杂的，它更侧重于团体内部的群体情感的一致性。这种情感不仅能够起到团结的作用，还会将团结的情绪变得高昂和激烈，从而转化为更强大的行动力。这也是为什么民族理想在现代社会成为一种可以用来支配人们行动的政治工具。

从宗教理想、政治理想和民族理想来看，群体性理想的存在的确是必要的，但它的功能与效果却不是完美的。上述理想多集中在群体性和社会功能、社会动力方面。天主教修女同时也是宗教学家的阿姆斯特朗提出还有一种世俗伦理理想，是人类自身的一套对心性的规范和训练，[①] 其功能类似于现代的人文主义。这种理想和上述三种内涵超越性的未来理想不同，它虽然也追求人性中的超越部分，但是人文主义的理想更多强调的是一种现实世界的氛围，关注和培养人性中对于精神超越部分的需求。这种世俗伦理理想在许多教化系统中都存在，在现实中表现为教化系统内部的人格养成。在以往，同三种群体性的教化理想相比，人格养成的侧重点在于教化实践中"化"的具体过程。

（四）理想与欲望的复杂融合

理想是从人的生存需求中自然生发出来的。人的生存需求不能完全满足就会产生欲望。理想与欲望是伴生物，虽然在传统的

---

① ［英］凯伦·阿姆斯特朗. 神的历史［M］. 蔡昌雄，译，海口：海南出版社，2013：3.

教化实践中，欲望是被压制和管控的对象。在道德教化中，欲望也并不是一个具有褒义性质的词，在具体的教化过程中，为了实现人的道德提升，往往还会通过贬低性的语汇描述人的欲望，禁欲也是传统教化系统较为常见的修行方法。理想往往被认为是经过人类理性思考后得出的真正有意义的生存指向。理想被认为是超越性的，而欲望则是人类需要超越的部分。但实际上，两者根本不可分离。

当人们需要对"理想"进行正面性的论述时，在言语选择上，人的欲望会变为人的需求。满足欲望是堕落的，满足需求则是正常的。但也并非完全如此，欲望之所以被贬低压制，在于人类意识到如果不对欲望加以遏制，那么它就会无限制地扩张，[①] 最终被吞没的还是人本身。欲望是通过不加限制的满足来扩张的，理想则并非是对人的需求不停地满足来实现的。也就是说，虽然人类的欲望和理想不可能彻底分离，但是两者仍然在对人类存在方式的影响上有很大不同，影响的不同体现在影响人类存在方式的不同向度上。欲望的满足是快乐的当下满足，理想的实现则关乎人生存的意义。通过群体性教化在社会上形成的价值体系能够让人们对理想和欲望作出符合信仰理论的区分。这是容易的，因为人们理想的内容往往出于自己受到教化的价值取向，尤其是那些在价值体系中被认定是能够实现人生最高价值或最大价值的理想。

---

① 罗素在《权力论》开篇就表明："人与其他动物之间有各种各样的区别，有智力方面的区别，有感情方面的区别。属于感情方面的主要区别之一，是人类的某些欲望跟动物的欲望不同，是根本无止境的，是不能得到完全满足的。"（参见［英］伯特兰·罗素. 权力论［M］. 北京：商务印书馆，2019：1.）

值得注意的是，欲望虽然源自人的基本生存需求，但它也随着社会环境的复杂而带有了强烈的社会性。人们追求欲望不仅仅是追求更好的生存状态，也在追求荣誉、夸赞、仰慕。即便是追求道德的人也可能出于外在原因而如此行为，但这也并非坏事，这是价值观念的教化以及价值体系在社会秩序中发挥的作用。这仅仅是用来说明，人的欲望与理想之间的关系实在复杂，其中还掺杂着各种内在和外在于人心灵的因素。但是，两者存在的张力和弹性却能够成为教化的工具或手段。比如，主张抑制欲望、提倡理想价值或者鼓励某种欲望。而这些手段的运用实际上源自各个时代人类生存方式的走向。例如，现代社会消费欲望的鼓励源自现代生产与资本的生存方式。

自现代社会成为消费型社会以后，欲望虽然在教化系统的价值体系中依然是受到排斥和贬低的，但是在现实的生活中，消费欲望背后的物欲快感却是受到追捧与推崇的。消费型经济的增长势必要运用原本价值体系中排斥的人性欲望，例如虚荣、贪婪等。媒体行业和娱乐行业，以及现今发展最迅猛的短视频、自媒体行业充斥着大量诱惑人们感官欲望的信息。虽然，节俭朴素依然是人们赞同的美好生活品质，但是社会现实却是不断地消费—生产—消费—丢弃。全球几十亿人温饱的要求已经不能够让生产的机器停止或者减缓，从经济需求的角度来说，消费行为不能够被认定为是非道德的，这也就意味着诱发消费的欲望相应地被去污名化了。随着自由主义的一些观念在社会大众间的传播，束缚人的欲望反而成为会被抵制的观念和行为。欲望是推动社会发展的重要动力，也是个体生存生活的重要支撑。传统教化系统也明确这一点，所以它们在人的生存欲望中做切割，并将一部分欲望转换为价值追求与理想融合，促使人们去追求它。满足消费欲望的行为趋势现在在全世界范围内依然可以用轰轰烈烈来形容。虽然有人在反思，但是人们都明白，时代的大趋势无法仅凭反思就能够扭转。身处消费时代，人们都能感受到自身所受到的裹挟。消费不仅仅是个体行为，它更是社会性的行为。

　　社会似乎在人类未知觉的时候就自发地改变了行进的方向，对于当下的人类来说，没有人能够明确生存方式的再一次转向是一件好事还是一次危机。就目前已经发生的一些社会现状来看，欲望，甚至是传统人类价值体系抵制的欲望逐渐成为社会发展的不可忽视的需求。也就是说，人类的现有生存状态开始呈现出欲望缺乏的苗头。日本是目前在这方面较为凸显的国家，"低欲望"的社会成为日本当下讨论的热点，也成为日本发展的难题。[①] 导致日本社会低欲望的原因是复杂且特殊的，其中包含着文化传统、民族性格、国家际遇、经济制度、赋税制度以及国际关系等方面的因素。但是"低欲望"并非仅仅属于日本，这种现象在全球的发展趋势值得国家与教化系统关注。

　　在一些研究中，低欲望被归因为大众的无奈。包括社会阶层的固化、繁忙的生活节奏、传统生存意义的丧失等各种因素导致的欲望降低。不过，这样的现象需要进一步分析。"低欲望"指代

---

① ［日］大前研一. 低欲望社会［M］. 姜建强，译，上海：上海译文出版社，2020.

的是人的哪一种欲望降低？如果是身份与地位上的欲望，那么这可能是源于人类整体水准的提高，普通的工作收益能够满足人的大部分生存需求，大众文化的丰富多样也能够给人们带来快乐和满足，以至于人们不需要努力改变阶层就能够获得满足。在对当下的享乐与努力奋斗后不确定的未来生活之间，人们有极大的可能选择享受当下的快乐。也就是说，"低欲望"可能来自两种情况：生存方式的欠缺感和生存方式的完满性。虽然两种情况的性质完全相反，却都能够造成人的低欲望。

生存方式的欠缺感容易造成人产生消极情绪，克制自身的欲望就能够减少生活的痛苦，人们完全有理由选择浑浑噩噩的生活状态。这种低欲望看似不是人发自内心的真实选择，但其导致的结果却能够阻碍社会整体的发展，人们缺乏团结的心态和奋进的斗志。从某种层面上讲，低欲望社会实际上就是缺乏群体性理想的社会。

生存方式的完满性也会造成社会普遍的低欲望。人类虽然对于自身生存状态有理想有幻想，但是身体与精神的承载总是有限度的。身体欲望与精神需求的无限仅可能被"延续的全人类"承载。而社会给予个人的需求在达到了真实个体的限度以后，个体的欲望就会降低，即欲望接近了峰值后会呈现出平稳或下降的状态。剩余的那些属于人类性的欲望，诸如医疗水平的发展、艺术文化的创造、社会制度的改变等，都被认知为是较为缓慢的前进过程。所以，整体上会使得社会逐渐由高昂的消费欲望和建设理想走向大众的低欲望状态。

在这一点上，罗素曾经有过精彩的言论。他认为人的无限制的欲望主要体现在权力欲与荣誉欲两个方面，两者在动机上还往往合为一体。所以他批判一些经济学家在社会科学中将经济上的利己行为当作人的基本动机。因为他认为："当追求商品的欲望离开了权力与荣誉两种欲望的时候，这种欲望也就有限得很了，只需适当数量的财富就能够完全使它满足。真正所费不赀的欲望并非来自对物质享受的爱好。"[①] 人们都能够体验到当下的快乐总是暂时性的，短暂的快乐过后人们往往会陷入空虚和落寞之中，人总是需要由人生意义带来的幸福感充实自我。意义的生成机制缘何陷入了危机、如何激活意义的生成机制应该成为教化系统思考的问题。

第二节　理想到现实的教化落差

人类的教化实践本身是一种理想性的活动，或者说是向着理想的行动。每一个教化系统的行动纲领都是其实现终极理想的理想路径。虽然教化系统一般会对信仰理论和行动纲领进行差异性的建构，力求涵盖现实中的诸多差异。但是，教化实践在执行过程中依然会产生较多的现实落差，这些落差也存在于人对教化的理想认识与真实的教化活动之间。

----

① ［英］伯特兰・罗素. 权力论［M］. 北京：商务印书馆，2019：4.

一、从"终极真实"到社会现实

人类是一种能够意识到完满的存在者，但是人类的存在又总是欠缺着什么。完满是人类关于真实存在的最高设想，人类可以意识到世界上似乎并不存在具有完满性的存在物或存在者，但是完满性却成为人类认识、判断、评判外部世界的一种重要尺度。弗洛姆曾说："四千多年以来，人形成了一种完全诞生、完全自觉的幻觉。埃及、中国、印度、巴勒斯坦、希腊以及墨西哥的古圣先贤们都大同小异地表现出这种幻觉。"① 这种幻觉不仅仅是古圣先贤们才有的，关涉完满性存在的意识是人的一种思维能力。由于除了神和真理以外，没有完满性的存在能够被我们认识，这就使得人们在思维它时一般都是在联想和想象。②

人类教化实践的开始可能还与完满性的存在不相关联，但是当古圣先贤意识到自身对于终极真实的存在有了部分或全部的领悟以后，唯一具有完满性的终极真实就成为后世教化实践中人们追求的最高层级。古圣先贤是自认为部分或全部地领悟了关于人类存在的终极真实。从不同先贤思想中的差异性来看，"全部的领悟"是不能够被印证的。如果说，各位古圣先贤是由于表达方式

---

① ［美］E.弗洛姆. 健全的社会［M］. 贵阳：贵州人民出版社，1994：21.
② 在西方的神学研究中，终极真实或神在的场域是极其复杂的问题，不是人依靠经验能够解决的。终极真实或绝对完满关系到宗教存在的核心问题。虽然人无法依凭经验完全地认识宗教中的全部内容，但是信仰中的内容又必须是实在的。对于宗教中的信徒来说，信仰的内容要比经验到的世界更加真实。这是宗教对人类具有重要意义的关键。"耶稣要不是拥有丝毫未受到认识论前提干扰的完整现实性，就根本不可能拯救我们。"（参见［德］格奥尔格·西美尔. 宗教社会学［M］. 曹卫东，译，北京：北京师范大学出版社，2017：26.）在现实的生存秩序中，即便人们对"终极真实"的认识来自于想象和联想，"终极真实"或"绝对完满"也都会对人类世界产生了巨大的影响。

的不同造成了对其领悟的差异，那么其理论中互有矛盾对立的地方又无法得到解释。合理的解释是，古圣先贤们拥有比普通人更大的智慧和更高远的境界，他们能够意识到人类生存中那些珍贵的部分。为了留存和发扬这些珍贵的部分，他们传播、教化，让别人了解他们的思想和精神。后世的学生和教徒往往会认为古圣先贤穷尽了全部的真理，并将由此产生的精神信仰作为终极真实本身。但实际上，古圣先贤也是具有有限性的个体，他们产生的思想也是具有有限性的思想。将有限的思想视为具有完满性的思想教化后人，这样的行为所造成的问题必然会出现在后世的教化活动中。

教化系统的创立者认为自己接近了世界的终极真实。在宗教教化中，神被认为是终极真实的代表者。但在现实的一神教理论中，相比于神与终极真实的距离，神与人的距离更近。[①] 各个教化系统的教主们以各自对终极真实的领悟创立理论，这个过程可以说就是"终极真实"到"伟大心灵"之间的落差。人类相信自我的心灵中蕴藏着真实，所以那些伟大的心灵是普通人最应该接近和学习的。教主意识到了真实并自觉担负起唤醒真实的责任，所以他将自身的领悟展开为教化实践。古圣先贤们的存在领悟不能够只存在于心里，还要将其表达出来。这个过程又造成了一次教化落差，即从伟大心灵到信仰理论或信仰叙事的落差。这其中造成落差的原因可能有两个：

一是心灵本身与表达方式之间不能够完全相符合。这个原因

---

① ［英］凯伦·阿姆斯特朗. 神的历史［M］. 蔡昌雄，译，海口：海南出版社，2013：5.

是心灵哲学、语言哲学研究的重要问题。思维和语言（表达）之间是具有一定距离的，即便是日常生活中的人也常常能够感受到语言无法确切地表达思维。

二是表达的内容与他者的理解无法完全相符合。这个原因来自人与人之间交流沟通上存在的距离，它源于思维与表达之间的差距。除此之外，这其中还包括历史现实的因素。诸如在文明早期，人类的许多智慧留存是箴言式的、谜语式的，这在很大程度上增强了早期文明的神秘感和智慧性。

在对教化系统信仰叙事和信仰理论的研究和建构中，就能够看到早期文明留存下来的真理叙事和教主箴言式的教诲在后世得到了不同的诠释。不同的诠释一方面可能在于不同时期的人们对终极真实的领悟不同，另一方面可能在于诠释行为本身是出于人们"当下"的生存需要。出于现实的需要对教化活动进行改造和建设在人类社会是一件正常的事情，但是，这个行为本身却存在着为恶或为私的可能。因为对教化活动进行改造和建设的现实需求有可能是出于现实利益的需求，这就使得教化的本真性进一步地丧失。

在教化实践中，教化的落实会因个体差异性和个体的局限性形成进一步的落差。人不是完善的，品性上也各有差距，教化并不能成功地将人都塑造为道德人，教化实践的现实落实与理想教化之间存在巨大的现实落差。而因为行为主体的有限性，在个体道德实践方面，教化效果的最终成效更是会大打折扣。不过，我们不能因此而对教化实践采取悲观的心态，人类的伟大也正是在教化实践中开展的，人性中的善与美也是通过教化实践传递的。

二、教化中的"自欺"与"欺骗"

教化活动的重要目的是让受教者认同教化者要传达的精神内容。这个活动存在两种可能：一是教化者自身相信自己所教授的内容；二是教化者自身并不相信自己所教授的内容。这两种情况都可以使受教者相信教化者所传达的内容。真正的教化实践必然是教化者相信其所教授的内容，因为教化活动中的所有内容在要传达的精神指向上都应该符合于教化系统的信仰伦理或信仰叙事。在一个教化活动中，信仰本身的真实与否同教化者、受教者是否相信教化内容所要传达的精神旨趣存在着几种可能：

A.1 信仰（真实可证）—教化者（相信）—受教者（相信/不相信）

A.2 信仰（真实可证）—教化者（不相信）—受教者（相信/不相信）

B.1 信仰（真实不可证）—教化者（相信）—受教者（相信/不相信）

B.2 信仰（真实不可证）—教化者（不相信）—受教者（相信/不相信）

C.1 信仰（不可知）—教化者（相信）—受教者（相信/不相信）

C.2 信仰（不可知）—教化者（不相信）—受教者（相信/不相信）

也就是说，无论终极真实是否存在、是否能被人知晓，教化者是否相信终极真实本身和信仰理论，受教者都有可能不相信教化者所要表达的内容。但是，同样的，即便终极真实不存在，不能被人知晓，教化者也不相信，受教者仍旧有很大的可能相信教化者所要表达的精神，使受教者相信某一内容不完全在于内容本身的真实性，还在于精神指向传递的方式、传达的情感、教化者本身的可信度等等因素。理想上的人类教化，或者说真正有可能实现完满性教化的只有 A.1，也就是终极真实是真实存在的，且能够为人认识和传达，并且进行教化实践的教化者也完全相信其信仰的就是终极真实本身。即便如此，由于人的个体性差异，受教者仍然有可能不相信教化者的教授内容。教化中的客观存在过于缺乏，而主观存在又会产生重大影响。

一场教化行为或教化实践真正完成"整全"的教化作用，必然是完成了"信仰（真实可证）—教化者（相信）—受教者（相信）"的整体环节。想要达到这样的效果是极其艰难的，[①] 就信仰是否是终极真实这一点就很难获得明晰的确证。但是人类依然需要依靠教化活动来建构秩序，这也就意味着教化活动中必须存在大量的真实与信任。从人类的文明进程来看，人类也的确建立了

---

① "整体是互不相容的事物之间的一个张力。对于我们来说，它并不是一个客体，而是位于遥远而朦胧的地平线上；它是作为独立的实存者的人们的寓所，是这些实存之创生的可见形态，是感性中的超感者的清晰化——但所有这一切都再次沉没到非实存的深渊中去了。也许，只有在这个张力永远不被解决的前提下，人的自由才可能维系，人的存在经验才可能无限扩展。"（参见［德］雅斯贝尔斯. 时代的精神状况［M］. 王德峰，译，上海：上海译文出版社，2020：106.）雅斯贝尔斯对"整体"的见解也同样可以解释"终极真实"。整体观念以及终极真实观念为人类的存在塑造了巨大的张力。"只有在这个张力永远不被解决的前提下，人的自由才可能维系，人的存在经验才可能无限扩展。"

难以数计的教化系统和教化团体。显然，除了权力和生存需求在发生作用以外，"信任"或者"认同"同样在社会中大量地生成了。如若不然，教化系统很难长久地维系和发展。首先需要分析的是，教化者对终极真实信仰的信任是如何产生的。现代人会认为通过没有获得确证过的终极真实去教化世人不过是一种自欺和欺骗。实际上，人类确认某一事物存在的方式有许多。存在一个可能，即不同教化系统中的人对于如何确认事物存在或不存在的方式是完全不同的。有的人可能需要完全见到才相信某物存在，但是有的人可能仅仅需要听他人说就能够相信。这原本是个体差异，但处于同样的生存环境、接受同样信息的人们，则可能在如何才能相信某物的方式上具有一致性。

对于教化者来说，"自欺"就是"自信"。教化活动中欺骗的性质是在哲学家、心理学家以旁观者的立场或以科学的方法分析出来的结果。如果教化者自信于其所追求的信仰是绝对真实的，那么也就不存在他对受教者的欺骗。而真正的信仰理论的创立者必然是"自信"的。"自信"的教者并不认为自身是在"欺骗"他者。从教化者的角度来看，他们的全部教化行为都是在传道、授业、解惑、拯救、点化、启蒙。通过教化活动对教化者及其信仰产生认同和信任的受教者也不会认为自己受到了欺骗。因为受教者与教化者生活在同样的生存秩序中，以同样的方式认识外部世界。教化者因其本身的地位、学识和道德都更容易被人们信任。

教化者的自信与受教者的信任并不意味着人类教化行为中不存在欺骗行为。在人类社会的历史现实中，存在大量的"教化者"

只是为了获取权力和利益的欺骗者。他们运用受教者的恐慌、信任，利用受教者获取信息的局限，编造谎言来促使受教者认同教化的内容。这样的欺骗行为显然与真正的教化实践是相对立的，是不具备教化实践本质内涵的。欺骗行为的存在对于教化实践来说也是一个重要的问题。首先要回答的问题是：欺骗行为或具有欺骗性质的内容是否能够被教化实践接受？这又涉及另一个问题，即教化实践是否是全然真实的行为、内容和目的？从现实的生活经历来看，教化实践似乎并不是完全真实的。比如教化活动中有许多具有精神寓意的故事都是虚构的。在日常的家庭教化中，"撒谎的孩子鼻子会变长""不听话的孩子会被狼叼走"都是具有欺骗性质的恐吓式教化。而在群体性的教化活动中，除了那些以欺骗为目的的教化行为，其他的教化活动很难去分辨是否存在欺骗行为和欺骗内容。

虽然，在古希腊时期，"美德即知识"树立起了真与善在观念上的统一，中国古代儒家教化也讲求人格的养成需要始终秉持"信""义""诚"。但是在现实的道德行为中，善似乎并非是全然真实的。甚至可以说，道德层面的善与事实上的真往往是以悖论的方式存在。如果古希腊哲学中与善一体的是思维逻辑上的真，那么由于人的现实生活充溢着大量的情感，还有更多的价值需求，这使得道德上的善不可能实现事实上全然的真实。或许可以从情感的真实与价值的真实作为与善相统一的真，虽然这样的"真"不能被确证，但能被人感受。

在现实的道德行为中，在某些特殊的时刻或事件中，善与欺骗性的内容会恰好搭配在一起。带有欺骗性质的道德行为似乎不是完全不可接受的。如果把这个行为具体化，将道德的行为具体化为道德教化的行为，那么带有欺骗性质的道德教化又是否可以被接受？如果仅仅是从现实中人们的态度上作猜想，似乎多数人不能接受欺骗性的教化。一旦在教化活动中或教化活动之后，人们认为受到了欺骗，不仅会使教化丧失其功能，甚至还会起到与教化实践的目的相反的效果。而那些只是为了利用教化的现实功能，其本身就以欺骗为目的的教化行为实际上并不会关注教化行为是否能够引导人向善，也不会在意教化中的欺骗性内容是否会导致恶的后果。可以说，以欺骗为目的的教化行为不关注个体优良的人格养成，其目的仅仅是通过有效的手段实现对群体的控制和支配。但是也存在一种情况，即教化实践中合理地存在着欺骗性的教化行为，也就是现在人们所认为的具有欺骗性的内容可能在教化行为发生的时刻是符合于人们的认知方式与认知水平的，也是符合于该教化系统的信仰理论或信仰叙事的。教化内容、信仰理论与认知水平三者相符合足以构成人们信念中的"真"。

虽然，真正的教化实践中不含有以欺骗为目的的教化行为。但是，那些不可确证的以实现某种价值为教化目标的教化实践却能够造成受教者的自欺。在教化导致的自欺行为中跨越时空最为广泛的教化内容可能就是德福一致。德福一致是教化实践中的重要内容，德福关系的问题是许多教化系统都会涉及的问题。① 因为

---

① 德福一致主要论述的是道德的应当性问题，主要侧重点在于道德是否必然通向幸福。孔子、孟子、亚里士多德、康德等中西哲学家都探讨过关于德福关系的问题。

教化的主要目的是对善的引导，所以各个教化系统的信仰理论及其诠释者都在不断地阐释、论证德福一致。由于古代中西方的哲学家都在一定程度上受"天命"或"神定"的影响，他们一直致力于为幸福和道德找到某种必然性的关联。这对于他们建构各自的理论是必要的。教化系统对于德福一致问题的建构是非常复杂的，在理论建构中，品德和幸福的一致性可能是对于相同的主体而言的，也可能是对不同的主体和对象而言的。总体上其一致性是根系于德性主体之上的。建构和传播德福一致的目的显然是为了促使人们行善，其中最理想的状态是使人们相信只有坚守德行才会幸福。

德福一致的教化不仅仅是教化系统中理论的建构、探讨、辩论和论证，这些内容往往仅局限在教化阶层的理论诠释者的范围内。在社会现实中，人们往往不会去寻求那些必然性的关联。在现实生存的过程中，具体而又流逝着的时空很难让忙于生计的多数人去思考贯穿于世间一切事物的必然存在是什么。多数人都能够感受到自己生存在一个充满偶然性的时空之中。即便大家受到德福一致的教化，人们也看似普遍地接受了这一教化，但是，现实终究不能完美地展现出两者之间存在的必然关联。①真实的情况是，现实中的人们既能够感受到德福之间存在关联，也会对德与福的不匹配产生沮丧或愤慨的情绪。

---

① 实际上，如果德福之间真在现实中存在必然性，德福一致就不会是需要教化系统建构的真理，就会成为一种先在的逻辑直接下贯到人的生活中，人们自然会按照德福一致的逻辑展开而行事。

德福问题的关键不在于理论中的必然性，而在于人们生存的现实处境。生存环境对人的精神品性能够产生巨大的影响，它是人类教化实践的重要维度。这个维度对于教化系统和教化者来说既是可控的也是不可控的。① 德福一致在道德教化中的关键在于生活氛围或生活环境，它很难通过直接的说教实现其效果。对人产生影响的是他在生活环境中是否真的能够体会或经历德福一致。即便道德与幸福不能够在时空的维度上紧密地对应，但是在社会整体上，至少人们能够感受到道德与幸福之间是有着恒定关联的。德福一致的问题不仅关涉到教化实践与人的行为选择，还涉及社会的政治秩序以及社会是否公平与正义等等。

之所以说德福一致是教化实践中经典的自欺内容，是因为即便现实中的人没有获得关于德福一致的必然性确证，但这一观念依然普遍地存在于人类的生存秩序之中，成为引导人们行为选择的重要原则。在中国有一句俗语："善有善报，恶有恶报。不是不报，时候未到。"这句俗语表达了日常生活中的人对德福关系的认识，也在某种程度上体现了人的自欺行为。在缺乏必然性确证的情况下，人们相信并出于德福一致的观念进行行为选择，可能在很大程度上源于个人的良心、社会的价值取向以及社会舆论的作用。同时，德福一致作为向善的人的一种美好信念和理想，也会

---

① 生存环境之于教化系统可控，是因为教化系统能够通过外在的器物、仪式、建筑以及伦理秩序、道德秩序等的积极行为塑造出一个有利于人类教化的生存环境，使人们在日常的生活环境中就能够感受到教化系统的精神指向。但是，现实生活中的个体之间的差异性以及现实中诸多的偶然因素，使得人们的生存环境不仅仅是由教化系统塑造的，人们自身能够在生活的进程中生发出新的秩序。

促使人们积极进行道德实践，从道德实践中获取幸福感。[①] 树立德福一致观念的目的是为了激励人的道德实践，促使人们树立起道德自觉的意识。但是，人们的现实生存并不完全是为了道德而存在的，如果将道德的概念上升至"善"的概念，以此来诉说"人们的现实生存是为了获得善"似乎要比道德更为合理。在道德成为生存秩序中的一种有关于良心的要求和规范以后，道德很难成为社会中大多数人生存的目的。

在关于幸福的研究中，"好生活"无疑是社会中多数人关于幸福的设想。无论各个教化系统如何论证德福一致中的幸福，现实中的多数人追求的"好生活"更多的是生活需求的满足，包括生活质量、社会地位、情感获得以及关涉自身权利的公平与正义。上述的这些好生活中的具体内容需要在社会秩序中实现。如果从对秩序的理论分析上来说，秩序的维系离不开人们对道德规范的遵从。但是在现实生活中，人们的行为趋向与教化中理想的价值体系是不同的，甚至可能是颠倒的。现实中颠倒的价值观念往往是隐匿在理想价值体系背后的真实价值选择。

三、理想价值体系与颠倒的现实

每一个教化系统或教化团体都会相应地建构与自身信仰理论/信仰叙事相符合的价值体系。同处一个区域的不同教化系统在

---

① 从道德实践中获取幸福感能够阐释至善获得至福的缘由。不过对于德福一致问题，人们不仅仅满足于德福相配，还同样地希望恶行能够受到惩罚和制裁，甚至是来自天道的打击或毁灭。德福一致问题源于人类向善的精神需求。

价值体系上也会相互适应（一致性），以求现实秩序在一定程度上的和谐。有理智的人在接受过教化以后对于其所处社会或教化系统的价值体系会产生基本的价值共识，例如对善恶是非的判断，对良知、道德、公平、正义以及它们的对立方会有基本的认识和分辨能力。在一个政治秩序较为稳定的国家或地区，已经形成传统的价值体系在一段时间内是稳定的，且被社会的多数人承认。但是需要明确的是，教化系统理想的价值体系到现实中行为主体真正的价值选择实际上有两层落差。一层落差是与教化系统信仰理论完全相符合的理想价值体系与现实中教化系统在现实教化中塑造的价值体系。[1] 另一层落差则是从教化系统的价值体系到行为主体的现实价值选择之间的落差。教化价值体系与现实价值选择之间的落差，不仅仅是由于教者与受教者的有限性导致的。两者之间的落差体现了行为主体作出的现实选择与价值体系相颠倒。

"与理想价值体系相颠倒"并不意味着人们在现实中的选择是与价值体系完全相反的，仅仅指人们在生活中会形成一种隐匿于教化实践之外的行为秩序，可以视之为一种获得多数人默认的"潜规则"。[2] 这些潜规则的形成是由于人们日常中追求的"价值"

---

① 这一点，通过教化系统在发展过程中走向教义与派系的分裂能够印证。因为现实中的教化是通过具体的教化者来进行的，教化者的素养、品性和境界对于教化实践有着重要的影响。因为不会存在绝对理想的教化者，所以现实中由真实的有限个体对受教者实施的教化以及输出的价值体系必然与理想的价值体系存在差距。

② 费孝通在《皇权与绅权》一书中就曾描写过现实政治秩序中的"潜规则"，即宦术，是宦僚在面对自身职责与现实境遇中形成的生存技巧。宦术中的行为是不符合人类真正的教化指向的，比如官僚将政治负担转嫁到平民身上，但又对自己的同僚亲属豁免政治负担。这些真实长久地存在于人类的政治秩序中。（参见费孝通，吴晗. 皇权与绅权 [M]. 上海：华东师范大学出版社，2017：5.）

与教化系统给予的"价值"是不完全相同的。"价值"是一个具有普遍性的概念，它表示某种获得或存在满足了人的某种需求。人类的需求层级可以从两个维度来分析，一是从普遍的需求，二是从具体的需求。

普遍的需求是针对人类全体来说的。人类的需求包括生存需求、意义需求、情感需求、尊严需求、卓越需求等。按照马斯洛的需求层次理论，人类的需求主要可以分为生理需求、安全需求、社交需求、尊重需求、实现自我价值的需求以及超越性需要。① 这些需求是由低向高排列的，低级的需求获得基本满足以后高级的需求就成为人追求的目标。与此相应，满足人类基本生理需求的事物在总体的价值体系中就拥有基本价值或基础价值。能够满足人的尊严需求和帮助人类实现自我的事物就具有较高的价值。满足超越性需求的存在则具有更高的价值，例如人类的信仰、真理等。

具体的需求则是人在不同的生活环境和生存处境下的需求。在具体的生存处境下，按照不同的需求程度可以作出不同的价值排序。在具体的某些时刻，人们最基本的生理需求可能变成了最为重要的需求。比如在沙漠中寻找水源的迷路人，对于他来说，在这个时刻水就是最具有价值的事物。现实生活中的每个人都有自己的生存处境。虽然价值体系中由低到高的需求与价值是具有一致性的，但是现实中的人还要根据其当下的生存处境中需求程

---

① 参见［美］马斯洛. 马斯洛说完美人格［M］. 高适，编译，武汉：华中科技大学出版社，2020.

度的不同作出行为选择。尤其是在现实的生活中,人们的行为选择不仅仅是出于抽象的生存需求,多数的人会根据具体的生活需求或生活目标作为行为选择的依据。

实际上,现实价值选择落差的关键不在于社会中多数人的德性,而在于多数人所追求的具体幸福。教化系统不能够强求每一个个体生命都去追求从德性的满足中获得幸福。荣誉、权力、情感、物欲等需求的满足也是人类追求的"好生活"中的重要部分。为了获得这些需求的满足,人们不会完全按照教化系统的价值体系进行行为选择。在具体的生活环境中,往往会形成一系列群体默认的潜规则去追求生存的需求。例如,有的人会将对权力的需求放在比道德实践更重要位置,这样的人就会放弃道德实践去选择非道德的方式来实现目标。如果,在一个生存环境内,人们都不将道德实践放在最高的位置,而将各自现实性的私人需求放在重要位置,就会呈现出理念上的价值体系与现实行为中的价值选择的严重落差。虽然物欲和肉欲历来被思想家们认为是低级的快乐,甚至某些欲望直接被认定是邪恶不堪的,但无法否认的是,这样的需求在现实中被许多人追求,以至于现实中的诸多非道德的满足路径成为一种集体默认的潜在规则。

教化系统或教化团体对此并不是没有意识的。实际上,现实中价值选择的颠倒正是"规训"作为一种教化方式,或者说教化具有一种规训性质的合理性原因。教化实践面对的是众多具有个体差异的真实受教者。在教化实践中,教化者不能够完全地将受教者均质化对待,教化系统需要面对的受教者群体是复杂的。受教者群体的复杂性来自人性的复杂以及个体差异的普遍性，包括天性、禀赋、后天环境等因素。所以，既不能够将受教者看作是完全愚蠢的或邪恶的，也不能够过于信任受教者的聪慧和品性。正是出于这样的前提，人类的教化实践相应地分为两个层面——规训与修行。

规训是教化实践的重要部分。主要通过权力或暴力作为背后的支撑来促使受教者服从教化，或者通过机械的说教和训练使得受教者"不知其理"地服从于教化中的生存规范。由于规训容易使个体失去独立的见解和反思的能力，所以带有规训性质的教化往往也被直接看作是压制人类精神自由的政治工具。在历史现实中的确存在大量的以教化为名实施精神控制的行为，思想家们的批判是合理的，但是否应该就此完全地否定规训是需要谨慎对待的。个体的道德自觉性与规范自觉性并不是简单地通过温和的说教就能够发挥效用。如果只有惩罚作为规范背后的支撑，那么很多人就会想办法逃避惩罚来实现自己的目的。对于那些已经被惩罚的人，也不能一直采取惩罚的措施，还需要适当的规训作为惩罚后的教化。对于规训，应该探讨的问题是，谁能够拥有掌握规训的权力，以及建立规训行为应该符合的行为规范。

修行是教化实践的重要成果。修行是属于个体的现实实践，包括道德实践、心灵修炼、境界提升，还包括宗教教化系统中的神秘主义修炼，例如基督教的灵修、道教的心斋、佛教的戒定。除此之外，个体修行还包含苦行、禁欲等。修行是教化实践的重要部分，如果教化实践没有在个体的内心形成实践的自觉，那么可以说教化就会一直停留在规训、说教、劝导等层面。受教者没有将教化实践中的精神指向内化于心，也就只能遵从于外在的道德行为规范或教内规范。这样的成效难以将道德规范转化为一种道德自觉，受教者的精神境界也难以有所提升。在许多教化系统中，修行的部分实际上是个体发挥主动性的部分，也是发挥个体差异性以及先天禀赋的部分。经由个体的修行和实践，人类教化实践的内容才得以丰富多彩。

可以说，规训在一定程度上压制人类本性中放纵、贪婪、自私的欲望，修行则是对人本性中的理智、毅力和智慧等良好品性的信任。教化实践实际上就是在根据人的本性进行调节和引导。虽然现实中的多数人往往在追求当下的生存需求，并由此产生了许多不符合理想价值取向的潜在规则，现实中的许多争端、是非也由此产生。但是，人们又能够在理想与现实之间创设出一个灰度的空间。在这个现实的空间中，理想的价值体系与现实中的那些潜在价值取向又各有位置，各有作用。教化系统实际上就存在于真实的灰度空间之中，它们也很少会拒绝"进入者"，因为教化实践的本质正是引导和改变人的心灵。虽然人类的生存秩序是一个灰度空间，但是教化实践依然致力于不断地培养能够自觉修行、自觉实践的受教者。正是有教化实践作为人类心灵中善意与良知的引导，才不致使多数人堕入到绝对的罪恶之中。

第三节　护教与叛教

社会中的人们几乎都会接受教化，但是不同文化身份的人接受的教化是不同的。在第三章已经阐述过，教化系统是导致群体"类"的区分的重要内容。不同的受教者会因为属于相同或不同的教化系统产生友爱或斗争的人际关系。这其中内含的情绪是受教者对自身教化系统的热爱和维护，以及对其他教化系统的排斥和歧视。一个能够长久维系并发展的教化系统必然有赖于教内成员的凝聚力。但是，受教者是具有自主意识和自主选择能力的行为主体。当教化系统的现实存在与理想信仰与受教者的存在产生巨大的分歧时，受教者也会选择放弃教化身份，选择其他的信仰。

一、理想与现实的坚守——护教

宽泛的护教行为是教化团体内部成员对教化系统的维护行为。这个行为是教化者与受教者都普遍存在的行为，源于教内成员对于自身文化传统和理想信仰的热爱。从宗教学研究的视角来说，护教是对自身教化系统信仰理论（教义）的维护、辩护、补充完善，多发生在教化阶层。[①] 护教行为是维护一个教化系统长久持存发展壮大的必要行为，否则教化系统的信仰理论很容易因不符合时代的需

---

① 伯克富在《基督教教义史》中说明基督教护教士的辩护行为有三种：辩护、驳斥、建设。

求被不断否定。信仰理论的完满性是教化系统的根基，教化活动的过程和结果都有赖于此，所以教化阶层不仅仅是教化活动中向受教者传授信仰理论的教授者，还是信仰理论的传承者与完善者。

如果追溯护教的学理研究，则需要进入到基督教的研究中。护教虽然是一种广泛存在于人类教化系统中的行为，但是最初专门建立护教派的是基督教，[①]护教学是基督教神学的一个重要分支。面对教化系统外部对信仰理论的质疑和否定，基督教教会展开了为信仰、为上帝的辩护行为。基督教中为上帝和教义进行辩护的教徒被称为护教士。伯克富的《基督教教义史》一书表明，基督教的护教行为主要有两个面向：一个是面向当权者，争取让当权者减少对基督教的敌视，这是早期基督教的生存处境导致的；另一个面向是社会中的知识分子，希冀能够通过对基督教的合理性论证来赢得知识分子的接纳。护教士的行为不仅是为自身的教义作辩护，还会通过打击其他教化系统的教义。这个行为在中国古代的儒家与道家，以及其他学派中也大量存在。

基督教的护教行为不仅仅表现在对自身信仰的维护上。对于其他教化系统或教化团体，基督教的护教士们直接给予了"异教徒"的称号。经院哲学家托马斯·阿奎那曾撰写了一本《反异教大全》，将伊斯兰教信徒、犹太教信徒以及一些信守古老宗教的人士统称为异教徒。他的目的在于维护基督教正统思想，劝导异教

---

① "最早的基督教护教士是希腊教父。小亚细亚的夸德拉图、雅典的阿里斯提德、培拉的阿里斯托、殉道者查去下、塔提安、弥尔提亚德、希拉波里主教阿波利拿里、萨狄城主教梅利托、雅典的阿萨那哥拉斯及安提阿的提阿非罗等。"（参见刘永亮．基督教与异教世界—拉克唐修护教思想研究［D］．浙江大学，2016：25．）

徒信奉基督教。① 即便是那些同样具有伟大心灵的哲学家们也会在自己的著作中写下对异教徒的偏见和歧视。护教的热情很容易将教义中的很多有关于信仰的内容推至极致，这在其他教化系统中也很常见，这是信仰理论真理化、唯一化的建设过程。例如基督教将上帝（神）推展到一切存在的首要因和最完全的存在。

护教行为多是出于教徒的信仰与热爱，但是护教并非一直是团结一致的行为。在教化系统中，护教士会因为不同立场、不同观点产生激烈的纷争，乃至于分裂为不同的教派。不同时代的护教士也会出于时代需要等因素推翻前人对教义的论证。这个历史过程实际上就是教化系统的信仰理论不断建设、不断演绎的过程。护教行为是人类精神文明丰富多样的重要原因，世界上长期留存的教化系统都有着强大的护教团体，他们可以被看作是教化阶层的重要组成部分。实际上，护教行为对教化实践的影响有时间上的滞后性以及现实目的的偏差，这使得护教人士与现实教化中的教授者往往是两个团体。一个教化系统中狂热的护教人士不断增多，教化系统就极有可能成为某种极端主义宗教，例如伊斯兰教中的极端主义教派。

伊斯兰极端主义教派的意识形态源于中世纪伊斯兰教中的哈瓦利吉派。哈瓦利吉派不能容忍异己者的存在，对异己者实施肉体毁灭，② 直接以暴力威胁和暴力实施作为护教的手段。对当代伊

---

① 卓新平. 宗教学史论——宗教学的历史与体系 [M]. 北京：中国社会科学出版社，2020：41.
② 刘中民、俞海杰. "伊斯兰国"的极端主义意识形态探析 [J]. 西亚非洲，2016（03）：43.

斯兰极端主义影响至深的另一思想源流是中世纪的罕百里学派。罕百里学派是保守教派，具有强烈的保守主义倾向。^① 他们以绝对严格的态度固守教义。在这样的基础上，伊斯兰教的极端主义教派不断发展和壮大。对于那些异教徒，极端的护教者采取"圣战"的方式予以毁灭。他们将这样的暴力和战争视为是正义的、神圣的。但是，由于一些教化系统中的极端主义教派在采用暴力手段时会将毁灭打击伸向无辜的民众，这样的护教行为已经不能够维护人类教化实践的本质。极端主义护教者采取的手段是人类破坏性倾向的无节制放纵。可以说，真正的教化实践并没有在这些极端主义人士身上起作用。相反，他们会认为为了维护自己所相信的去杀害他人是一件正常的事情。这是违反人类教化本质的观念与行为。

二、理想与信任的崩塌——叛教

教化系统中既然存在着大量的护教行为，那么意味着除了教化系统外部的质疑与否定以外，教化系统内部也会存在叛教行为。对于叛教行为可以作出以下两种不同性质的分析。

第一种是绝对的叛教行为，多在宗教教化系统中出现。指教内成员放弃自身的宗教信仰，比如天主教徒放弃自身的天主教信仰转而加入新教的团体。在传统社会，个体放弃原本的宗教信仰并不是一件容易的事。原本的宗教信仰关系着一个人的价值观念、

---

① 刘中民、俞海杰. "伊斯兰国"的极端主义意识形态探析 [J]. 西亚非洲，2016（03）：44.

文化身份、心灵归属、伦理关系以及日常生活中的诸多事务。个体放弃原本的信仰就意味着放弃了原本教化系统中的生活，甚至还可能受到教化系统严厉的惩罚。

第二种是相对的叛教行为，比如教化系统中派别自立，自认正统的教派会将自立的教派视为叛教。教化系统或教化团体对"叛教"的认识存在差别。有时，叛教作为一种罪名是教化系统中的团体或派系强加给个体或群体的。"被叛教"的人实际上不认为自己有叛教行为，甚至"被叛教"的个体或群体会认为自己才是信仰与教义的正宗。① 这种现象在宗教教化系统中非常常见。

在伊斯兰教极端主义教派中有严格的"定叛"依据，伊斯兰教极端主义教派的目的是给直接性的暴力树立依据。伊斯兰教派对于叛教含义的基本解释就是"不信道"，那就意味着凡是与其信仰不同的，以及信道后又放弃的都要经受毁灭性的惩罚。伊斯兰教的极端主义教派不断地对"定叛"进行理论建构，使其逐渐成为伊斯兰教的一种教法。极端主义教派对于"定叛"的观念又分为温和派与激进派，温和派认为"秘密叛教者"可以通过忏悔皈

---

① 对正统信仰的争夺在庞大的宗教系统内部经常发生。例如，中世纪罗马天主教与新教之间的正统之争，在中世纪，罗拉德派成员认为罗马天主教的教会运用大量巫术性质的仪式来控制教徒，认为罗马天主教是在实施恶魔的伎俩。"早在1395年，罗拉德派成员就在他们的"十二结论中"坚定地陈述了激进的新教立场：教堂里对酒、面包、蜡、水、盐、香火、祭坛石头以及外衣、主教法冠、十字架和香客拄杖的神圣化和驱魔是妖术的行径，而不是神圣的神学。所以我们得出如下结论：人们认为被驱魔的物体被赋予了高于其自身禀赋的能力，我们借着错误的信念认为这种被施了符咒的东西具有了魔力，这正是恶魔施展邪恶伎俩的原理。"罗拉德派"全面否定了教会运用上帝神力的合法性"。中世纪后期，新教与传统天主教之间在教会仪式上的争端促使英国社会的信仰形式发生了改变。（参见［英］基思·托马斯. 16和17世纪英格兰大众信仰研究［M］. 芮传明、梅剑华，译，南京：译林出版社，2020：63-64.）

依伊斯兰教，而激进者则无法接受叛教者的忏悔。① 在传统社会，虽然多数教化系统没有演变得和极端主义教派一样激进，但是，在制度性宗教中，叛教往往被视为最严重的危害行为之一，因为叛教行为本身意味着对其信仰的彻底否定。

在人类的历史现实中，教化系统中的叛教有时亦与护教行为相互伴生，只不过叛离的教化系统与维护的教化系统并不是同一个。天主教在罗马帝国的兴起就是罗马皇帝放弃传统宗教，转而将天主教定为罗马帝国的国教。基督徒原本在罗马帝国受到排挤和打压。罗马帝国原本有其自身的传统宗教，它将西罗马倾覆后，基督徒在罗马帝国中成为"异端"。公元 313 年的米兰敕令使天主教有了合法的地位。天主教随后抓住时代的机会，在公元 392 年被罗马皇帝狄奥多西一世定位国教，并且规定罗马帝国中的民众只能信奉天主教，狄奥多西一世还将罗马帝国中的传统宗教打为异教。这样的历史现实说明了渺小的个体在时代面前往往是不具备自主选择的能力的，护教和叛教有时会因为侵略、战争以及统治等因素不被自身控制。在这样的生存处境中，如何保有自身原本的信仰以及如何接受新的教化都会成为个体面临的挑战。

在中国古代，儒家教化会用"离经叛道"作为对一个不服从主流教化观念的人的评价。这个评价直到今天依然具有舆论效力，也依然作为一种行为和品性的评判存在于家庭教化和社会教化之中。《论语·颜渊》中以孔子的口吻述说："君子博学于文，约之

---

① 李海鹏. 定叛观念与当代伊斯兰极端主义 [J]. 阿拉伯研究论丛，2016 (01)：292-297.

以礼，亦可以弗畔矣夫!"表达了不学无术、不被礼所约束的人容易离经叛道，这是对叛教的一种宽泛意义的表述。它不明确地意指叛教的人是叛离了哪一种具体的宗教，而是指个体的言行举止不符合其所生存的时代和环境，不同于其周围的人，或者不服从于当时的生存规范。虽然，这个词语常常被用来指责或批判某个人的某些行为，但是"离经叛道"不完全对人们的生存秩序产生消极的负面影响。人类历史上那些具有先见之明的开拓者和改革者往往在其行为的当下也会被认为是离经叛道，人们也会逐渐意识到他们的"离经叛道"是有价值意义的。在现代多元文化的时代特征下，那些在传统社会会被认为是"离经叛道"的行为，在今天获得了存在的权利。

教化系统和文化传统对个体的影响是具有先在性的。也就是说，个体最初接受的教化是被动的。个体出生的地域、民族、宗教、家庭这些不可选择的条件决定了一个人最先接触的家庭教化与社会教化。这种情况也会出现个体的叛教行为，教化系统与受教者之间可能不是融洽和谐的。个体的自我意识逐渐成长起来，他开始拥有了对外界自主自发的探索意识和认识能力。教化系统给予个体的知识、价值虽然在一定程度上限定了个体存在的边界，但是个体仍然有独立思考的能力与倾向。尤其是在接触了更多人类其他文明成果、认知方式与价值观念以后，教化系统对于个体而言就成为众多选择中的一种。个体认为自身的理想与观念同教化系统的理想信仰不相符合，或者其所在的教化系统与他想要获得的生存方式相悖时，就可能选择接受新的信仰或教化。尤其是在现代社会，个体选择宗教信仰的权利成为了现代民主国家所保障的一种基本人权，这样就使得个体的信仰选择不会受到来自道德层面或群体内部的强烈攻击。

三、温和的教化选择

在护教与叛教的行为中，能够看到教化系统或教化团体与受教者之间从一种护教或叛教的行为走向极端激进的过程。这主要源于传统社会中的政权和教权的拥有者不能够容忍"异己"的存在。自身信仰的绝对真理性昭示了它必须是唯一的，应该受到所有人的热爱和信仰，这会导致宗教狂热分子的出现。在传统社会，叛教行为的发生或判定多数会引发激烈的对抗和惨烈的结局。

在西方传统社会，宗教信仰不能被教化群体内部的成员主动放弃。① 随着西方政治体制的改变和个体对自身政治权利的争取，宗教自由成为个体的一项基本人权得到国家法律的保障。法国、美国等实行政教分离的西方国家从 18 世纪开始逐渐颁布了关于保护公民宗教信仰自由的权利。我国《宪法》也规定了公民宗教信仰自由的权利。对宗教信仰自由权利的保障使得传统社会中被视为叛教的行为，例如放弃原本的宗教信仰成为一项基本的政治权利。

除了"叛教行为"随着时代的改变成为一种温和的教化选择

---

① 在西方主要由基督教主导的世界，存在一种与极端叛教行为相比较为温和的"叛教"行为，即大量的犹太教徒转信基督教。大多转信基督教的原犹太教徒多是因为统治者的强迫、社会的压力以及文化适应和从业就职等需要不得不转信基督教。（参见卓新平. 马克思主义经典作家关于宗教的基本观点研究［M］. 北京：人民出版社，2017.）

以外，还存在其他温和的教化选择。这些温和的教化选择由于在行为的目的和表象上与教化系统之间不是有着十分紧密的关联，容易被人们忽略。采取了温和的教化选择的人包括移民、国际移民、更改国籍的人等，这些人的行为属于政治范畴内的个体行为。在全球化的过程中，移民逐渐成为一种普遍现象。一般促发移民的原因主要在于战争、经济推力与经济拉力、殖民地政策等，文化吸引力也是个体选择迁移的重要原因，这相当于为自身的后代选择了另外一种教化。

移民的选择虽然在目的上是为了更好地满足人们当下的生存需求，但是移民浪潮也催生出了许多问题。相关于教化实践的问题主要在于移民的文化认同和身份认同困境。在移民国家，几乎都发生过排斥与接纳的矛盾。[①] 移民接收国虽然在法律上允许移民，但是生活在接收国的本国公民对于移民会产生排外情绪，这是群体的类意识在发挥作用。排斥行为是必然会发生的，尤其会在那些原本比较团结，或者有着利益连结的群体中发生，例如宗教团体、政党团体等等。外来移民与本土新生儿不同的地方不仅仅在于血缘的关联性，还在于外来移民与本土居民之间存在着文化身份的碰撞。移民如何调整自己的文化身份和文化观念并不是一个简单的过程。排斥行为也不仅仅是对于接收国的本土居民而言的，移民也会出现对移居地文化传统和教化环境的排斥行为。20世纪80年代，日本移居欧洲的浪潮就使得许多日本移民产生了

---

① 斯蒂芬·卡斯尔斯、黄语生. 全球化与移民：若干紧迫的矛盾 [J]. 国际社会科学杂志（中文版），1999（02）：23.

恐惧、焦虑等心理病态与生理病态的症状，被日本的心理学家称为巴黎综合征。[①]

虽然，移民是一种关乎个体政治权利的行为，但是从移民产生的相关于文化身份的问题来看，教化实践以及由此产生的文化认同对人的影响是十分深远的。文化传统中那些对人影响深远的内容被理查德·道金斯称为文化基因（meme）。[②] 文化基因是一种具有生命力的结构，人类文明历程中的那些历代传承的观念是具有稳定性和渗透性的。移民或迁居虽然并不意味着完全放弃自身原本的文化认同，也不意味着原本有宗教信仰的人会放弃自身的文化信仰，但是生存环境的改变在很大程度上意味着文化环境的改变。一个社会中的人是被文化塑造起来的，离开原本的文化环境，进入新的文化环境，相当于进行一次个体的观念重塑。这对于个体来说必然是困难的。所以，即便通过一种温和的方式进行教化选择，人们的内心依然可能会受到激烈的冲击和拉扯。

第四节　教化的超越指向

人的存在是意义性的，存在中最具价值的是具有超越性的意

---

① 信息来自网络。

② ［英］理查德·道金斯. 自私的基因［M］. 卢允中、张岱云、陈复加、罗小舟、叶盛，译，北京：中信出版集团，2020：221.

义。从自爱到爱人到博爱，从自私到无私，这些精神和行为所蕴含的意义是人本性的超越，也是人类整体的超越。这些超越性的意义被认为是人类文明中最光辉、美好的存在。它们是人类生生不息的动力，是幸福生活的源泉，代表着超越了人类生存本能的高阶追求。人是具有心灵的生命，心灵的重要作用是对未来进行预判，从而控制肉体产生行为。[①] 对未来的预判本身就带有超越属性：一是在时间和空间上，预判中的设想超越于当下的现实存在；二是在思维方式上，预判需要一种超越性的思维来进行。这两点超越属性可能不是经由人类的教化才发生的，但是对它的扩展与使用必然是要经由教化实践才能完成的。教化实践是具有超越性质的实践活动，这个结论从教化实践的目的、教化系统的信仰理论以及各个教化系统的价值体系就能够获得，这三者无一不具有超越指向。

一、教化的超越性

教化的超越性实际上是一种表层结论，是无须论证的，仅仅通过观察和经验就能够被人获知。但是教化的超越性作为其重要的本质特性内涵着复杂的生成性意蕴待人挖掘，即教化超越性的生成。从人的教化经验（即观察对象的表层）进入教化实践，能够看到对幸福的向往，精神的安顿、人生价值的实现都是个体想要经由教化实现的具有超越性的目的。这种超越性的追求必然在

---

① 该观念来自个体心理学家阿德勒。

人类社会发展到相应程度时才会出现。[①] 当一个人类团体的核心问题还是生存的基本需要时，上述超越性意义的获得对个体生命而言几乎是无意义的。在温饱没有保障的时代或地区，谈及高阶的精神追求似乎是不现实的。但是，人类的超越性追求不是在实现温饱后才出现的，它是随着人类的发展进化一同出现的。其中有一种超越性的意义在人类文明发展的初始就需要着手建构起来，那就是苦难的超越意义。

人对痛苦的感知以及伤心的情绪是一种生物本性，随着社会的形成，自然意义上的生老病死逐渐发展成复杂的精神层面的痛苦。尤其是随着私人情感的发展，亲人、家庭、朋友等亲密关系的建立，更是使得人世间的生离死别变得尤为悲痛。除此之外，自然中降临的灾难，诸如洪水、火灾、地震等，将人类艰难建立的家园一夕尽毁；社会性的灾难，诸如战争、屠戮、暴政，以及那些随着社会等级建立带来的压迫和欺凌等，对于个体和群体而言都意味着灾难。面临这些，人会本能地产生疑问（悲愤），人生中的这些痛苦到底是为了什么而存在的。

如果这些苦难没有意义指向，对于人类而言，会导致两个维度的生存困境：

一是个体生命的维度，个体总要经历痛苦，并且个体所要经

---

① 比如，雅斯贝尔斯认为轴心时代的几大文明是其前轴心期文化经历了"超越的突破"，由文化的原始阶段跃升至高级阶段，从而形成各自的文化传统。陈来认为"超越的突破"即是"人意识到人类自身的有限性，在对超越存在的探寻中体验绝对"。（参见陈来. 古代宗教与伦理［M］. 北京大学出版社，2018：3.）

受的苦难是预见性的，人的生活经验会将自己和他人痛苦的经历转变为记忆并形成对未来的认知。如果个体所经受的苦难对于他来说是没有任何意义的，那么苦难在人心中就会变成纯粹的"恶魔"，只会不断加大个体对生存的恐惧，因为个体清楚地知道，痛苦不仅在过去，也在未来。个体如何面对痛苦关乎人的生存。将现实中的苦难消磨是不可能的事，所以只能想办法战胜人心中的"恶魔"。自人类存在以来，所有的教化系统为苦难给予的解决办法就是让苦难产生意义，使苦难有一种未来的意义指向。人经受的苦难有了意义，人才能够激发内在的力量去面对痛苦。

二是社会维度或群体维度，人类的聚居是为了获得更好的生存方式，"更好的生存方式"也一直作为社会发展的目标和方向。随着统治阶层和教化系统的建立，政治理想和教化理想都为人类绘制了人类未来生存的愿景，使得人们愿意为之辛苦地奋斗。如果苦难没有被赋予任何意义，那么人类也无法团结起来为共同的目的进行奋斗，因为所受之苦都是没有任何指向的，那么人们自然也就不认为生存中有遭受苦难的必要。

这两个维度都需要为苦难赋予意义。可以看到，所有的教化系统都为人类的苦难赋予了意义，指明了苦难所代表的超越性指向。这相当于为人存在所受的苦找到了依附和理由，这些理由看似是虚幻的、附加的、不甚实际的，但是对于人的心灵和精神却有着重要的抚慰和激励作用。实际上，为苦难赋值不仅仅是教化系统的功能，它的作用来自人的智力。人的思维能力可以为人的欲望排序，这导致人成为一种目的性指向的动物，比如为了获得食物可以接受一定的危险，虽然危险本身不利于人的生存，但是获取食物才是最重要的生存目的。为了最终目的而经受一些痛苦和磨难是人基本的生存行为。

这也就是说，除了教化系统会为苦难赋予意义，个体本身在自身的人生经历中也会不断地为自己经受的痛苦寻找理由，如果这些痛苦和磨难有助于最终目的的实现，那么这些苦难就是可以被接受的，不会对人的生存意志产生威胁。出于人生存本能的缘故，教化系统为苦难赋值也就自然地会被受教者接受，甚至这一环节和内容非常有利于教化系统的传播与扩张，因为个体往往是主动向外寻求生存的目的和意义。所以，即便出于团结受教者传播信仰理论的目的，教化系统也会把对待苦难的方式作为重要的教化内容。甚至在很多教化系统，尤其是宗教，发展到一定阶段的时候，能够看到其将苦难作为教化的重要内容。禁欲、苦行等利用痛苦来修行的教化手段出现在多种教化系统的信仰理论中。[①]

除了苦难的超越意义，人类教化实践中最具本质特性的意义是**人性的超越**。教化原本就是人类的自我驯化，从动物化本能驯服为能够对自我的心灵和行为进行控制，甚至在群体生活中能够建构出道德观念和道德体系，并能够按照社会和教化系统的道德要求进行精神修炼。教化的部分意图是对人性中不利于群体生活的因素的压制和克服，并且这种克服的真正完成指向个体的自觉

[①] 印度教、耆那教通过苦行的方式，即用一般人难以忍受的种种痛苦来折磨自己，从而获得神灵的祝福。基督教和佛教也都存在禁欲主义和苦修者。

克服。无论是对个体还是群体来说，这必然是具有超越意义的。社会的发展仰赖于此，有了动物性到人性的超越发展，人类社会才开启了质的转变。在进行教化的横向分析时，无论分析出权力对教化系统有着怎样的决定性作用（现实），真正对教化实践的目的、方式、理想和未来具有本质决定性的还是人性的超越，是人性的超越最终为人类建构起了道德体系。道德体系存在于任何一个教化系统之中，这种超越性质保有着人类意义的根本旨归。不过需要明确的是，人性的超越不是跨跃式的，人性超越的方向是伴随着人的发展与人类社会的发展逐步明晰起来的，同时也是基于人本身的种族特性发展出来的。如若不然，爱与真的来源都将飘忽无定，教化实践也就失去了能够牢固扎根于人类生存场域的根基。

教化本身的超越性是复杂多样的，可以从很多不同的层面去解读。除了苦难与人性的超越意义，教化实践所具有的**代际超越性**同样也是关乎人类存在的重要性质。人类的文化延续依靠的根本是人的传承，而代际传承又是其中最重要的环节。代际传承在现实中不是抽象的，现实世界中的每一个时刻都在发生着文化的代际传承。传承的过程本身就是意义的赋予，这个意义同样也是超越性的。

从时间层面上说，代际传承保证了教化实践超越当下的时空限制，正在受教的个体未来会成为新的教化者来进行新的代际传承。

从教化实践的层面来说，代际传承虽然在其过程中形成了教化的传统，但是在现实中这个过程是一个不断积累、不断创造的过程，且过去的积累能够指向未来。

所以，在当下的人们接受的教化内容和教化手段上，既包含着先辈们生存的痕迹，也在很大程度上蕴藏着人们未来的生活方式。过去的积累与未来的实现都维系于教化之上。在未来真正实现以前，关于未来的理想就已经超越性地存在于教化活动中了，甚至这个理想会一直以"未来"的形态存在于教化实践当中。这也就是上文提到的人类对终极幸福意义的想象与个体生命最高价值的追寻。虽然这些超越性的追求需要一定的物质基础和现实支撑，但是对于它的追寻是一直伴随着人类的生存而存在的。对于幸福的意义以及个体的价值也在教化代际传承的过程中不断地被探讨，并且随着人类生活方式的改变又被赋予了新的意义。可以说，追寻生存理想本身就是具有超越性的，而在教化的代际传承过程中，生存理想的超越性又有了时空的维度。

苦难的意义、人性的超越以及代际传承是教化实践超越性的三个重要维度。为苦难赋予意义给教化实践提供了存立与传播的支柱，人性的超越为教化实践决定了精神指向与价值追求，代际传承保证了教化实践自身的存在与发展。正是这些超越性质的存在使得教化实践成为完全与人类及人类社会融合在一起的最重要的实践活动。人类的现实生活从时空的维度来说都是当下的，但每一个人的生活又都是过去、现在和未来的集合。超越性是人类存在方式的重要性质，无论在人类发展的哪一个阶段，超越的意义都未曾缺席过。有了超越意义的存在，才使得人们认知人类社会运行的过程是向前的、进步的、越来越好的，唯有如此社会才会有长足的动力发展。如果教化不能给予人超越性意义的支撑，那么人生存的目的就是虚无，没有未来指向的生活是不可想象的，甚至于人无法对下一个动作进行预判，这意味着人的心灵失去了活力。

二、教化系统的超越性

教化系统的信仰理论是超越性意义的集合。每一个教化系统的信仰理论都包含着对苦难赋予的意义，对人性的超越追寻以及代际传承的教化内容。在一个教化系统的信仰理论中，形而上理想或终极理想是其最具有超越性的部分。教化系统是教化实践具体实施的场域，一个个体生命如果不是具有强排他性的宗教教化系统的受教者，那么他往往会受到多个教化系统信仰理论的影响。这些教化系统都有自身的形而上理想，同时接受多种教化内容的个体一般不会感受到纠结与排斥，这种现象也同样发生在其他文化传统中。这表明许多教化系统的形而上理想是具有一致性的。这是容易理解的，形而上理想的设立归根到底源自人对终极意义的追求，凡涉及人本身的东西，即使其最后形成的传统各不相同，但是其中的本质内涵与精神指向都会带有部分一致性，这是人的本性导致的，也就是说形而上理想所带有的超越性本质上源于人的本性。

人的本性中具有超越性的指向未来的性质应该就是人的生本能。人的本能中蕴含着超越性、创造性和建设性，直白地说来人的生本能就是人的生命力，同人的生理本能一样，它是生长性的。由于对形而上理想的认知伴随着的是人对"终极"的追求，所以从各个教化系统的形而上理想中不太能看出其内涵于人本性的生长性，一般而言，形而上理想带有的终极色彩是人们对生命生长的结局式设想。但就目前人类对自然与生命的认知来看，生命的存在意义在于它的生生不息，人类生命的最终结局或者说人类存在的终极意义究竟要如何去寻找，它又究竟呈现出什么样的面貌是当下正在接受教化的人无法准确获知的。这使得教化系统在每一个历史阶段都会出现信仰理论的质疑者与修正者。因为在"当下"，接受教化的人随着自身存在领悟的改变以及外在生存方式的变化会对传统的教化内容与教化方式产生怀疑，从而对教化系统传统的行动纲领（即实现形而上理想的路径）产生质疑。每一个教化系统都会经历来自系统内部的对信仰理论的分歧与修正，这是教化系统的自我超越。

就现存的世界性宗教（包括儒家等流传久远的非制度性宗教的教化系统）来说，经历信仰理论建构与诠释的分歧与斗争是必然的。可以说教化系统本身的超越性就体现在教内成员对信仰理论的不断修正上，这表现为教化系统在发展过程中对旧有行动纲领的超越。在教化系统内部对于信仰理论或行动纲领的分歧往往是保守派与开放派之间的斗争。[①] 保守派强调对旧有信仰理论的坚守，反对更改信仰理论的任何部分。而开放派则更加包容，主张

---

① 对保守主义与开放主义进行表面化处理，不特指历史中的某一政治运动。

调和旧有信仰理论中与现实不相符合的部分。由于开放派的行径往往会带来教化系统内部权力结构的改变，所以存在保守派与开放派为了争夺现实利益而各自走向极端保守主义与极端激进主义的现象。

教化系统中的开放派是教化系统不断进行自身超越的现实动力和结构。人类的各种宗教、教派、党派总是会在系统或团体内部发展出保守和开放两个不同的阵营。就如同某些极端主义教派在发展过程中还能够继续分化为温和派与激进派。保守与开放似乎源于人类本性中的两种倾向性。开放派之所以会被认为是改革的力量，是因为旧有传统根深蒂固。开放、包容与改变不仅要改变人们头脑中的观念，还要改变现实中的旧有的权力结构，这也是开放派在最初总是不得人心的原因。但与固守传统的保守派相比，开放派具有更显著的超越精神。当然，也存在开放派的根本目的可能仅仅只是改变现实中教化系统内部的权力结构。

教化系统的超越性还表现在新的教化团体逐渐掌握话语权，在人类世界形成主流观念这一过程，例如现代社会的自由主义。启蒙时代开启了哲学家对自由和理性的反思，开启了人类教化在自由向度上的超越。在西方，人的本质与地位又重新回到了哲学思考的第一位，自由成为这场启蒙运动最核心的旗帜。近代以来哲学家们对自由的建构在精神层面上改变了人类的生存方式，甚至可以说扭转了人类社会的发展方向，以至于自由成为现代社会一切能够出场的思想的基本立场，成为人们判断一种思想或主义是非对错的标准。如果哪一种哲学思想或政治思想是反对自由的，那么有可能会被大众直接认定为是对人的束缚、压迫和专制。即便是主张延续传统的思想家也要小心地进行话语上的斟酌，为自由留守阵地。这实际上没有什么不对，他们将古代社会中的那些被视为正常的对人的理性的压制和对自由的束缚变成了现代价值体系中被批判的对象，这是哲学家为人类争取自由的一场思想胜利。但需要教化者警惕的是，自由从哲学的概念范畴普及到社会性语词后，明显地经受了概念的泛化，甚至可以说是概念的偏离，这本是学术词汇转变为大众词汇的常见的现象，但是自由对于大众而言无论是在政治运动方面还是思潮引领上都具有巨大的煽动性。我们应该意识到思潮在引领人类社会新方向的同时，也存在将社会的伦理道德带入到困境之中的可能，如果能够在忧患意识的警醒下建立起相关的防御机制，或许能够帮助人类规避一些生存危机。

本章小结

理想是一种想象，想象可以演变为促使人行为的重要力量。个体有个体性的理想，人类是群体性的，自然也就有群体性的理想。个体的理想源于人的生存需求，其中包含着大量情感因素、权力因素和物质因素。个体的理想也包含着群体的共同理想。群体理想是国家、民族、宗教、党派的理想。群体性的理想是人类团结一致的重要原因，是群体组织按照一个秩序生存、一个朝向发展的重要动力。不同的群体理想人类文明的发展历程中催生了丰富多样的文化成果。宗教理想、政治理想和民族理想都彰显了人类对于"未来"的热情和厚望。但是，理想与现实是存在差距的。在现实的教化实践过程中，从美好的群体性理想到教化理论的生成再到教化的具体实践和个体的现实实践，教化产生了从终极真实到社会现实的教化落差。现实的人类世界由于行为主体的差异性与有限性，呈现出来的社会状态并不是教化中的理想世界。在现实社会中，理想的价值取向与颠倒的生存规则同时存在。

　　教化系统的理想价值取向来自信仰理论。在许多教化团体内部都存在着专门的护教成员。护教的目的就是更改、填补和建设信仰理论中不符合时代需求或者自相矛盾的地方，以寻求信仰理论更大程度上的完善性。护教实际上是教化团体中非常普遍的行为，与之相对的就是叛教行为。在传统的教化系统中，尤其是宗教系统，叛教的人会面临最严重的处罚。这体现了教化系统，尤其是宗教系统之间强烈的排他性以及对异教徒的鄙视与偏见。宗教系统中的排他性是文明冲突的重要原因。而排他性则在很大程度上源自教化团体对其自身信仰的唯一真理性地位的守护。但是，教化系统并非是一成不变地坚守其具有的信仰理论。教化系统具有超越性，会按照人类的生存需求不断地对旧有的理论进行超越。人类教化本身就是具有超越性质的现实实践，其超越性主要体现在为苦难赋值、人性的超越和文明的代际传承上。理想的现实力量本身也是教化超越性的一种体现。除此之外，对生存价值和人生意义的追求表现了人类精神意识的超越性质。这些超越性全部体现在人类的教化实践中。

第五章

在古典与现代之间：教化的紧张与防御

人类教化活动的发展过程漫长且复杂。如果以现代的发生作为区隔标准，教化活动可以分为特征鲜明的古典教化和现代教化。古今之变的危机与困境存在于人类生存的各个领域之中，教化活动亦是如此，古今之变局让人们意识到了教化在现代社会的危机，准确来说是古代教化向现代教化转换的过程中产生的困境与人类的无措和恐慌。古典教化鲜明的特质在现代变成了一种人类危机，教化活动自然会陷入一种紧张的处境中，即教化本身的紧张以及人类面对教化转换时的紧张。哪些是要继续依照、保存的教化传统，而哪些需要舍弃否定，人类还应该建立起何种的教化，今后应该如何教化等都成为非常棘手的问题，否定与肯定都意味着要担负巨大的历史责任。所以，人类应该如何存在？教化活动能够决定人类的存在方式，人类也认识到了这一点，那么就需要开始思考如何对由教化的紧张所导致的生存困境加以防御。

第一节 古典教化的普遍性困境

古典教化的终极理想使得人类在关于自身存在的观念上始终相信，有某种形态的真理向人类敞开。这塑造了"人类的存在史是一种进步史"的观念。真理无论是不是以某种样态真实地存在着，自人能够模糊地意识到并向往它的时刻起，它就具有了一种绝对性与普遍性。这种性质与其说是真理的性质不如说是人的性质。对绝对性和普遍性的追寻是人类生存的一种需要，非此两者，人类的存在秩序无法建立。但是，绝对与普遍在人类的现实世界中演变成了权威与力量，也因此使得不同文化观念中追寻的那个"真理"相互排斥。

一、永恒普遍的真理困境

"真理"之间的排斥现象看似并不符合人们所掌握的真理的性质。因为，按照真理"既普遍又绝对的但又未曾全然彰显"的性质来说，追寻真理的人应该会相信全人类都在追寻的真理从本质上来说是相同的，只不过各自追寻的方式和途径不同。这可以说明的是，同一个文化团体中的多数人更愿意相信自己的路径是真实可靠的，因为没有人愿意做那个"被抛弃的人"。不能向着真理前进的人或民族会被视为是低等的、不智慧的，是对其传统文化根源的彻底否定。对于各个教化系统而言，保护好自身的信仰理论，坚信自身走向真理路径的正确性是引发其生存动力与生存希望的重要手段。这也是教化团体保有自身的必然选择。于此，教化者或教化阶层会不断强化自身的形而上理想以及实现方式的正确性，以使受教者相信真理贯穿于自身的信仰理论，并一直指引着他们接近形而上理想。

（一）个体生命张力的削弱

对信仰理论进行不断真理性的强化会削弱人的生存张力。个体的存在方式来自两个维度的共同塑造：一是自然天性，有时人们把性格、天赋等因素归于遗传的作用；二是后天影响，多受益于环境和教育。教化是影响人类存在观念的重要环节。教化活动的首要目的是使人认同其信仰理论。在教化过程中，不断强化其信仰理论的真理性会使受教者更加认同信仰理论，在更大程度上服从于教化者的权威；但是，这并不会彻底地消除怀疑与批判。[①] 如果一个教化系统树立了过于强硬的真理意识，以绝对的、普遍的方式来论述其教义，一旦新的认知方式出现并确立了自身的普遍性，那么教化系统必然会面临质疑。如果一个教化团体中批判与质疑占据多数，随之而来的可能就是教化团体的分崩离析，人们可能会选择新的更为普遍有效的方式来生活。如果在真理意识形态的灌输过程中，批判与质疑的声音仅仅是少数，其余的受教者依然保持着对信仰理论的信奉与虔诚，真理性的强化则会继

[①] 因为当教化系统越是想要证明其真理性，就必须通过绝对、普遍的方式去论述自己的教义、教条、禁律，这就极易引起人们的怀疑，当教化系统把存在于人们生活中的不确定的那些经验事实说成是绝对和普遍的时，人们自身的生活经验就能够否证它们。这些怀疑和批判既来自受教者，也来自教化者。

续加深他们对信仰的信心，从而使受教者更加依赖于教化阶层，教化阶层也就获得了更大的世俗性的权力。当世俗权力对人的现实生活进行干预的时候，基于内心信赖和外力压制两方面因素，受教者也变得更加懦弱和顺从。在古代社会，无论是教化系统还是统治阶级都乐于看见民众如此的倾向。

原本，人性中的各种欲望让人的生命呈现出十足的张力。生命中的原始欲望往往会给人以美的原始感受，在人类不同文化类型的文化创作过程中都能够看到人们需要美的原始感受。那些印刻在文明早期的洞穴、岩石、陶罐、青铜等器物上的符号，蕴藏着人类原始而又直接的欲望。这些痕迹留存下来的美感直到今天依然被人欣赏。文明的早期，人类的生命中有大量的野性，野性就是未被教化的自然属性。人类教化活动的出现、发展和成熟越来越熟练地将人们变得顺从、虔敬，而不断强化自身真理性的信仰理论则使人的依附性与归属欲更加强烈。为了能够顺应按照真理建立起来的生存秩序，减少自身的欲望渴求、削弱生命的原始张力是人自觉或不自觉作出的取舍。这种对人的生存张力的削弱使人的生命本质陷入到了悖论之中。教化在原初意义上是为了实现人的本质，但是随着教化强度的不断提升和现实目的的扭曲，人在教化活动的过程和结果中会越来越感觉到本质的偏离和内心与外显的错位。①

---

① 古典教化在现实进程中逐渐造成的人本质实现问题上的错位，不是由于后世观念进步后对历史进行审视时发生的，在教化活动的过程中就已经被思想家意识到了。

（二）普遍真理背后的傲慢与暴力

心理学家阿德勒在《理解人性》中强调，温顺的人性与专横的人性都是教育的结果。虽然在儿童接受教育的过程中，命令式的教育方式是最为常见的。命令式的教育方式来自家长与教师所拥有的教化权力。命令式的教育能够在儿童教育的过程中迅速地建立起某种规范。但是，"命令式教育的最大弊端在于对儿童起了权力的示范作用，而且向他们显示了各种与享有权力有关的快乐……这种教育不但产生专横类型的人，而且产生奴隶类型的人，因为它使人感到，在实际合作的两个人之间，唯一可能的关系是一个人发号施令而另一个人服从命令的关系"。①

与直接性的暴力控制不同，教化权力在教化行为中往往表现为真理的统摄作用。虽然教化者未必掌握了真理，但是普遍的观念以及教化者自身会认为相比于受教者，自己更接近真理，自己的观念更具有正确性。所以，教化者往往以权威的姿态出现在教化活动中。教化者会自认为自身是上帝或真理的代言人，但是教化者自身观念的真理性又往往是通过权力产生的。真理的性质与权力的作用在现实中容易被混淆，这也是为什么宗教教化与政治教化在秩序的建构与维系方面具有很大的相似性，并且两者能够互相结合。自认掌握了真理的人很容易变得傲慢，而掌握了权力的人也容易如此。掌握了真理和权力意味着拥有了可以支配他人的能力。无论权力的拥有者支配众人的目的是什么，支配总是要

---

① ［英］伯特兰·罗素. 权力论［M］. 北京：商务印书馆，2019：10.

比被支配能够产生更多的快感，尤其在权力相对集中的群体内部。权力的拥有者是制定规则的人，而被支配的人只能够按照规则行事，这就使得权力成为一个人们竞相争夺的对象。权力带来的快感是儿童时期在接受命令式教育时就能够获得的体会，同样，权力带来的恐惧和怯懦也在一定程度上来自儿童时期的命令式教育。体会到权力支配快感的人容易形成专横的性格，对于被权力支配的人来说，权力者的独断与傲慢则会大大增加他们生存的痛苦。

真理的性质成为会导致暴力的因素，这种认知中的因果关系会使得人们去反思真理是否真的存在。而为了防止暴力发生而直接取消"真理"也是符合人类选择的一种行为。但是，真理的性质不是导致暴力的唯一因素。取消了"普遍真理"后的世界依然存在着暴力，甚至人们对于暴力的运用会更加肆意，因为传统生存秩序中那些可以在一定程度上压制暴力的观念和价值取向，随着它们根系的普遍真理的消逝逐渐瓦解了。实际上，现代社会的生存秩序依然是在普遍真理的统摄之下建构的，人们总是想要摆脱自身无法摆脱的存在物。

二、古典教化中严重的等级分化

古典教化因其时代的特殊性与人类发展阶段的局限性，导致其在各个教化系统和不同的社会秩序中有着严重的等级分化。在人类文明发展的初期，等级分化的出现源于社会分工和私有制财产的出现等社会现实的发展。等级制度的产生在群体发展的初期阶段有助于生产资料的聚集、种植、生产和分配。但是随着社会等级的固化与权力的集中，整个社会愈加表现为一个阶级对另一个阶级的压迫和剥削。[①]

教化也越来越成为加强社会等级分化的工具。教化对社会等级分化的加强在政治教化与宗教教化上面都有表现。即便是那些不具有统治权力和那些不参与权力统治的教化系统或教化团体，其内部依然存在相对稳定的等级结构。教化阶层运用自身的教化权力对受教者进行强力压制和精神控制，以及教化者与受教者之间的上下差异，使得人类教化活动的本质目的逐渐扭曲和异化。因为教化活动中运用的手段和方式在塑造人的观念、管控人的行为方面非常有效，导致教化的本质目的被忽略，教化的功能被利用。独立的教化实践成为工具性的活动。教化成为统治者或教化者压制民众的武器，完全不顾人的本质力量的实现。教化实践真正的本质目的被忽视。教化系统和教化团体将信仰理论或信仰叙事中的那些通向终极理想的路径以及教义中的规范僵硬化、教条化。

群体中等级的分化依靠的是权力与教化。教化系统和教化团体的内部存在着"类"的分化，最明显的就是教化阶层与被教化者之间的类差异。在古代政治秩序中，实际上部分地表现为统治者与被统治者之间的类差异。可以看到，在一个文化团体内部，被压制的阶级会为了统治阶级产生的文化而自豪，统治阶级塑造

---

① 马克思把人类的整个发展历史归于统治阶级对被统治阶级的斗争史。

的文化样态被认为是代表着他类文化的最高级层次。导致这种事实的原因可能还是人本性中的"类认同"。① 每一个社会都在自身结构中有着严明的等级分化。统治阶级和贵族阶层将等级严明化的目的是为了维护自身高高在上的社会地位，但是他们对底层人民的偏见、歧视弥漫到全社会。中等阶层面对上层社会的歧视直接将其转嫁到自身对底层民众的偏见上，傲慢的态度如出一辙。血统的纯正、礼仪的繁杂、傲慢的排斥，原本都是维护统治阶层与贵族阶级的名声与体面，但是对这些事物的尊崇、仰慕、追寻却在社会中成为流行观念或者说真的对民众起到震慑作用，只有少数人能够表现出批判抵制的态度。

社会中仰慕权贵的行为并不是阶段性的。权力、财富的吸引力使人难以抵抗，而权力与财富的吸引力正是在等级差异中体现出来的。所以说，即使教化的理想目的是转变人的心灵和行为，但是在现实中，它的确在很大程度上造成了复杂难解的人类存在样态。这种复杂的状态有一部分原因在于人们能够意识到权力对自身的压迫和引诱，但是依然想要获得它并也以各种方式满足自身的权力欲。"通往下层的大门应该紧紧关闭，通往上层的大门应该敞开……他们不敢设想摧毁阻碍他们向上的围墙，因为他们害怕自己与下层人民之间的那堵墙也会在这场风暴中一起倒下。"②

因为古典教化中存在的严重的等级分化，教化失去魅力被教

---

① ［德］诺贝特·埃利亚斯. 文明的进程——文明的社会发生和心理发生研究［M］. 王佩莉、袁志英，译，上海：上海译文出版社，2018.

② ［德］诺贝特·埃利亚斯. 文明的进程——文明的社会发生和心理发生研究［M］. 王佩莉、袁志英，译，上海：上海译文出版社，2018：19.

育所替代也是一场必然的变革。当人们意识到教化带来的是顺从和一致，实际上既不会帮助他们完成阶层的飞跃，也不会帮助实现平等与自由时，人们对教化的态度就会发生某种转变。在西方文艺复兴以前，除了能够接受到教育的贵族阶层和中等阶层，大部分底层民众对世界的面貌一无所知，或者说他们的知完全是宗教教化给予的。在这里，教化并没有发生它应有的作用，它只是一直被权贵所利用，以使民众保持着他们的无知与卑逊。

三、人类生存历程的重复

历史是人类文明发展历程中最为重要也最受关注的学问之一，人们似乎相信智慧、品格、德性、知识都能从历史的记载中获得。史官是中国古代王朝统治中特别的官职，在人类历史上较早地树立起了关乎身家性命的职业道德；罗马时期记事官已经成为罗马帝国中重要的职务。人类发展历程的文献记载是人类来路的记录，有历史的民族就有传统、有根系，漫长的文明史能够给后世的人们带来无上的荣耀和自豪。但是，生存历程的重复说明人类会循环往复地陷入同样的生存困境中。

（一）人类历史的重复显现

以史为鉴，在历史中获取经验是人类生存与发展的必要方法。理想状态下，人类应该从经历过的灾难事件中吸取教训，把过去的苦难和伤痕变成今后进步的阶梯，以免再次走上苦难之路。但现实的情况却不容人类进步论一直乐观，人类生存秩序中的诸多危机，政治方面的危机、伦理关系中的危机、精神秩序的危机等一直搅扰着人类的生活。这些危机虽然不断表现为新的内容和新的形式，但引发人类生存危机的本质矛盾实际上在人类历史上重复地发生着。暴力、战争、屠杀，人们甚至会为这些危及人类存在的群体性行为在历史的发展运转中寻找存在和兴起的合法依据。一些人乐意为它们辩解，为它们披上积极价值的外衣，仿佛人类文明的兴盛与繁荣正是依靠着它们才得以经久不衰。

"日光之下，并无新事"，一切光明、伟大与荣耀都已经无数次的涌现过，一切丑恶、傲慢、阴谋与无妄也都出现过。在人类的生存秩序中，双方是对立的，但是谁都没有完全战胜过谁，以至于我们只能说世界就是这个样子。人类文明的历史模糊而又清晰，留存下的符号记载是模糊的，但是历史中光辉和黑暗的人性是清晰的。人类究竟是否能够以史为鉴，历史的重复是否只能是悲剧？这是与群体相关的问题，也是个体无法回答的问题。但是，对于个体而言，历史灾难的发生会给原本就短暂脆弱的生命带来巨大的悲剧，灾难可能直接导致其人生的悲惨。对于一代人而言，历史灾难的悲剧会随着一代人的苦难情结延续到下一代。到哪一代可以彻底弥散是谁也无法给出答案，更别说人类无法避免在"未来"的时间里，另一个苦难会再次降临。①

---

① 在现代的中国社会，历史的重复也包含着如何对待传统的难题。因为中国社会中的历史重复问题在一定程度上源于古代社会对传统的重视，传统是维系中国古代社会秩序、保证人们生产生活的最重要根基，但是按着传统生存同样也使灾难的重演存在着潜在的可能。打破传统意味着新生的机会，但同样也面临着遭遇其他危难的可能。（传统与传统文化实际上是区分不开的，如果不保存传统的生存方式，那么传统文化的消解就是可以预见的事情，因为随着生活方式的改变，从传统中积累下来的文化将不继续参与人们的生活。（转下页）

古典教化的重要依据和重要动力，是信仰理论或信仰叙事中的终极理想。实现终极理想的路径显然是需要人类一直处于进步的状态，或者说需要人们相信他们正处于进步的状态。历史重复的观念会使人们丧失对终极理想的期望与信任，也会加剧对"未来灾难"的恐惧。人类历经千辛万苦才建立起来的教化系统中的价值体系、道德观念、信仰理念全部与终极理想维系在一起。历史灾难的重复会降低教化系统的社会功能，也会使人类的生存秩序面临危机。当历史的重复成为一种认知内容以后，人类可能会缺乏"存在的勇气"。[①] 虽然，在文明以前和文明伊始，人类的勇气是先天的，来自他的生本能。但是随着文化灾难和历史灾难的发生，随着理智与情感的不断发展，人类就必须生发出新的勇气去面对原本不曾发生的灾难。群体性的灾难导致个体欲望的削减和理想的丧失并不是一个有益于人类生存的境况。个体失去希望会使人陷入焦虑、痛苦与绝望，心灵与行为都开始倾向于毁灭和死亡。虽然个体的毁灭性倾向是无法彻底避免的，但是不能任其发展为一种群体现象。在人类的生存处境中，千百万人的生命都维系在社会秩序上，乃至于古今秩序的变革和更替都应该是极为小心谨慎的事务。

在历史洪流不断前向的过程中，个体聚集为群体，成为人类历史进步的"助力"。历史的洪流让谁生，谁便可以获得生存与繁

（接上页）当下中国面临的文化难题，是如何改变现代与传统的难以相融的同时，还寄希望于传统文化能够抵抗现代社会中的一些危机。）

[①]［美］保罗·蒂利希. 存在的勇气［M］. 成穷、王作虹译，北京：商务印书馆，2019.

茂的机会；历史的车轮让谁死，谁便要被倾覆与毁灭。对于个体来说，倾覆与毁灭就是真实的死亡。文明的进程让人们明白，与其成为无辜的弱者招人同情，不如成为牺牲的勇士受人称赞。在人们的理想中，倾覆与毁灭会迎来一个更正义、更和谐、更繁盛的世界，这才是进步的实质，才是个体牺牲的意义，否则伟大的牺牲就成了可笑的荒谬。但是，历史正是向人们显示了它的荒谬性。历史的重复不断地让人们再次陷入"原来"的世界中去。人就像滚轮中的老鼠，拼尽全力也是徒劳。这样悲观的历史观念不是主流，却能够从人类心中长出一根刺，这根刺扎破了原本收紧的欲望囊袋。

（二）存在意义到存在感的转变

既然人类的努力可能只是一场无妄的笑话，那么那些伟大而又艰难的理想也就成为普通人或嘲讽或鄙弃的对象。终极梦想不能给人以人生的意义，人就要依靠自己去寻找自己存在的意义。这样的观念容易使"存在"的真正意义走向失落。也就是说，个体放弃了长远的、理想的生存意义和人生价值，转而去获取那些他们能够感受的、可以掌控的以及可以迅速实现的人生目标。对存在感的需要取代了对存在意义的追寻，而存在感是可以通过满足物欲获得的。

现代社会的享乐和消费以及五光十色的生存环境，在很大程度上来自人类对存在感的获取。人造物的大量生产与使用、外在世界的修建、繁复的外在装饰实际上都是为了彰显人的存在。现代社会中，那些主导着人类建立新秩序的一切都在彰显着人类追求的是存在感而非存在的意义。存在感是当下的，是"我"的。曾经那些要付诸几代人甚至万世万代人努力实现的遥远理想无法带给当下的"我"任何存在感。下一代的、下下代的理想自然也无需"我"去为之奋斗。所以，享受当下似乎是一件再正确不过的事情。因为没有人能保证理想的必然实现，任何一个权威许诺的理想都是不可信的。既然如此，人们会想着不如去寻求当下的快乐，至少不会两者皆失而使整个人生的结局成为失败的悲剧。

值得关注的问题是，同样无法保证的理想的实现，为什么古典教化可以维持千百年，而在现代却失去了其牢固的基底。现代知识的普及应该在这一转变中发挥了重要作用。在古代社会，知识是精英的专属，不论是政治教化还是宗教教化，教化阶层一直是教化团体中最大程度享有知识的人。这样看来，知识与权力的结合实际上是再自然不过的事情。在古代社会，知识的边界远比现代社会狭窄，很多领域的专业性知识，例如天象、音律、诗歌、文法的沿袭和发展都依赖于皇室贵族。非皇室贵族的多数人在生产生活中涉及的器具的制作与使用完全依靠经验的传承与日积月累的熟悉。在现代社会，知识的处境发生了很大的变化，它不再仅仅掌握在贵族和精英手中。

现代教育体制的主要内容是知识的传递与再生。虽然大众所能接触和接受的知识依旧是经过筛选的，但是现代信息媒介的爆发式增长和传播方式的拓展已经改变了知识原有的狭隘处境。大众拥有了学习、研究和在公共场所讨论知识的机会和能力。知识的获取成为个体不可剥夺的政治权利，随之改变的就是知识的教授方式。古代社会知识的传授方式同道德教化一样，更多的是说教式的、不涉及发生原理的，师徒性质的教育模式让教师在师生关系中拥有绝对的权威和话语权，老师教什么学生就学什么，老师怎么教学生就怎么做。但是现代教育可以说完全转变了这样的教育方式。知识的传授过程不仅仅是作为结论性的知识传授，还需要对知识的由来加以论证和说明。知识的掌握者需要给出合理的依据和证明以使别人接受他的结论。

除此之外，现代的生活方式使得很多知识成为人们生活中的常识。知识依然能够获得人们的敬畏，但是普通的知识已经不再是人们畏惧的对象。教化系统的信仰理论虽然能够进入现代社会而久经考验，但是传统教化的说教、仪式等方式已经不能够拥有古代人们接受教化时所产生的效力。对信仰理论中那些不能给予证明和论据的结论的质疑，即便依然意味着对神灵的亵渎，但是人们逐渐不再承担来自宗教内部的惩罚。对人行为的审判和惩罚的权力由现代国家的权力机构取代。

（三）过去、当下、未来与教化

在古代社会，传统的教化系统依靠经典、传说、故事进行教说。而每个教化系统建构、选取出来的经典、传说和故事都是"过去"性的，并且是经过教化阶层长时间挑拣，经过人类历史不断检验的。而"当下"是个体经过教化后用以成长、提升的主要时刻。也就是说，每一个人是在用自身的人生去经历教化并实现教化的成果。因为对于个体而言，教化在自己的人生中并不存在一个完美的结束，教化要求人的精神境界不断提高。"未来"既是一个经验性的时间观念又是一个联想性的时间观念。时间是一个"流淌"着的概念，人能够从一切存在的变化中感知到时间的流淌。在教化系统中，"未来"属于终极理想，属于个体受到教化后心灵与行为的改变。通过"过去"、"当下"与"未来"，教化系统建立起了一条具有时间性的教化路径。显然，"当下"无论是对于个体还是教化系统而言都是最重要的，因为它是具体的实践的阶段，必须经历这个阶段甚至是长期处于这个阶段，个体的教化成效才能达到一个较为理想的状态。

而在信息快速交互的新媒体时代，繁多、纷杂、快速的信息获取以及信息传递方和信息获取方的双向选择，使得"当下"不仅仅是实践的主战场，人们需要付出更多的精力去应付信息的接收与处理。现代教化对信息交互平台的利用或渗透是必然又无奈的。必然是因为教化必须紧密地关切人们的日常生活，无奈是因为互联网中的信息快速翻新使得很多教化内容和教化方式只能流于表面或浅层，在纷杂繁复的信息中与那些自带"诱惑力"的信息相比也不易受到人们的关注。对于人的生存来说，既可以说"当下"在现代被建构了起来，也可以说"当下"的教化价值在逐渐丧失。现代人所谓的"享受当下"并不是指"当下"本身，而是指在当下的现实存在中满足自己的欲望。这样的价值观念就再次关涉"过去"与"未来"。因为"当下"的内涵改变了，那么原本由过去进驻到当下的历史在新的当下中会被否定和鄙弃，这可能是导致历史虚无主义的部分原因。"未来"也不再是形而上理想的实现时间，"未来"依然会是人们欲望的满足时空。现代社会人们的价值观不仅是"享受当下",也是"享受未来",其本质都是"享受欲望"。

人类的历史是否是进步的也曾是哲学家争论的话题。对人类历史进退性质的判断本身只是一种观念或"偏见",但是这个判断却能够在一定程度上左右人的心灵和行为。尤其对于古典教化活动而言,其形而上理想的实现完全是建立在对人类能够不断进步这一默认观念基础上的。于此而言,历史进步论不再仅仅是一种观念,而是一种必然的原则与秩序,否则终极理想就完全失去了存在的场域,教化实践在现实生存与终极理想之间搭建的路径也就不复存在。这样一来,教化的效用就仅对人的生活起作用。虽然依旧能够在政治秩序与伦理秩序的建构上发挥效用,但是这样的教化其本质由认同变成了规训。也就是说,终极理想的丧失导致了教化中暴力因素的彻底显露。人类的生存虽然不能够与暴力分离,却不能完全依靠暴力形成秩序,理想和希望应该继续作为凝聚人类力量的重要的精神推动力。

第二节　现代教化的虚无化倾向

一个时代的特征从表面上去总结完全有可能呈现出矛盾状态,需要将这些缠绕于人们现实中的那些事实现象进行区分和辨析,如同把一捆混乱的麻绳解开。从当下全球化的态势分析中能够看出现代性包含的诸多问题。在现代性问题的研究上,哲学家们将其表现与影响称为现代性危机。因为涉及现代性对普罗大众现实生活的积极影响与消极影响，所以那些导致了现代性危机的原因以及现代社会的未来走向必然预先渗透到人类的教化活动中。需要明确的是，现实世界中的两类教化系统，宗教教化和政治教化，在面对时代更替以及生活、生产方式的转变上，前者表现得更为保守和消极，而后者则紧跟时代的转变。这种区别是必然的，宗教教化的根本目的是终极理想的实现，现代社会瞬息万变的世界局势显然为宗教的发展增加了更多的不确定性。而政治教化以当下的现实利益为导向，更容易在人类生产、生活、交易、交际的现实世界里扭转原本教化活动的倾向和目的，去利用教化的影响力达成。这两种教化类型的变化加剧了从传统教化中建立起来的价值体系的虚无化进程。

一、传统教化及其价值虚无化的现象

相较于古典教化活动而言，现代教化活动在人类精神范围内部和对人们生活的占有程度上是呈缩减趋势的。这是由于随着教育的普及和政治体系的转变，以及社会科学方面的研究，越来越多的人对社会、政治、宗教、心理包括人类自身有了越来越丰富的认识。虽然人们还是在自己的家庭、地区、国家或宗教内部接受主流教化的影响。但是，现代社会的人们能够获取到更广泛的信息，甚至可以将几个不同的教化系统进行比较研究分析。加上现代政治中"自由"观念至关重要，这就意味着人们有权利也有能力去拒斥自己不想接受的教化而重新选择一种新的教化系统。

(一) 存在感的获得与娱乐至上

人类将对存在意义的追寻转换为了对存在感的获取。知识时代、消费时代和信息时代的来临,让人们在生活中每个时刻就能够获取到更多的存在感。知识的获取和运用、商品的生产与消费以及信息的生成与传播已经过多地占据着人们的肉体和精神,它们满足于人们对存在感的需求。存在感需求的增加又继续加快人们生产与生活的节奏,这使得人们大部分的时间和精力都要运用到当下的生活之中。人们对当下投入的精力过多,就可能不会寄人生的希望于遥远的万世万代,而是将主要的人生诉求诉诸与付出相符的回报、社会的公平公正与个体权利的保证。这些诉求都具有"当下性",甚至可以说是"先在性"。人们追逐的梦想由被他者许诺的理想变成了个体参与社会生活的权利和保障,甚至是需要先在于个体参与社会之前的规范和原则。当下的生活给了人们的生活新的意义,生存环境也能够促使个体发挥自己的价值。

人们在古典的宗教教化中获得心灵抚慰,而娱乐性生活的多样化与大众化使得人们的情感发泄有了出口,对现实的愤恨和不满也有了新的纾解方式,人们能够从现实中获得的肉体性和精神性的快乐越来越多。当下的生活成为乐趣,未来理想对生存所发挥的支撑作用也就降低了。在现代社会,伟大的理想、无私的奉献和高尚的人格依然是人们赞赏的对象,依然是价值体系中最高的取向。但是在古典教化中与上述高尚价值相对的肉体快乐、欲望渴求却有了越来越宽松甚至是鼓励性的环境。压制欲望反而会被看作是不健康甚至是不道德的生活方式。

我们当下所处于的信息时代是一个更加关注"当下"的时代，也是一个能够让人们获得大量存在感的时代。消费主义的出现不仅仅是一种教化的结果，实际上还隐藏着人们对生存意义的需要。只不过倡导消费主义的商人巧妙地将生存意义转接到了商品上。造物与消费既然会大规模地流行开来，说明它给人带来的快感满足人的心理需求。一方面，消费、购物在个人看来是符合自我的现实性活动，自我的意识在消费的过程中体现，即便消费往往是被诱导的。但是相对于宗教教化和政治教化中的诱导部分，消费活动还是能够更大程度地展示人的自主权。另一方面，对物的占有和掌控是个体存在感的重要来源。正是现代科技增强了人控物的能力，才使得人有机会摆脱神的控制。所以，个体的存在感需求也同样需要通过控物来满足。可以说，在商业时代，消费是最容易获得存在感的方式之一。

　　信息时代借助的主要工具是互联网，互联网技术为大众开放出了可以发表自己想法的平台。中国传统社会需要依靠读书了解的"家事国事天下事"，在网络平台中实现了"事事皆知"。并且在当前的网络环境中，大众可以直接获知他人的家事、他国的国事和真正全地域意义上的天下事。在信息交互平台分享生活、发布新闻、获取收益成为目前现代社会的一种较为重要的生活方式。以新闻为例，新媒体变成了人们获取新闻最主要的方式。但是，新媒体呈现新闻的方式将原本就很注重时效性的新闻行业逼促得更为紧张。报纸媒体和电视媒体的新闻更新失效一般可以按照"天"来计算，但是一个新闻网站或新闻媒体需要以小时甚至是分钟进行内容的更新。并且由于互联网新闻媒体的读者面向是全民性的,完全打破了新闻传播的地域限制。加上信息交互平台对关注度的需求,导致整个新闻媒体平台集中发布相同的新闻事件,根据事件本身的受关注程度,一些新闻会立刻获得全民关注。

这样的信息交互媒介改变了人们获取信息的方式,也由此改变了人们生活中的诸多内容。人们的沟通交谈在很大程度上被平台集中关注的事件"支配",一些新闻事件从发生到结束的全过程可以说是"全民"参与。从信息的获取到日常的生活,人们都被"当下"的信息所支配。① 这种支配着人们的"当下"对人们生存方式的影响实际上已经远远超过了人们希望享受的那个"当下"。

(二) 道德相对主义

道德相对主义以及价值相对主义的出现是可以理解的。康德在进行道德研究时曾将道德界定为经验性的事实根据与从先天原则出发、被限制在一定知性对象上的道德形而上学,并认为建立道德形而上学的必要性是因为"只要缺乏正确的判断道德的那条

---

① 雅斯贝尔斯在谈及"过去"的有教养阶层的消失时谈及到了群众秩序的问题。雅斯贝尔斯认为群众秩序中的人在现实中缺乏整全的精神追求,所以导致了信息的"短平快"。"群众中的个体很少有空余时间,他所过的生活也不同整体相适应。他并不想要作出什么努力,除非有一个具体的目标,并且这个目标是可以用实用价值的词语来表达的。他不会耐心地等待事情的成熟,每一件事情对他来说都必须提供某种当下的满足。甚至他的精神生活都必须服从于他转瞬即逝的快乐。正是出于这个原因,文章采取了通俗形式,报纸取代了书籍,散漫随意的阅读取代了对那些能够陪伴终生的著作的仔细研读。人们的阅读快速而粗略。他们要求简明,但不是要求那种能够形成严肃思考的出发点的简洁与精炼,而是要求那种迅速提供给他们想知道的内容并能够同样迅速地被遗忘的资料的简洁。读者同他的读物之间不再有精神上的交流。"(参见〔德〕雅斯贝尔斯. 时代的精神状况〔M〕. 王德峰,译,上海:上海译文出版社,2020:116.)

导线和最高规范，道德本身就依然会受到各种各样的败坏"。① 不论康德作出此种判断的根据是什么，这个判断本身揭示了人在现实生活中的一个根本性的道德难题，这个难题或困境在今天表现得尤其明显，即确实存在着一部分人认为自身的道德信念或自己所接受的信仰理论来自有着正确判断道德的那条导线和最高规范的教化系统。因为他将自身拥有的和追求的道德信念作为最高的，所以很轻易地会认为那是唯一的进而会使人们相信它是唯一应该存在的，而其他的都是邪恶的、低等的、卑劣的。即使是理性的哲学家们偶尔也会产生如此观念，更何况普通人与政客。有的教化系统会直接在教义中拒斥其他信仰理论存在的权利，有一些会在论述或表明自身的信仰理论过程中展现自身文化的包容，但这种"包容"带着内在的优越性，即我（信仰理论）拥有"包容"这样一种高尚的道德品质，越对其他的信仰理论表现出包容共存的态度，其由此所获得的道德优越感也就越强。

当然，是否存在包容其他信仰理论的态度在于其信仰理论本身的特性。不过，可以明确的是，在传统社会，在拥有较发达文明的区域，除了哲学家和思想者，几乎不存在主张多样性和多元化的社会角色或阶层，这是由古代社会的政治样态和人类生存条件决定的。进入现代社会以后，哲学家在对人类行为的省察中明显意识到多元化的社会进程。在道德方面，直接表现就是价值多

---

① ［德］伊曼努尔·康德. 康德著作全集（第四卷）［M］. 李秋零，译，北京：中国人民大学出版社，2013：396 - 397.

元化与道德相对主义，这种流行趋势即使是普通人也逐渐察觉。但是多数人并不是在察觉中反思，而是在察觉中行为。也就是说，人们的行为倾向使这一趋势不断增强，即使在当下这个道德反思层出不穷的时代，道德相对主义的困境也仅仅存在于反思之中，而道德相对主义的真实依然在现实生活里，并且逐渐获得了大量的言语方式进行装饰，从而被大众视为是无比正确的价值观念，应该更多地加以宣扬。进而在道德领域，价值多元导致的道德相对主义观念成为足以使人获得道德优越感的来源。

在现代人的政治意识和生存观念中，多样存在具有合理性。就当下而言，其合理性的绝对值仍在继续增加，最强烈的表现是人们意识到价值多元成为一种"政治正确"，这意味着新的生存观念已经拥有权威性。但是，现实境况却发生了一种过度状或偏斜状，即由于人们没有很好地确立行为边界的能力，导致"多元存在"的合理性被置换为"任何存在"的合理性，在面对现实生活中的诸多突破底线的事情时，人们常常用"存在即合理"和"道德绑架"等话语或心态去拓宽社群生活中允许的行为边界。实际上，价值多元是人类平等与自由的必要前提观念，但是，当下的社会现状是由这一观念的曲解使得社会的舆论机制逐渐被剥夺了道德审判与裁夺的权力。

对于社会环境应该给予人的那部分教化功能，当下可以说正处于机制紊乱的状态：舆论依然能发挥作用，但是由于价值多元和道德相对主义的作用，人们在面对社会事件时不再相信自己原有的价值观念，也对自己的道德判断力产生怀疑，这种状态对于个体道德信念和道德价值的养成来说是非常不利的。人类社会目前呈现的价值观念的趋势是，多元价值观的优势还没有得到很好的施展，但是由其推行而衍生的问题却已经来势汹汹，使人和社会都有了一种难以招架的"糊涂感"。这样的社会现状早已引发学者们对教化问题的关注，多数人会认为是教化的缺失导致的。可是，这个问题需要继续深化下去，以梳理出背后隐藏的真正原因。

（三）文化多样与生存方式的趋同

当下，人类社会呈现出来的流行观念态势是教化的结果还是教化缺失的结果？按照中西方一些学者的观点，现在一些道德困境、道德危机的产生是由于教化缺失造成的。这种观点是具有合理性的，但是需要明晰，此处的"教化"指代的是古典传统道德教化。学者们是在以古典教化作为标准的参照下认为现代教育中缺乏教化的环节，使得人在人格养成的过程中有了某种缺失。如果不去考察古典教化文献中的观念，而是去回顾已经过去的人类发展阶段就可以得知，在多数社会的被统治阶层中，无法接受教育的人要远远超过接受教育的人，更何谈去接受古典教化中的那些有益思想。① 古代社会的道德状况同样堪忧，否则道德教化也不

---

① 雅斯贝尔斯表述过"教化的普遍降格与能力的专门化问题"。"在群众秩序的生活中，大多数人的教化倾向于迎合普通人的需要。精神因其散漫于群众之中而衰亡，知识则由于被合理化地处理到让一切浅薄的理解力均能接受的程度而贫困化了。这一普遍降格的过程，表明了群众秩序的特征，造成了有教养的阶层消失的趋势，这个阶层中的人曾是由于连续不断的思想与情感的修养才造就的，他们因此而被赋予精神创造的能力。"（参见 ［德］雅斯贝尔斯. 时代的精神状况［M］. 王德峰，译，上海：上海译文出版社，2020：115.）雅斯贝尔斯对其所处的时代的精神衰亡的分析是有道理的，但是需要注意到的是群众理解力的浅薄以及有教养阶层的精神思想培养都不完全是先天的，还包含着阶级差距和社会等级背后的诸多因素。群众不应该承担某个时代精神衰亡的责任。

会在人类的教育行为中越来越被凸显出来。古代社会接受经典道德教化的人是统治阶级、贵族阶层。普通的民众虽然不是完全被排除在外，但是统治阶级对其没有人格修养上的要求，更多的是对于顺从和忠诚的需要。

但是在现代社会，受教育是每个人不可剥夺的权利。现代社会需要加以教化的目标群体已经同古代社会不同了。多元价值观念的输出与输入在今天具有全民性。现代教化的缺失可能实际上是另一种状况，即教化本身的改变。也就是说，现代教化中存在的问题不能简单地视为是古典教化的缺失，其实质原因是人类生存方式的改变。人类生存方式的改变意味着人类无法回到古典社会，也就从根本上切断了恢复古典教化的可能性。

现代社会中的很多流行观念以及那些侵入人们日常生活中的新文化，在很大程度上正是通过现代教化导致的。多元价值观念的流行在很大程度上要归功于人类的教化活动，多元价值观念的出现实际上是人们的生存方式和生存领悟发生了变化。与古代社会相比，现代人的生存方式是在较短的时间内被改变了，但是根深蒂固的文化传统是难以突然之间改变的。人类新的生存方式不再是由一种文化类型引导，全球化进程使影响某个群体生存方式的文化类型增多。群体内部的文化观念和价值观念受到了很多外来文化的影响，人们了解到世界上的生存方式和生存秩序并非只有简单的一种或几种。众多的生存方式和生存秩序都有其合理性。

虽然多元价值观念的存在增强了人们对文化类型和生存方式的包容性，但是人类的生存方式却开始表现出某种程度的趋同。

简单来说，是现代化的生活方式导致了这种趋同。需要进一步深究的是，生存方式上的趋同到底是什么生存内容的趋同，是经济政治欠发达地区向发达地区的趋同，还是人类出现了一种新型的生存方式。当然，全人类的新型生存方式可能首先出现在发达地区，但是两种说法实际上存在本质差异。如果现代化的人类存在方式是欠发达地区向发达地区趋同，那么这意味着现实生活中的不同文化类型依然存在着严重的等级差异。这种严重的等级差异由经济和军事实力决定，一些文化类型或教化系统最终会在人们趋向"先进"和"文明"的过程中被取代并消灭。先进的文化类型依然会保持它的"文化极权"，这显然是与当前现代多元观念相悖的。

这样的趋同会使人们认同经济政治发达的地区就是人类文明的最高成果。在价值取向上，众多的国家和民族最终都会同经济发达地区的文明成果趋同。虽然人类生存方式趋同的原因未必完全是这样的，但是这种观念也确实存在于现代社会之中。也正是因为如此，传统到现代的文化转换才会被看作是民族国家的桎梏。因为人们既不想丢弃历经漫长历史逐渐走来的文化传统，但是又不知道自己的传统是否会阻碍追赶"文明成果"的脚步。实际上，每个群体性组织自身的传统汇聚在一起才是人类的存在史，并非仅有政治经济最发达的地区的历史才是人的存在史与发展史。人们总是想要能够更清晰地知道自己这一"类"人的来路和历程，知道今天的人们是如何被造就的，那么就不能够放弃自身的传统。虽然，现代生活与传统文化留下的观念存在相悖之处，但如果说否定自身的文化传统去认同另一种文化类型，就相当于否定了原本群体中的类意识以及由群体类意识产生的文化。对自身文化传统进行彻底的否定难以与人的心灵本性相和谐，这样的行为会引发人内心的挫败感和负罪感。如果人的内心对于自身的文化传统的留存毫无感觉，那么也许人类早就已经实现了生存秩序的统一。传统与现代之间的难题不是根系在传统与现代相悖的生存方式上，而是根系于人类的生存需求上，更具体地说是人类的精神需求。

（四）人类对未来生存方式的迷茫

新的生存方式与新的生存领悟必然是齐头并进的。就近几百年人类的发展趋势来看，对欲望的理解与释放逐渐成为一种重要的生存领悟。欲望在古典教化中受到极力的规范和引导。但是在现代社会，传统教化中的那些禁欲式的教化被视为是陈旧古老和不人道的。而在过去，那些负面的、不被接受的言语方式和行为方式在社会道德体系中的位置不断上升，甚至人们对它们的评判性质也发生了颠倒，这使得人们逐渐对传统的教化方式失去了耐心和信心。①

---

① 在对现代教化进行批判时，雅斯贝尔斯对于人们对"新知识""新观念""新事物"的追求进行了批判，认为正是这些导致了人们放弃了传统教化。"如今，教化意味着某种永远不成形式的东西，某种以奇特的强烈程度出自空虚而又迅速返回空虚的东西。众人的价值判断形成典型。人们迅速地厌倦于他们已经听说的东西，所以不停息地猎奇求新，因为没有其他东西能够激发他们的想象。凡是新奇的东西都被当作人们正在寻求的最重要的知识而备受欢迎，但随即又被放弃，因为人们所需要的都只是一时轰动。渴求新奇的人充分意识到自己生活在一个心世界正处于形成过程中的时代，生活在一个历史不再被考虑的世界里，因此他老是不断地空谈'新事物'，好像新事物就因为其新而必定是有效的。他谈论'新思想''新的生活观念''新体育''新的客观性''新经济学'，等等。任何东西，只要是'新的'，必定具有肯定的价值；如果不是新的，便被认为是微不足道的。"（参见［德］雅斯贝尔斯. 时代的精神状况［M］. 王德峰，译，上海：上海译文出版社，2020：116.）

在现代社会接受政治教化或国家教化的人们大多能够意识到，这是一种意识形态的教育。这种教化在现代社会可以依凭的媒介变得多样，媒介本身对人的影响也有了非常大的改变。例如，放映机、电视机、电脑、VR技术等信息媒介在物质形式上的变化，以及电影、影视剧、纪录片、公益广告（甚至包括商业广告）等内容在表现形式上的日渐丰富。这些变化必然会对教化活动起到非常大的助益作用。① 它们以生动、多彩、真实、传神的视觉影像直接刺激着人们的感官，成为承载教化内容的新方式。由于现代人被上述信息传播媒介越来越多地占据了日常生活，大体看来教化活动似乎可以利用这些媒介更大程度地介入人们的生活、影响人们的思想与心灵。现实中，教化活动也的确以新的多样化的媒介传递自身的精神指向和意识形态。在这个教化方式现代化的过程中，教化系统和教化团体的目的没有发生改变，依然是以"认同"为需要和目的，只不过在获取他人认同的方式上变得多样。

　　但是，媒介的现代化不仅仅属于教化方式，这种改变使得任

---

① 影视图像作为教化的一种信息传播手段，并非仅仅对教化实践起到助益作用，也可能会造成对教化系统的教义等内容造成曲解。雅克·古特维特在《从圣言到电视图像——电视福音派与教皇约翰—保罗二世》一文中阐释了图像尤其是电视图像对基督教传道的影响。印刷术、广播、电视相继引发了基督教宗教启示传布和接受的重要震荡。与现场的宗教仪式相比，雅克认为广播与电视减少了宗教启示的现场亲历其境的参与感。但是，广播和电视的出现也使得天主教和新教的一些布道者迅速地面对广大公众。而电视台等媒体作为各方盈利的手段与喉舌，经常会参与教派之间的斗争，不仅不利于传教还会引发民众的厌恶。电视作为传教的一种手段，不仅需要注重语言上的修辞，还引发了传教如何使用镜头语言的研究。"这导致了电视福音主义者角色的强烈的人格化"，容易产生个人崇拜。雅克看到了电视传播福音的优势，但是也担忧这种传播方式会在多大程度上曲解基督教的福音内容。（参见《第欧根尼》中文精选版编辑委员会. 圣言的无力［C］. 北京：商务印书馆，2007：64-80.）

何一种以获取他人认同为目的的信息传播越来越多地呈现出来。尤其在新媒体（自媒体）时代，随着媒体工具的简化和普及，信息传递成为非常容易的事情。教化活动（包括具有强烈政治目的的意识形态教育）受到越来越多的"干扰"和"阻碍"。当然，其中的干扰和阻碍对人类的存在而言不仅仅是负面的，也包含很多推动人类更新生存方式的新观念，并形成思潮。但是，在整个的过程中存在着一种现象，即随着越来越多的个体意识到政治教化对他们作有目的的引导以后，对教化愈来愈展现出一种排斥的态度。尤其是随着个体接收到的信息越来越纷杂，个体精神塑造的来源就会变得越来越多。此时，教化活动就容易陷入一种被动的境地。教化系统所采取的传统教化方式被现代人排斥，甚至产生逆反心理。非常典型的一种传统教化方式的境遇颠覆就是"说教"或"教说"。在传统的宗教教化和政治教化中，说教是主要的教化方式。原因是显然的，说教的活动成本低、易于实行、效果显著。不同于仪式以氛围获得教化成效，言语的方式是更为清晰直接的教化活动。

但是到了 20 世纪以后，说教开始被知识分子贬义处理。① 开始的阶段，可能还会详细地形容与界定，例如"空洞的说教"、"生硬说教"等，用以区分纯粹说教行为与应该拒斥的说教之间的区别。但是，就目前而言，说教、道德说教的出现和运用，在许多情况下已经直接变成了负面的意义。当这样的词语以及说教行

---

① 在可查的文献中，说教的贬义含义出现在柯岩《特邀代表》三："惩罚和空洞的说教都是教育无能的表现。"

为本身出现在人们的生活中时，人们会感到反感和排斥。这种反感和排斥已经变成了一种集体情绪，以至于影响到正常的教化活动。甚至有的人会对那些严格按照教化要求行为的人投以鄙视的目光。这些现象都意味着人类的教化活动在当下面临着极大的挑战。人们似乎建立起了一种大众观念，即教化的结果是顺从与认同。而自我独立意识的树立需要个体拒斥教化。这种观念来自教化就是压制人思想的认识。

第三章已经讨论了教化与自由意志之间的关系。实际上，人们认为教化所要求的认同与顺从与个体自由之间的对立往往来自现实中教化权力的滥用。从教权滥用的角度说，教化极大地压制了个体思维的自由发展。权力的滥用问题一直是关乎人类生存的核心问题之一。教权的滥用在很大程度上影响了人类的生存方式。人类要首先解决的不是教化与自由之间的难题，而是教化权力滥用的难题。

二、传统教化及其价值虚无化的原因

对传统教化及其价值虚无化现象的说明就已经包含了虚无化的原因。但是，现代社会中的一些其他改变也不能够被忽视。这些被归为原因的说明本身就是传统教化虚无化的现象，它们的出现影响了人类的生存秩序，改变了人类的生存方式，或者说它们的出现意味着人类生存秩序和生存方式早已经渐渐改变了。这些现象和原因未必会造成人类未来的生存危机，但是它们中的一部分以及所引发的现象的确引起了人们对未来的恐慌和担忧。

（一）传统政治教化的落寞

古希腊为热爱政治的人提供了雄辩的场所。西方古典的政治教化是演说家式的政治教化，演说家式的教化生成于教化者对受教者的征服欲。"演说家所希望得到的群众应该是这样的群众：他们易被感情所激动而不善于思考，他们起初充满恐惧而后又充满着仇恨，他们不耐烦使用缓慢和渐进的办法，他们既被激怒又满怀希望。"① 如果是演说家式的统治者掌管教育，"他的教育内容将是交替地实行严格的训练和集体陶醉"。② 到了罗素的时代，演说家已经成为旧式的人，"以机械装置为权力基础的人是新式的"，"一个曾受过专门技术训练的寡头政治集团，由于掌控了飞机、战舰、电站以及摩托运输工具等，就有可能建立几乎无须笼络人们的独裁政权"。③ 这种说法虽然比较局限，但是有其合理性，也为传统教化落寞的原因提供了新的角度，那就是政治权力或统治权力来源的合法性问题。在现代社会，政治权力的合法性依然需要道义的支撑，但是这种支撑不再来自君权神授，而是来自集体意志或集体同意。现代的人即便不知晓政治、权力、政府的具体概念，也知道它们是如何产生的以及它们存在的目的是什么。虽然现代社会秩序无须传统的政治教化发挥作用，但是却比传统政治更大程度地在乎民意和民志。这种结果完全是由政治体制的改变所导致的。不过，传统政治教化的落寞不意味着政治教化的彻底

① ［英］伯特兰·罗素. 权力论［M］. 北京：商务印书馆，2019：22.
② ［英］伯特兰·罗素. 权力论［M］. 北京：商务印书馆，2019：22.
③ ［英］伯特兰·罗素. 权力论［M］. 北京：商务印书馆，2019：22.

失落。在现代社会，政治教化更多的通过意识形态教育、公民教育、民族主义教育等形式进行。

现代的政权制度不同于古代社会。国家的本质被揭示出来，人们不再相信任何一种政权制度还能够承载道德的重负，或者说还能够帮助人们完成人生意义上的终极理想。就当下来说，宗教教化和人文教化依然还能承担这个"初心"。国家成为一个仲裁机器，它的作用更多的是保障人们的经济生活、政治生活和文化生活的有序。与国家紧密相伴的行为边界设置是法律，而不是教化。对于现代社会的个人而言，国家身份（政治身份）是一个人社会生活的基本身份。社会中的多数人都明白自己所生活的社会集团是利益的共同体，也明白自己接受的政治教化的目的是为了使国家政权获得普遍的认同。在现代社会，教化萎缩成道德教化和公民教育是必然的。国家的政权认同成为意识形态教育的一部分。宗教教化边缘化。虽然世界上的宗教信徒依然占据全部人口的大多数，但是宗教在这个时代里逐渐丧失了与国家政权的紧密关系。宗教信仰成为一种个体选择，在政教分离的国家，自由的选择宗教信仰是一项基本的政治权利。

自由、权利、平等、民主等现代概念以及社会对个性的包容影响了现代的教育和社会环境，使人们开始对"顺从""谦卑""恭顺"等观念和行为显示出抵制和拒绝的态度。关注人的情感欲望、彰显个体的不同性格、追求群体内部的平权平等，这些成为现代社会的行为趋势。甚至在一些多党制国家，党派为了拉拢某一群体的支持也会越来越趋从于这些观念。现在人们戏称赞同这些观念的行为是符合"政治正确"的做法。在"自由"占据了主流思潮的当下，社会中的多数人好不容易有机会触碰一下"自由"，自然不舍得再将它还给谁，即便自由的放纵容易带来道德的败坏。凡是对自由的压制都被人们视为是为了极端自私、不可见人的目的对普通大众所采取的压制。从传统社会中建立起来的"精英"和"权威"也受到了自由思潮的波及。

可能就如同理查德·道金斯的"meme"概念，"自由"也是某种文化基因，通过人脑宿主的传播逐渐获得强大的存在力量。在传播过程中，它很容易被赋予人们头脑中臆想出来的性质和内涵。自由的边界正是在不断传播的过程中变得模糊不清。在现代社会，外在行为的边界是由法律圈定的。在涉及法律底线的行为内，如何行为被看作是个人的权利。任何个人、集团、机构都不能干涉法律允许的个体行为，否则就侵犯了他人的自由权利。这就同古典教化产生了冲突，古典教化的一个明显特质就是教授给人们应当与不应当之事。

虽然现代自由主义的教化本质上也是如此，例如不应当干涉他人的选择，每个人应当有平等的机会等等，但是直接的教条教义不再受到人们的欢迎，接受程度大大降低。人们在接受了每个人应该有权利做自己的选择和不应该干涉他人的自由以后，就开始以此为基准信条，其他那些涉及道德准则的价值取向都成为"可取可不取的"。而传统道德教化中那些"利他"的教义在现代教化中被大大削弱，这就使得道德不再是修行的重要环节，由道德修行作为路径的终极理想的实现也不再是人们的关注点。道德被仅仅认为是维护社会秩序的必要手段，它的必要性由原来的个人必要变成了社会必要。那么对于个体而言，施行道德之举就不是对他自身而言必须的事情，或者说他认为行道德之事不再能给他带来直接的好处。大家都寄希望于他人行道德，内心对于道德的认同感也大大降低，只能依靠社会舆论与风俗习惯对人的行为边界进行圈定，内心信念作为促使道德形成力量逐渐地下降。

(二) 现代法治的秩序新构

现代教化体制是融合在教育体制内部的。除了某些地区的宗教教化系统以外，其他教化团体都有了较大的改变，它们在政治上需要完全服从于国家作为最基本的权力机构。国家需要法律作为支撑。法律规范成为人们行为方式的基本规范，法律设置的行为底线也就成为一个人行为的应有边界。与古代社会相比，人的行为边界实际上扩大了很多。只要不违反法律，道德的约束力和舆论强度都被削弱了。这也是为什么有学者认为古代社会（中国）的秩序是依靠教化建构起来的，而现代社会的秩序是依靠法律。[①] 将古代与现代作为两种不同的秩序建构方式区分开来，是因为传统社会的教化主要是人们在道德伦理行为上的规约，即使是政治教化，其现实内容也是依靠着道德体系建立起来的，例如忠君、爱民、爱国等，都是合于道德要求的行为。但是到了现代社会，法律成为人们行为边界最权威的边界设定，甚至在很多具体情境下，法不容情，法律与道德会面临矛盾尴尬的两难境地。而

---

① 费孝通. 乡土中国 [M]. 北京：人民出版社，2017：67.

当这种时刻发生时，法律则是更权威、更不可挑战的一方，并且，对法律的尊重与坚守已经成为现代国家和政党教化系统中的重要内容。

世界的脚步在人类道德发展进程和个体精神境界的探索上变得缓慢。这种缓慢发展的阶段对于教化而言是全方位的：

首先，国家秩序的维系最关键的是法律，这使得道德教化与政治教化的结合变得没有古代社会重要。而古代政治集团的建立需要在天道、上帝、宇宙、自然中找到依据并获得人们的信任，所以古代政治教化与道德教化往往是一体的。而现代政治集团的成立更多地依赖于合法性和民主性，且这样的进程还处于蓬勃发展阶段，现代道德教化对人的道德境界也没有了明确的要求。

其次，教化系统中的教化阶层在道德进程与精神境界的探索方面也放缓了步伐。现代科学在人文社科方面的运用催生了社会学、心理学、语言学等对人的思维、情绪、语言、行为进行深入细致的研究，并建构出理论。这些知识甚至可以将教化活动中的教化方式、教化内容作为研究阐释的对象，教化系统建构理论的过程由原本复杂庞大瑰丽的思想工程被现代科学的认识方法拆解和评判，尤其一些教化系统的信仰理论中原本涵盖的不可置疑、不可诋妄、不可亵渎的权威性被削弱了。更多教化系统的教化阶层如今都在积极求取教化系统与现代社会的融合，以保有自身的存在与发展，古今变局是每一个教化系统都需要面对的现实危机。

最后，除了政治集团和教化阶层以外，受教者在自身精神境界的提升修行问题上相较古代社会也更为散漫。当然，这是针对受教个体中存在的最高修行目标而言的,与上文表述过的原因相同,即当人们开始将关注点致力于研究人类行为的底线时,道德的高尚在世俗生活中就会逐渐成为奢侈品,而教化活动的关键目的也由形而上理想的实现逐渐缩减为道德教化的成效。[①]

(三) 人类价值评判标准的改变

虽然现代社会一直在强调人的素质教育,追求精神世界的平等与充盈,但是同古典社会主流的德性教化和政治教化相比,现代社会的教化明显是事实的教化与知识的教化。事实的教化使科学成为新的王,而知识的教化使个体价值评判的标准由德性转变为专业。现代社会需要技术的专业化、理论的专业化、行业的专业化,这些专业化的根本是人的专业化。虽然,现代社会的生存条件明显更有利于人的全面发展,也为人的兴趣爱好开创了广泛的空间,但是专业性的人生价值评判标准逐渐改变的是人类的伦理秩序。这种改变可能会导致人类在文明和文化层面上的本质类型的改变。

这种改变在当下看来,似乎是推动社会朝向更加平等的方向发展,但存在着很大的可能将重塑人类的等级秩序。并且在新的等级秩序中,人的丧失可能会成为新的问题。这是因为,德性是属人的,德性的存在与彰显必须通过人来完成。在以往和现在的社会中,实际上可以看到两种等级秩序,一种是社会等级,一种是德性差异(工夫次第)。在任何一个文化类型中,这两种等级秩

[①] 虽然法律规范作为人的行为底线与高尚的道德行为成奢侈品之间不一定存在因果关联,但是作为一种社会现象,两者是相伴而行的。

序都不是完全重合的或完全独立的。但是，专业化成为了价值评判，专业化是不完全属人的存在。机器、产品、机制等等都能够体现专业化，并且在越来越多的行业中出现了能够替代人类工作、专业化极高的"非人"。一旦专业化完全取代德性和文化成为评判人类价值的标准，那么就存在着机器的等级超越部分人的现象。也就是说，专业化程度较低的人会在社会中受到歧视、处于低等级状态，受到尊重的程度甚至会远远低于专业化程度高的"非人"。

虽然，现代社会一直主张人文关怀，但是一个人的尊严在很大程度上来自他在社会中所处的等级。原本，在价值评判来自德性时，社会政治和经济地位处于中下的人依然能够通过自我修养实现德性等级层次上的提升，以获取尊严，但是专业化的价值评判标准将这一条路径变得越发狭窄。可以说，功利主义虽然看起来总是最大程度上的道德，但是"最大程度"也成为加快人类"发展"欲望的动力。伦理学上的经典悖论难题大多是关于价值抉择的困难，例如电车难题、轮船难题等。在这些困境中，人们很难找到理由去放弃更为利好的一方而去选择只能满足人们道德情感需要的一方。但是在现实中，这一方往往是更为弱势的、需要保护的。将功利的价值取向落到现实社会就会发现，发展的速度与财富的积累被视为是对大多数人、对整个社会利好的。即使社会、组织、国家、集体是强势的一方，在功利主义的驱使下，人们依然会选择继续加快发展国家经济、科技、政治等方面的对抗性实力。

古典德性教化不能简单地等同于道德教化。道德是实现教化系统和教化团体终极理想的重要路径，但是道德在教化系统内部是一个具有特殊性和模糊性的概念：特殊性是因为不同的教化系统内部的道德规范是具体的，模糊性是因为道德作为一种价值判断的标准是不精确的。古典教化的终极理想建构在个体身上的实现是一条"进阶之路"，由普通个体通向终极理想需要的不仅仅是按照道德规范行事，而是精神境界的提升。这是古典道德教化与现代道德教化的根本区别之处，两者的核心目的经历了从形而上到形而下的转换。现代道德教化的核心目的是使受教者遵从道德规范，以使整个社会和谐有序。而对终极理想或境界的追求由教化团体的目标变成了真正的个体"自由"。一个人的精神境界和道德境界虽然依旧是价值判断的重要依据，高阶的精神境界仍然受到人们的赞扬褒奖，但是它变成了任由个体选择的事情。现代教化体制只关心他人的外在行为是否符合道德规范的要求，因为过多地干预他人的思想在现代哲学家眼中被视为是有害的、恶劣的、不道德的，这就使得干预他人思想逐渐成为一件不道德的事情，古典教化的灌输式的说教方式在现代社会环境中更多的是被批判和抛弃的。

(四) 教者与受教者关系连接的转型

在第三章类本性与教化关系的论述中，对教化者与受教者的类特性作了阐释。两者传统的类特性在现代社会正在瓦解，甚至消失，新的类特性会随着现代教化秩序的建立而逐渐形成。现代教化的虚无化是同两者关系的转变紧密相连的。教者的类特性由使命转变为服务。这显然是市场对社会决定驱力的出现而导致的结果，尤其是在教化的文明主导地位被现代教育接替以后，传统的教者虽然仍旧戴着人类领路人的光辉头冠，但是传统教化者的特性已经不再适合现代社会的教化。

　　教者与受教者之间不是单纯的师生关系，还包括统治者与被统治者、祭司与祷告者、先知与众生、拯救者与迷路人，等等。教者与受教者的关系也绝不是一句简单"尊师重道"就可以总结。从关系的建立到教化作用的发生，不同角色的教者承担了教化实践中的大部分责任。传统的教者的类型是使命式的，不论他们各自担负起了哪一种使命，他们的使命感与责任感是强烈的。可能从人的心理来说，人都存在需要别人认同的心理需求，而自觉领悟了世间奥秘和存在意义并树立起了终极理想的人往往更希望他人的认同与追随。所以，无论是从社会需要还是个体需要来说，传统的教者与受教者的关系都是等级式的、指引式的、崇拜式的、跟随式的。从内心感悟到外在仪式，教者与受教者之间建立的连接甚至是美的、悲壮的、神秘的，因为这些可以更多地激起来自人内心的一些不可言说又能被触动的东西。古老的教化者发现了它，并且认识到它虽然飘忽不定、不可表达，但是一旦在人心中生发出来又非常稳定，不易摧毁，甚至可以感染他人。

　　即便我们不属于某一个教化系统，也会常常对某些教者与受教者互动的仪式所蕴含的美与情有所感应，因为这是人类普遍共有的处于内心的部分。除了这样的关系连接，还有一种常见的关系就是规训式的，支撑在教者背后的是教化系统的暴力根据。教者向受教者传递教条、规范和禁忌，并对受教者进行监督和惩罚。

在这样的连接中，受教者的内心往往是恐惧的，恐惧于教化者背后的暴力武器，也恐惧于教义中那些会施加于自身的恶。有意思的是，这样的服从在很多时候也是受教者内心安全感的来源。人内心的恐惧是自然产生的，选择服从于一个更强大的力量能够使其获得安全感。规训式的关系实际上蕴含着受教者的恐惧感与安全感的混合。

但是，在教者与受教者之间，上述两类被主要凸显出来的关系连接在现代社会正逐渐消解。

关于第一种连接的消解情况：一方面，使命式的、悲壮式的、内在感动且带有美感的内容在现代社会出场的机会越来越少。宗教教化系统虽然仍旧是人类人口数占比最大的教化方式，但是现代教育方式已经成为人们获取知识、建立价值观念的主流，再加上现代教育制度中掺杂着意识形态教育，导致纯粹的宗教教化开始边缘化。即便是传统宗教的信仰者，社会的大趋势要求越来越多的人能够接受现代化的知识教育，这毕竟是现代国家增强国力、发展经济的关键性环节。另一方面，在大众文化发展日益丰富的今天，传统教化仪式从直接性的功能文化更多地成为一种演示艺术。虽然其传统的教化功能依然在发挥作用，但是其社会性功能由原本的教化目的逐渐转变为人文精神的留存、表达与传递。人们依旧为这样的连接而感动，因为它源于深层次的人性，但是这种连接的生成之源呈现出了萎缩的状态。

关于第二种连接的消解情况：一方面是市场、社会秩序的改变以及生存方式的改变，人们的意识也有所改变，尊师重道虽然依旧是社会的主流价值观念，但是市场将教育变成一种产业。教育产业改变了行业的内部结构，也改变了教师的生存状态。知识成为一种商品，教师的能力、工作也都成为商品。产业的需要催生出以"买卖"为核心内容的教育场所。原本的受教者变成了买方，他们出更多的钱，目的在于获得更多、更有效的知识和能力，以及在社会竞争中获取更多的资源与机会。而原本的教者此时变成了出卖方，他要向买方显出他的品质、能力、素养，这之后教者作为出卖方成为买方的服务者就是一件顺理成章的事情。另一方面，平等自由观念对教化中的等级差异产生冲击。原本教化者是教化权力的直接行使者，他们对受教者进行教化的权力是先在的。平等自由的观念越来越提倡原本具有地位差异的关系平等化。教化者与受教者之间关系的平等化在很大程度上能够保证受教者的尊严，也能防止教权的滥用问题。但是平等化以后教化实践的功能发挥除了更加考验教者的水准以外，也更加需要受教者的自觉性。

第三节　现代教化防御机制的建立

古典教化的落寞和现代教化的困境，以及由人类教化招致的种种灾难应该让我们意识到，需要建立一种机制来对教化本身发挥监督和防御的作用。人的本性中存在着对立的倾向，教化活动如果在人类发展过程中仅仅选择一种倾向作为引导人类心灵与行为的绝对准绳是不符合人类本性的。"绝对"和"永恒"实际上都是极端的表现方式。从教化系统的多样性与历史性上也能看出，绝对主义权威教化的彻底实现是不现实的。不现实意味着虽然在社会现实的发展进程中，这种绝对主义的教化是经常的、多数的，但是人类世界依然始终存在多样的文化。完全统一的全人类的教化至今为止还只存在于想象，甚至可以说是不可想象的。全人类的教化意味着权力的绝对统一、类本性的全然相似和人类理想的完全同一。但显然，自这三种人类生存方式的决定性因素诞生以来，就不存在上述设想的状态。就当前人类的发展形势来说，虽然现代化使人类生存方式的发展逐渐趋同，但是从文化传统和地域差异、政治分野来说，目前作教化大一统的假设是不可能的。

一、对普遍主义的警惕

由普遍主义到绝对权威的演化需要多久是难以回答的问题。但是普遍主义背后极容易出现权威暴力，而由绝对普遍和终极真实带来的暴力的扩张最容易发生在教化活动中。因为教化正是将特殊性上升为普遍性再传授给他人以使他人认同的行为活动。绝对权威的目的也是认同，并且是一种臣服性的认同。教化活动总是难以避免以这样的方式对人们进行教化，在一些经典教义中，甚至能够找到直接的臣服要求。

直接地拒绝普遍性的存在是不现实的。有关普遍性的观念既然已经在人类的头脑中出现并复杂起来，就无法将其再从人类世界中根除。并且普遍性观念依然是人类生存中的重要观念，社会秩序的建构依然需要普遍性规律的支撑。① 所以，对普遍主义的警惕实际上不是彻底反对普遍主义本身。引发人类灾难和恐慌担忧的不是普遍性，也不是具有普遍性的存在物，是由普遍主义产生的超越边界效力的权力。在教化行为中，表现为超越边界效力的教化权力。教化权力的滥用不仅仅是对于教化系统和政治集团而言的，任何一个具有教化权力的教化者都有滥用教权的可能。家庭教化、社会教化、宗教教化、政治教化、个体对个体的说教等等，任何一种教化类型、教化场所、教化方式等层面都存在着对教化权力的滥用情况。

在所有的教化行为中，家庭教化一般是个体自出生开始对其最先的也是影响最为深远的教化之一。即便是没有经历过家庭教化的儿童，家庭教化的缺失同样会对其造成深刻的影响。而家庭教化是滥用教化权力较为普遍的教化场所之一，家长的权力往往被认为是先天存在于父母子女的血缘关系中的。因为儿童需要得到父母的保护和庇佑，又需要受到父母的教导，所以父母先天地具有教化子女的权力。父母或家长如何教导自己的孩子是具有个体差异性的，不能要求所有父母按照统一的方式进行家庭教化。每一位家长都有自己的教化理念和教化方式。但是家长们的教化理念未必都是合理的，家长的品性也是具有个体差异的。由于权

---

① 对于一个共同体来说，"首要的问题不是自由，而是建立一个合法的公共秩序。人当然可以有秩序而无自由，但不能有自由而无秩序。必须先存在权威，而后才谈得上限制权威。"（参见［美］塞缪尔·P. 亨廷顿. 变化社会中的政治秩序［M］. 王冠华、刘为，译，上海：上海人民出版社，2019：6.）

力的使用会给人带来快感，品性不够坚定的家长如果不能意识到教化儿童应有的尺度，就会陷入教化权力为其带来的快感中。有一些家长会认为通过恐惧让子女顺从自己或遵从某一规范是非常有效的方式。一旦子女没有遵从自己，家长会认为自身的权力和地位受到了挑战，就会采取更加严厉苛责的方式对待子女，这些都是家庭教化权力滥用的表现。社会现实中，家庭教化权力的滥用并非个别现象。

家庭教化是人类全部教化实践的重要部分。它关切着个体的人格和价值取向，影响着个体同他人建立关系的方式。家庭教化的成效实际上深切地关系到社会秩序的稳定和谐。如罗素阐述的专横类型的人与奴隶类型的人，大多是在家庭教化权力的滥用下出现的。如果一个家庭中的教化内容有着过多的命令式教育，而缺乏温情善意的引导，社会中就会出现专横的人与怯懦的人。专横类型的人完全以自我为中心，缺乏包容性，在现实中往往希望他人服从于自己，希望他人将自己的观念和命令视为真理。这样的个性会导致家庭教化权力滥用的循环往复，因为专横性格的人成为家长后依然会滥用教化权力。而一旦专横类型的人掌握宗教的教权或政治集团的教权，也很容易发生权力滥用的情况。

如何防御权力的滥用实际上是相关于权力问题的研究。但是，这一问题需要从教化层面就开始对"普遍主义"和"普遍性"加以警惕和注意，要警惕教化中可能产生的普遍主义极权化。如果简单的设想，似乎只能通过警惕式的教化方式和教化内容来教化受教者。这是教化实践应该采取的警惕措施，在教化中警惕普遍主义的关键在于在教化实践的过程中设定边界。没有一种教化是必然地作为真理教化而存在的，每一种教化在现实中都处于意识形态的边界内，但是在教化内容上，许多教化系统将自身的信仰理论或意识形态当作真理来进行教化。教化活动产生排他性是一种正常的现象，而当教化系统或教化团体将排他性激化为一种毁灭性时显然已经远远超越了教化应有的界限。

需要思考的是，在教化系统的教化行为中设立边界是否是一种可行的警惕措施？为自身的教化权力和教化行为设立边界需要的是教化系统的自觉，在教化系统的信仰理论中需要对这一内容进行理论填充。如何促使教化阶层产生这种自觉意识是这一措施的难题。"危机教化"和"经验教化"可以作为一种推动教化阶层自觉填补抵御极端普遍主义的方法。即以其他教化系统源于发展极端普遍主义而"自取灭亡"的历史教训作为自身教化系统的危机教化，为教化团体内部的成员树立抵御极端普遍主义的意识。在哲学研究中，哲学家们认为无法完全拒绝普遍主义，所以有些哲学家提出了重复普遍主义、节制普遍主义等。这些哲学研究的目的实际上都是在警惕绝对普遍主义统摄人类的全部生存方式。教化系统亦可以通过这些研究挖掘可行的防御措施。

二、对虚无主义的抵御

虚无主义是意义的丧失，但并非全部意义的丧失。对于人类的生存秩序来说，最具危险性的是公共理想和公共价值的丧失。人们并不会因为虚无主义的盛行而感到人生失去意义并大规模自杀,但是公共理想和公共价值意义的丧失却会使得人类社会的秩序难以为继。长期以来使人们团结在一起的精神准绳一旦切断,人类的生存状态也就很难被预测。虚无主义导致人们对未来自身存在状态的恐慌。如果人类长久以来建构的社会秩序完全丧失了确定性,可以说这是对人类存在史的否定,也必然是人类智慧和理性的退步。社会的秩序未必会就此崩溃,相反,整个社会或许会建立起更为可怕的极端秩序。

人类的世界目前看起来是多元的、包容的、多样的。但是文化相对主义和道德相对主义导致的"怎样都行"实际上就等同于"怎样都不行"。这样的现象首先在社会的舆论环境中出现,因为人们缺乏具有绝对普遍的原则要求,所以任何人都有说"行"的权利和依据,任何人也有说"不行"的权利和依据。这就难以再形成具有普遍性效力的社会共识。一种可能的结局是社会秩序崩溃,但更有可能出现的结局是极权。同绝对普遍主义容易导致的后果相同,即便出现了短暂的秩序崩溃,人类的生存本能也会使社会最终走向极权。多元主义是一种对存在状态的认知,但是这并不意味着社会流行多元理论就代表着现实中的人会变得更为和善可亲。相反,多样的文化形态也在一定程度上加剧了群体性的对立和斗争。人们有说"行"的权利,同样也会有人对他们说"不行"。即便只是观念上的对立,双方的情绪就如同要将对方毁灭一般。

在现实的生存秩序中,由于人类总是要进行生产生活,也无法回到原始的环境中过原始的生活,社会秩序是人们生产生活必须的条件。如果绝对普遍主义是通过知识统摄或精神统摄来造就极权秩序，那么极端虚无主义就会通过直接的暴力建立极权秩序。因为在丧失道义性的意义价值以后，人类或许仍然要以某种组织方式共同生存，此时一方打击另一方完全不需要通过任何意义性的存在来作为支撑，只需要武力上具有绝对压倒的优势就可以，唯有将另一方毁灭才能让自身"怎么样都行"。极端的虚无主义不需要价值和意义，但是并非只有空无才是无价值无意义，凡是与人类原本的价值体系和意义需求相对立的东西都有可能在虚无主义的环境中变得繁茂起来。加之现代技术的发展，虚无主义的渗透已经无孔不入。调动人们的热情不再需要极具个人魅力的演讲来煽动，只要参与社会生活就能够被动地接受来自虚无主义对传统价值观念的解构。

虚无主义对日常生活的入侵体现在人们对存在感的追求和满足上。存在感是属于"我"的当下感受，现代社会中的人通过大量生产、过度消费、主张享乐、提出观点（信息交互平台）等行为来满足自身对存在感的需求。因为人们能够感受到虚无主义来者不善，或者说，人们对于存在价值和意义虚无化后的剩余和去向感到恐慌，恐慌促使人们产生了对安全感的需求。而在现代社会，安全感的来源变为对存在感的满足。以丰富充足的当下来对存在感进行直接性的满足，以此来应对精神中价值意义的虚空感。如何在教化实践中对教化虚无化进行警惕同如何在教化中警惕普遍主义一样，都是需要探讨可能性的问题。现在人们已经意识到了教化中存在的虚无化倾向。

对于教化系统来说，建立对虚无主义的防御机制，首要任务就是挖掘或寻找意义的生成根源。只有知道了意义的生成根源，教化系统才能够为持续激活它寻找方法。其次的任务是，教化系统需要能够保证自身的教化能够抵御外界对"意义"的质疑和批判，这就需要教化系统发展自身的辩护理论。除了上述两种任务以外，教化系统还需要防御自身的异化。教化的异化意味着教化初衷的丧失，即教化初衷和教化本质的虚无化。保有人类教化的本真性是抵御极端普遍主义与虚无主义的根本。

三、对于回归古典教化的批判

"青年人高喊回归浪漫的共同体、对抗理性的社会"，[①] 现代人的理性狂妄是一件值得批判的事情。事实情况也是理性的狂妄已经被神学家和哲学家们批判了成百上千年，似乎理性在刚冒出苗头的时候就被打上了僭越的罪名。似乎罪名已经早早地定好了，只等着人类去触碰它，就像采摘智慧树上的苹果一样。信奉神灵的人，自然会将人类的美好品质归功于神的恩赐，而人的败坏堕落只能归于人自己。但是，如果从进化论的角度或无神论的角度来看，人类身上的那些独特而又复杂的精神品质都是自然的生成与限定。在有神论看来，人对神的敬畏来自神对人的恩典，人对其他人或物的敬畏来自人对神的模仿。这实际上只能在信奉一神论的宗教信仰中自洽，而无法获得人类的普遍认同。我们可以真

---

① ［德］斐迪南·滕尼斯. 共同体与社会［M］. 张巍卓，译，北京：商务印书馆，2019：Piii.

正确证的事实是"人有敬畏的情感",并且这一判定不是指向全人类的,只是表明人类可以产生这样一种情感。狂妄的心态则可以从心理学的角度解释为人内在的自大、自恋、自以为是,这样的情绪在传统的人生智慧中往往是受到批判的。受到批判的原因可能是源自缺乏对"非我"的敬畏,神的崇高需要通过人的谦卑来彰显。在现实的生活中,人们也会受到自大、狂傲或自以为是带来的教训。所以,和与生俱来的狂傲相比,谦顺更像是一种生存的技能。

哲学家们对于现代性危机的担忧多体现在批判人的理性狂妄上。再往前走百余年时间,哲学家还在批判由愚昧无知而导致的谦卑恭顺。彼时,作为工具的理性还没有被人类很好地发挥。理性还属于神,人还没有学会将其与自己的现实生活结合。再回到对人的理性狂妄的批判上来,狂妄自大与谦逊恭顺似乎是一对可以相互制衡的心理状态。当理性的狂妄带给人生存危机的时候,重新使人变得谦逊和敬畏似乎能够有效地防止人继续狂妄地任意而为。这样的观念实际上是将希望寄托于教化实践,因为人的敬畏和谦卑是教化的结果。现在,许多学者都在思考如何才能重新唤起人的敬畏之心。但是,古老的敬畏之心与现代社会的狂妄在生存指向上是相同的。古老的敬畏之心是否能够压制住现代理性的狂妄本身就是一个值得探讨的问题。敬畏是一个同时具有两种情绪的语词。在不同的文化类型中,这个情绪有不同的表达方式。① 简

---

① 《论语·季氏》:"君子有三畏:畏天子,畏大人,畏圣人之言。"在英文版的《圣经》中有言:"The fear of the lord is beginning of wisdom."(箴言 9:10)

单来说其含有尊敬和畏惧两种情绪，这两种情绪往往一起出现。人们会因为畏惧某种过于强大的力量或高于自身的地位而持守谦顺的姿态。如果将敬与畏分开来看，畏根源于一种动物本能，而敬则是一种具有文明意义的赋值行为。动物对其天敌和大自然天然地具有恐惧的反应，这是因为天敌和自然会对其生命造成威胁。

敬虽然是一种属人的行为，但它也源于自然。只不过敬不是直接性源于自然，而是源于权力欲望：获得权力的欲望和服从权力的欲望。这两类权力欲望能够使人们清晰地辨明现实中权力、地位、能力、境界的高低差距。获得权力的欲望促使人将高位、高境界、高能力当成目标；服从权力的欲望从高位、高境界、高能力的人那里获得安全感。不论是这两种权力欲望中的哪一种，敬的生成都源于人的崇拜心理。神明是人类文明史上最受人类敬畏的存在，尤其是在一神论的宗教中，神有着人类无可企及的完满性。对神的一切想象意味着人们的意识中含有打破自身规定性的欲望。这实际上和人类发现了自身理性的力量，并将其作为突破自身规定性的工具所内含的欲望是相同的：获得权力的欲望和服从权力的欲望。这两种欲望一直驱动着人类世界的发展。所以，理性的狂妄与敬畏的谦顺不过都是基于同样的生存欲望和生存需求所产生的心理状态。如果没有了与古老文明同样的生存环境和生存秩序，人们观念中可以限制人的行为的敬畏之心是否还具有生成之源也就成了新的问题。

四、文化冲突中的缓冲装置——将合作作为一种教化内容

教化是对人的心灵和行为起引导作用的行为。对于教化可能导致的两种危机的防御，主要也是在思想和意识上的防御。而这一防御同样要在教化中来实现。现代教化的防御必须通过对现代人生存方式以及生存需要的分析来填补教化中的缺乏。就目前的世界秩序来说，文化冲突是由教化引起的重大问题。世界上许多地区社会秩序的崩溃、侵略与战争，殖民地的文化认同问题，移民国家的文化冲突，等等，实际上与人类教化关系紧密。这些问题并非专属于现代社会，只不过在现代社会，文化认同问题成为理论研究的对象。除了文化认同，如何在教化中警惕普遍主义与虚无主义的极权化倾向是关乎人类存在方式的重要问题。如果说这些问题可以在教化中获得一定的填补来抵御危机，将"合作"作为重要的教化内容填补到教化实践中，应该是不同教化系统应该共同考虑的内容。

合作历来是学术研究中的重要概念，它被看作人类基本的实践方式。在关于合作的研究中，有相关于市场合作、国家政治、语言交流、合作模式等各个方面的具体研究。但是，如何将合作作为一种内容使其进入教化之中，这样的研究还比较少。传统教化中关于合作是有论述的，"以和为贵"、"求同存异"、"友爱"、"诚信"等都是相关于合作的重要因素，但是传统教化缺乏现代社会需要的视角。在生产和生活方式发生了巨大改变的现代社会，合作已经成为个体与个体、个体与团体、国家与国家之间的基本存在方式。传统社会没有这样的生活方式，以至于现代社会需要

的合作价值观、合作方法论无法从教化系统中获得。而教化系统信仰理论的唯一化、真理化又导致了极端主义的出现，加剧了文化之间的冲突和争端。

人们可能会认为，随着社会对合作的提倡，合作自然会成为现代教育中的重要内容。现实中也的确如此，合作精神本身就是一种理性精神，是现代教育内容中的重要部分。实际上，个体与个体之间合作意识的培养不是一件困难的事，只要懂得尊重、求同存异、礼貌等条件，即便是合作伙伴都来自不同的宗教信仰，人们也能和谐友爱地完成合作。问题在于，个体不仅要承担个体与个体之间的合作，个体还应该建立群体如何与群体合作的意识。并且，这不是一个群体的责任，它应该是人类社会中所有群体性组织的责任。

也许群体与群体之间的合作和共处的责任应该由组织整体或权力机构来承担。但实际上，文化冲突不仅仅发生在抽象的"组织"之间，也不仅仅是权力机构导致的。文化冲突与群体中多数人的生存观念相关。人类生存所能依靠的是什么？在漫长的人类生存历程中，人类依靠过什么？情感、欲望、理智、理性、理想等，都是人类行为发生全部过程中的基本要素。人类没有单独依靠过其中的一种，它们一直是掺杂在一起的。这就意味着主体与主体间的合作不是只单单依靠理性来进行的，所以纯粹理性的合作也是不现实的。①

---

① 英国哲学家格莱斯（Grice）通过新的语言研究方法提出过合作原则，也被称为理性原则。

在关于文明冲突的研究中，利益、合作、对话、信仰、差异以及人类的共同理想一直是讨论的重要内容。这些内容将人从正在接受教化实践这一动态过程中抽象了出来。在真实的文化冲突中，对抗的双方带有强烈的愤慨情绪，这种情绪是一种集体情绪。文化冲突不仅仅是理性的冲突，在现实中，群体间的对抗是情绪性的。一旦对抗形成，人们就不在乎对抗是否合理或者哪一方更具有合理性。更多的人只会希望自己所在的群体胜利。这样的集体情绪中，如果还能理性地思考孰是孰非会被团体内部成员视为一种背叛。尤其在民族主义兴起以后，不同国家的民族情绪非常容易发生对抗。如果人类能够在教化实践中填补关于合作与共处的内容，或许在现实中能够对文明冲突起到一些缓解作用。

　　如果要设想世界范围内的多种教化系统的和平共处，似乎合作是一个必要环节。尤其是在全球化的进程中，即便人们不通过宗教身份进行往来，总还需要通过政治身份进行往来。而且，彻底地消除文化差异必然是不可能的，人类的存在本身就需要文化的多样性来彰显其价值和意义。如果文化差异性和信仰差异性被消灭，最可能迎来的不是和谐而是极权、压迫和暴政。即便是在同样的教化系统内部，人类之间的冲突也没有停止过。信仰差异虽然是人类文明冲突的重要原因，但是获取现实利益才是人类行为趋向的直接影响因素，甚至可以说是决定性因素。只要在利益的产生、获得和分配等问题上存在争议，人类的斗争就不会停止。马克思认识到了这一点，进而提出了共产主义的社会设想。自然的资源的总量是否满足公平且合理地分配给每一个人暂且不用回答，仅从教化实践的角度来说，人类教化无法让所有的个体都以平等友爱为追求目标和生活目的。

压迫和奴役他人会产生快感和乐趣，这种"恶"可能来自人的本性，具有社会性的动物也存在对同伴的压迫和欺凌行为，道德教化无法将其完全从人性中清除。所以利益争端并非完全地来自自然资源的有限性和生产分配的不合理性，来自人性中的利益争端不可能在现实世界中通过生存秩序的建构和教化实践的努力就被消除。虽然争端不可消除，但是人类可以通过主动的行为降低争端的代价，教化系统本身就可以看作是人类为较少争端、保有类的发展所作出的建构和努力，合作的内涵恰好可以满足众多教化系统减少冲突的"差异"与"共存"。

首先，合作本身就是差异的双方或多方之间的活动，所以合作行为不会消除差异，相反它是以差异为前提的。比如个体的差异性是个体之间合作的前提，信仰差异是个体差异性的具体表现。只不过，随着行为主体的复杂化，差异性的存在越来越多。寻找处理这些庞杂差异性存在的方法是合作教化的重要问题，比如宗教与宗教之间、国家与国家之间。

其次，合作对于人类的生存与发展具有初始意义和重要影响。人类是一个能够不断发挥合作效用的生物。部落、氏族、国家的形成在一定程度上源自人类的合作意识与合作能力。起初，人类还通过血缘、地缘作为合作的先在条件。原始的合作是群体内部形成凝聚力的重要方式。内部团结的合作教化与外部共存的合作教化必然是不同的。内部的合作教化是自然生成的，是依靠环境来进行的。传统的教化系统或教化团体通过促使个体进行道德实践，由此与他者关系和谐。但是合作意识不仅是一种和谐的精神追求，它还是需要被训练的能力。[①]

最后，除了上述应该继续对合作教化加以研究的问题以外，还要相信与群体外部的文明寻求一种合作的方式，并在自身的教化中积极培养合作意识与合作能力是一种智慧，它既是教化系统或教化团体的智慧，也是人类应该拥有的生存智慧。

本章小结

古典教化向现代教化的转换是随着人类生存方式和生存秩序的改变而发生的。现代社会中存在的问题并不是由古典教化的丧失这一现象引发的，而是由现代的生存方式和社会秩序中存在的问题导致的。在现代社会，教化的权力转变为一种教育的权力。教育的主要内容是知识与技能教育。而传统教化缩减为意识形态教育、道德教育、公民教育等。古典的德性教化在现代社会也落寞了。这些源自人类建构社会秩序的根基改变了。

现代社会有其自身的秩序，但同样也有导致人类生存危机的可能性。由于绝对普遍主义和终极真实观念的瓦解，虚无主义逐渐盛行。价值和意义的虚无也动摇了人类理想的存在意义，使得

---

① 观念来自个体心理学家阿德勒。

人们逐渐放弃追寻传统的存在意义转而追寻当下就能够获得满足的存在感。消费主义和信息时代的快速发展增强了人们获取存在感所带来的欲望满足。这些问题在传统教化缺失以及市场利益的追逐中没有获得良好的规范，反而变得愈演愈烈。在这样的趋势中，教育逐渐朝向市场化发展。这使得教化者与受教者之间的关系连接发生了变化。原本教化者天然的教化权力在市场化的过程中变成了一种购买关系和服务关系，使命式的教化形式在现代社会逐渐减少。人们依旧为传统中真正的教化关系而感动，但是这种连接的生成之源呈现出了萎缩的状态。

当下有观点认为现代社会缺乏敬畏之心，所以主张回归到古典教化中重新建立敬畏之心。但实际上，古典生存方式的消逝说明了古典敬畏之心的生成之源已经逐渐萎缩了。人类必须在新的生存方式和生存秩序中寻找新的生成方式，并在教化实践中建立起警惕普遍主义与抵御虚无主义的现实机制。而面对当下仍然较为严重的文明冲突问题，现代教化应该填补传统教化中对合作能力的训练。在以往的合作的研究中，合作多被视为是组织与组织或成熟的行为主体应该具有的素养，多是研究合作的展开与必要性。但是在现实的教化实践中，合作能力的培养应该是一个长期的过程，它不仅仅是群体内部的成员的合作能力，更应该训练的是群体间的合作能力。

结束语

  教化是人类文明发展与延续最重要的环节。从原始文明到现代文明，人类的教化实践也经历了从发微到庞杂的漫长过程。教化是指掌握一定社会力量的人类团体或个人，以与自身存在领悟相匹配的方式对人进行精神塑造和行为引导的人类实践活动。通过教化史传承下来的各个文化类型的教化元典和圣贤传说，可以在一定程度上把人类教化的过程看作是教化系统的创立者或教化团体按照自身的存在领悟建构存在秩序的过程。在这个过程中，四个具有普遍性的结构要素支撑起了人类的教化实践，即权力、存在秩序、类本性与人类理想。因为教化实践的本质是属人的活动，所以四种结构要素以人为核心形成了内外生成与支撑的作用。外部即作为建构人的存在方式的推动力量的权力，以及持续对人的存在方式进行影响和表征的生存秩序，权力是建构与自身生存领悟相匹配的生存秩序所需的核心环节；内部即人的类本性与超越意识，具有价值趋向一致性的类本性是教化加以引导塑造，用以实现人类理想的核心环节。虽然在结构上是内外的生成与支撑结构，但是在实际的教化实践中，四者都对人的内在心灵或内在意识与外在世界发生作用。也正是这样的结构使得教化自人类文明伊始就同人类生存的各个环节存在关联。人类世界依赖于教化实践进行意义和价值的生成与传递。在实践过程中，群体性组织获得自身的文化认同。

一、从存在领悟到存在秩序——教化与权力在现实中的建构

人类拥有文明，文明需要教化。有无教化是现实中判别、评价一个人是否文明的常见标准。判别和评价有无教化的标准既不是绝对的也不是完全客观的，但这并不意味着标准是完全主观的。在一个特定的社会秩序或文化传统中，判别一个人有无教化的标准往往具有相对一致性和相对稳定性。标准的一致性与相对性来源于与特定社会秩序和文化传统相符合的价值体系。[①] 社会秩序、文化传统以及与之相应的价值体系的建立是一个漫长的过程，它们都是人类文明的一部分，它们的发展演化代表着人类文明的发展演化。

在人类文明的早期时刻出现并逐渐聚集累积的是人关于自身生存或存在的思考和领悟，可以直接归结为存在领悟。担负着团

---

① 例如，一个主动问候尊长的人被视为是有礼貌的人和有教化的人，这是因为尊敬长辈是某些文化传统的价值取向。而一个肆无忌惮、毫无礼貌的人会被视为没有教化的人，因为礼貌是一个人经受教化后养成的良好品质。

体责任感的智者和贤者往往希望能够依照自身的存在领悟建立社会秩序。社会秩序的建立需要通过社会力量来实现，而具有团体一致性的存在领悟则能凝聚更大的社会力量来建立社会秩序。所以，将自身的存在领悟变成团体的存在领悟就成为智者与贤者的目的，这也是教化的重要目的。

存在领悟是人类基于自身的感知能力和思维能力所生发出来的对自身存在以及外部世界的诸多观念。先贤先知们意求依照自身的存在领悟建构现实的存在秩序。人类的存在领悟不仅体现人的感知能力，还体现着人思维能力中联想与想象的部分。也就是说，存在领悟不仅是人关于自身以及外部世界的认识，还包含着"人类应该如何存在""外部秩序应该如何"的联想与想象。这些关于存在秩序的联想与想象大多成为教化中理想性的存在秩序。先知先贤与统治者们通过权力的运作依照理想建立现实中的社会秩序。权力是从存在领悟实现为存在秩序的核心环节。

从人类生存历程的原初印记以及原始宗教留下的早期文明来看，人类的文明与教化得益于人类抽象意识的发生。抽象意识催生出象征意识，人类从此开始寻求和创造生存的意义。在早期文明的发展过程中，那些具有较多生存经验、具有一定的反思能力和具有管理能力的人，逐渐成为团体组织中的精英。他们自身所具有的品质使得他们获得了支配他人和凝聚团体的权力。团体生活指向两种不同的人类组织形式，即宗教和政治。宗教的凝聚核心是信仰，政治的凝聚核心是权力。实际上，两种组织形式的发展过程中都需要权力与理想作为凝聚团体的关键要素。通过权力支配他人与凝聚团体不仅需要权力的强力作用，还需要向团体证明自身权力的合法性，以此获得权力来源的正当性，从而使得其权力不可置疑、不可剥夺。权力的合法性确证主要在于现实中是否产生了普遍性的效用。传统、习惯、常识都在社会秩序中具有普遍效用，它们都是权力合法性的来源。除此之外，仪式的"见证"作用也能够促发权力合法性的形成。在传统、习惯与常识中，传统是最具有现实张力的。宗教权力与政治权力的所有者都致力于建构秩序并使之成为传统。在现实中，权力常常将宗教与政治结合在一起，两者往往同时作为社会秩序中的重要组成部分影响着人们的生存。

通过宗教与政治在人类文明中的发展及其相关的文明成果，可以总结出三种主要的教化方式——宗教教化、政治教化与人文教化。宗教教化是宗教教化系统的主要教化方式，政治教化是政治教化系统的主要教化方式。而在人类文明的诸多成果中，诸如语言、文字、艺术等不断陶冶着人类的精神境界。这些文明成果多来自宗教文明和政治文明的发展、演化与创造，随着人类对宗教行为与政治行为中内含的精神境界的不断追求，人文教化也被凸显出来，在人类主要的教化方式中占有一席之位。

教化是掌握一定社会力量的团体或个体依照自身的生存领悟建构生存秩序的必要环节和必经过程。存在秩序指人类的全部生存活动所体现出来的各种样态，存在秩序即人的生存秩序。人的存在可以简单地区分为现实存在与精神存在，现实存在对应人的现实秩序，精神存在对应人的精神秩序。人类的生存秩序不仅是人为的社会秩序，还包含着人类赖以生存的自然秩序等更为宏大的、不以人的意志为转移的绝对秩序。甚至可以说，自然秩序是人类建构社会秩序所依循的最初来源。在文明长期发展过程中较为凸显的人为秩序有三种，即精神秩序、政治秩序与伦理秩序。团体中的人或经受教化的人无从摆脱这三种秩序。不同的教化系统建构出各自的精神秩序、政治秩序与伦理秩序。

第一，精神秩序。不同的生存秩序又赋予了人们各自的生存理念和生存方式。不同的生存领悟决定了各自精神秩序的核心样态：人类通过宗教信仰创造出了神的秩序；对真理的渴求即对确定性、完善性、普遍性的渴求创造出了绝对秩序；对人类理性的发现与依赖逐渐创造出了科学秩序。在现实中，三类精神秩序实际上是相互影响、相互交融的。

第二，政治秩序。人类的存在领悟包含对政治的认识以及对政治生活应该如何的构想，即政治理想。个人的政治理想和团体的政治理想凭借政治权力建构现实的政治秩序，影响人们的政治生活，也关乎政治教化的现实进程。集中的权力形式形成了自上而下的教化行进结构，在这样的政治秩序中，政治信仰多依附于精英政治，精英教化占据核心位置；现代结构性的权力形式给予了个体更多的教化选择权，政治信仰多依附于共同体政治；在后现代视域下权力消解，这导致传统的普遍性和系统性教化受到质疑和否定，政治信仰的依附变得多样，个体担负自身的责任被凸显出来。

第三，伦理秩序。现实中的伦理与道德是教化活动的现实成果。在一个教化系统内部，由信仰理论或信仰叙事不断符合于人类现实伦理生活而产生出来的人类行为引导从而形成的一致性趋向就是其伦理秩序。而在伦理秩序中关切善的行为趋向上的一致性建构就是该教化系统内部的道德体系。伦理秩序与道德体系往往与人类存在领悟中理想的伦理与道德存在很大差距。在现实的伦理秩序中，人们能够明晰自身的伦理身份与道德规范。人们在伦理秩序内建构日常的行为价值体系，并依据价值体系作出价值取向和行为选择。

对存在的领悟、对存在秩序的构建以及现实的秩序包含着教化对人类的必要性与重要性：一方面，存在领悟中的对人类应该如何存在的设想意识到了人类本性中的不足和缺陷，这是教化之于人类的必要性；另一方面，正是人类本性中的不足与缺陷，使得先知先贤和统治者必须用权力来教化世人，以使人类形成团体拥有秩序，这是教化之于人类的重要性。但是现实中的教化并非全然地符合教化本质。由于人性中的贪婪和恶劣，使得权力成为被利用和争夺的对象，并促使教化异化成为能够压制他人的手段。可以说，人类的文明史不是纯粹的"文明"或理想的"文明"。人类文明的发生机遇是复杂多样的。部分文明成果源于战争、殖民、剥削等不人道、不文明的行为，从人类文明的发展来看，教化不能够完全剔除个体和团体对他人进行损害或侵害的行为，甚至"教化"本身也会成为引发人类斗争的缘由。人类世界的许多冲突与对立实际上都源于文明的冲突，文明的冲突就是由教化所导致的冲突。现实中的教化在建立起文明的同时又导致了冲突，这个现实过程不是一蹴而就的。

二、从人类本性到生存理想——人类在教化中实现自我超越

生存在不同教化系统和文化类型中的人有各自的价值体系。在价值体系中，基本的价值判断包含对善恶的判断。人可以向善并行善是道德教化的前提。从道德教化的表层来看，人性复杂，需要教化来进行引导和规范。引导和规范的方式是通过教化的各种方法来使人的心灵和行为符合社会的价值体系。诸多的文化现象体现出不同的文化类型与教化系统建立起了各自的价值体系。不同的教化会导致人在同样的境遇中作出不同的价值取向。这样的差异使得对于人性的研究需要还原到无价值取向或无价值立场。这样一来也可以回溯到教化对人产生影响的开端。

教化既建立起文明又制造了冲突，这样的性质可能源自人性中本身存在矛盾对立的倾向性。从人与人类的发展历程中总结，去除价值取向后的人类行为倾向性也呈现出矛盾的对立倾向，较为基础又对人类文明有着重要影响的行为倾向可以总结出三组：确定性倾向与破坏性倾向、肉体性倾向与精神性倾向、根源性倾向（自然性倾向）与独立性倾向。教化通过确定性倾向与破坏性倾向建立秩序树立规范，通过肉体性倾向与精神性倾向建构价值追寻意义，通过根源性倾向与独立性倾向追问存在寻求超越。在现实的教化活动中，这些行为倾向是融合在一起对人的人格养成与行为引导产生作用。人本性中存在着的矛盾对立的倾向性，或许是教化本身存在相互对立的性质的重要原因。教化是引导人类

心灵与行为的活动，能够带给人意识与境界的超越。人类通过教化延续文明、创建价值、寻求意义。虽然通过文明、价值和意义，人类得以在精神境界上不断超越原来的自己，但是教化同样会束缚人类，会限制人类的思想与行为。这意味着在教化与自由意志之间存在着一种张力：一方面，教化在一定程度上限制人的自由；另一方面，人类追求精神自由需要经受教化。

不同的教化系统或教化团体有其各自的价值取向。基于上述的人类基本的行为倾向可以观察到，它们普遍地存在于人的行为中。在教化行为和教化成果中，这些倾向的价值可能有来自自然的部分，但更多的是人为的创设。相同的价值取向背后可能是对立的行为倾向，不同的价值取向背后可能是相同的行为倾向。这取决于人们作出行为选择的现实情景和文化传统等诸多因素。社会秩序中人们通过教化来促使人的行为符合于具有一致性的价值体系，实际上这个过程的起始环节就是建构具有社会属性或团体属性的"类本性"。当具有社会属性或团体属性的"类本性"脱离社会与团体后，"类本性"就应当被视为"类特性"。不同的教化团体有其各自的"类特性"。类的特性不仅是凝聚性，还有区隔性。在教化中，普遍性的类差异还存在于教化者与受教者之间。

在人类教化的发展历程中，教化者具有其类特性。教化者可以分为特殊教化理论的创建发展者与现实中教化活动的实施者。理想的教化者需要拥有比受教者更多的生存经验、更深远的理论水平和更高阶的精神境界，加之对教化权力的掌握，教化者在教化关系中具有上位性和优位性。教权拥有者的目的在于促使受教者符合于教化系统的要求，建立起与其存在领悟相符合的社会秩序。所以，教化者比受教者更具秩序倾向性。在历史现实中，虽然一些立教者在起初是传统秩序的破坏者，但就教化系统的建立与发展来说，教化者以及教化阶层的现实目的是依照其信仰理论或信仰叙事建立起与之相符合的社会秩序或团体秩序，所以对于多数的教化者来说，维护现有的秩序是他们的重要任务。

在一个具有组织结构的教化团体内部，教化者与受教者存在一定的差异。虽然个体可能同时是受教者与教化者，受教者也可能在未来成为教化者，但是在具有事实的政治权力和教化权力的团体内部，教化者与受教者之间是存在着事实上的群体分离和不断分离的趋势。在团体内部，教化者与受教者往往存在社会等级差异和信仰层级的差异。除此之外，教化者与受教者之间的分离还存在人为的因素。人为因素的缘由主要有两点：一是政治性因素，一般是为了调节政治秩序，对教化者提出规定性的行为方式，例如一些宗教要求教化者独身、素食等；二是教化功能因素，教化者本身要树立高尚的道德形象以增强自身的威望和信誉，例如禁欲、苦修等。这实际上也意味着对教化者的道德要求是具有普遍性的。由于教化关系到每一个人，也关系到整个人类文明，所以教化者的类特性就必须同人的无价值的生命本性区别开来，教化以及教化者都必须具备一定的价值高度、具有正确的价值取向。这就使得如何培养教化者成为社会秩序建构中的重中之重。成熟的教化系统实际上已经建立了与自身信仰理论相符合的教化者培养体系。在教化系统中，对教化者的培养以及教化者自身的实践是教化的重要部分。

从时代特征来看，教化者的类特性还意味着教化者的精英属性，尤指立教者与教权拥有者。教化精英可以分为先知精英和时代精英。先知精英是天赋型的教化者，常常出现在宗教教化系统中。除此之外，人类社会的多数教化精英是时代性的。尤其在古代社会，权力的集中性质与社会结构的封闭性质极大地限制了下层民众的上升途径，加之信息技术和传播能力有限，使得多数的文明成果多被上层社会或权贵获得，这意味着古代社会的知识精英同样也是政治精英。现代教育在求知的平等与政治的民主上有着巨大的改变。在现代教化活动中，平等与尊重逐渐进入人们的思想与个性中。种族歧视与等级偏见被视为是非正义的、非道德的。将歧视、偏见等存在着类的区隔的狭隘观念视为道德上的恶是合理的，但是导致人有"类的区隔"观念的类意识不仅会导致歧视和偏见。事实上，类区隔的意识似乎存在于许多生物的生存现象中，它可以被视为是一种生存本能。人类将类意识的运用推展到了极致，这导致的后果也必然会兼有利弊。类意识一方面能够形成身份认同和文化认同，能够凝聚团体建构秩序，另一方面通过教化强化后的类意识又会导致文明冲突与团体斗争。可以说，类意识是文化认同与文明冲突的同一性根源。并且，对于源于类的区隔所导致的冲突不仅发生在不同的教化系统或教化团体之间，还发生在教化团体内部。教化系统与对立的"异教"和"异端"之间既存在现实竞争，又在精神信仰上存在排他性。在信仰真理性的认知前提下，即便现代社会的文化精神更多强调多元、平等与尊重，教化系统或教化团体实际上依然带有强烈的真理优越感，"和而不同"实际上面临着如何能够"不同而和"的难题。

教化建立秩序，秩序是人们生存方式的重要部分，但不同的文化类型和教化传统形成的是不同的生存方式。生存方式的"不同"包含着风俗传统、礼仪形式、生活习惯等。这些不同的生存方式的形成受到地缘、环境、战争、历史等各种要素的影响，同时也受到宗教和政治的影响。宗教和政治中包含着不同的生存领悟。生存领悟中包含着对未来生存样态的设想和思考。人类的生存是有指向性和目的性的，这是社会秩序得以建立的原因之一。关于未来生存样态的精神性设想是人类共有的，它普遍地存在于人的思维和理智中。关于未来生存样态的精神性设想的全部具体内容可以总结为人类理想。理想的实现需要当下向未来展开，意味着对当下的超越。人类从当下向未来展开和对当下的超越离不开教化。而理想的未来属性为当下的人类提供了生存的动力与希望，无论是个体性的精神需求还是群体性的文明建构都使教化系统将理想放在信仰理论的重要位置。

从教化系统或教化团体的角度来说，人类理想具有群体性或团体性。按照当下教化系统的主要类型，群体性理想可以分为宗教理想、政治理想与民族理想三类。三类群体性理想在现实功能和意义指向上有融合，但三者各自侧重的意义才是它们能够成为一种群体性理想类别的重要原因。宗教理想往往包含着对人生终极意义的追问，关乎死亡与来世，关注人的苦难，为苦难赋予意义。如果去除宗教信仰的层面来说，这些也是人文理想或人文精神的重要内容，这使得宗教理想成为个体和团体的精神支撑。政治关乎团体的公共生活，政治理想的承载者是理论秩序建构背后的现实秩序，政治理想是"当下"人类存在秩序的最高现实可能。政治理想与宗教理想（包括人文理想或人文精神）在现实秩序与精神秩序的建构中具有互补性。随着宗教教化在现代社会逐渐边缘化，民族理想成为一种替代宗教理想的现代群体性理想形式。与政治理想相比，民族理想更为关注文化认同、民族身份、生存意义等层面的思想构建，所以它既团结群体，还在一定程度上弥补了政治理想在人文精神关怀方面的缺失。但与宗教理想相似，民族理想会引起较为强烈的排他性。人类关于未来的各种构想实际上都是理想与欲望的复杂融合，两者除了成为人类生存的动力，实际上还是教化的工具与手段。

教化虽然是按照个体或团体的存在领悟，朝向教化理想进行现实展开的实践活动，但现实中形成的秩序却与理想的生存秩序存在落差。在现实的教化活动中实际上还存在着很多"欺骗"与"自欺"的行为。这些行为有的是明显的负面教化，但有更多很难作出价值判断。许多教化系统，尤其是宗教教化多具有强烈的排他性，所以护教是对每一个受教者的要求。在很多宗教教化系统中，叛教会受到严酷的惩罚。即便如此，个体对于教化的选择也并非一成不变。受时代环境、政治变革、战争以及内心理念等因素的影响，个体会选择改变自身的理想信仰。随着现代国家越来越多，宗教信仰的自由在更多的区域成为个体的政治权利，教化系统的更换逐渐变得温和和自由。

三、教化横向结构各要素的时代变迁与教化的古今转换

人类生存方式的改变意味着相关于人类生存的诸多要素也发生了改变。权力、存在秩序、价值体系、道德规范、生存理想等，这些相关于人类生存的诸要素在历史发展进程中不断变化。教化的横向结构——权力、存在秩序、类本性与人类理想，虽然各要素的实质没有发生改变，但它们的具体内容一直在变化。

首先是权力。权力的形式和合法性依据不断发生变化，并且两者的变化是伴随式的，也就是说，随着权力合法性依据的改变，权力的形式也发生了变化。在古代社会，权力形式是自上而下的集中权力。自近代科学研究和启蒙运动思潮兴起以后，知识作为权力合法性效力来源的重要地位被凸显出来。依靠知识与生产知识已经成为人类社会新的传统。与之相应的，权力形式也由集中权力逐渐变化为结构性的权力形式。虽然政治权力依然是自上而下式的，但多样的权力主体逐渐形成，统治者的私权力变成团体让渡后的公权力。同君主制自上而下的权力结构形成的自上而下的教化不同，君主制下的教化目的主要是对政治权力的认同与服从。现代政治教化则在很大程度上侧重于对政治权力的选择服从，在结果导向相同的前提下，对人直接的精神压制强度下降。公民在更大程度上拥有了自主教育的权利，以及自主选择教化的权利。知识作为现代社会教权的合法性根据改变了人类教化实践的传统方式。在后现代视域中，哲学家打破了权力的传统的认知，试图解构权力理论，在现实社会中表现为权力合法性的消解。合法性

的消解可能会导致部分生存价值和意义的失落，削减教化的现实效力，弱化秩序的规范功能。这实际上是现代教化当下面临的困境。

其次是存在秩序。人类社会的主导秩序在变化，秩序的改变源于教化的改变，同时也带给教化巨大的影响。人的精神秩序突出位置经历了神的秩序、真理的秩序到理性的秩序的转变。宗教教化创立了神的秩序。神的一些性质类似于真理的性质，实际上可以看出人类在追寻的是完满性、普遍性、确定性和规律性。在人类的精神世界，真理秩序占据至关重要的地位。从人类理性被发现到人类自信于理性，理性成为人类生存的重要工具和力量，神的秩序逐渐边缘化。随着近代启蒙思潮席卷西方和东方，以及科学技术的迅猛发展，人类创建了科学秩序。科学研究的突飞猛进和理性知识的日积月累改变了人们对确定性来源的认知。现象世界成为有规律、可认识的确定性世界。神明与真理落入了既无法证实也无法证伪的两难困境。科学的原则成为人们获取"真"的方式。古典教化中"真、善、美"的集合日趋分离。"真"与"善"的分离表现在现实中就是道德取向与真理取向的分离。传统教化在科学原则影响下效力减弱，但这并不意味着现代科学教育不具备教化方面的优势。科学和现代教育的发展改变了个体认识世界的方式，对世界和自身的新认识推动了个体意识的觉醒，人们力争改变个体在政治秩序中的位置和权利。这种变化也促发了人类对教化需求的改变，政治教化由传统的以权力认同为核心逐渐变得多元化。

再次是类本性。类本性分为两个层面：一是人本性中具有普遍一致性的行为倾向性，前文论证了基本的三组：确定性倾向与破坏性倾向、肉体性倾向与精神性倾向、根源性倾向（自然性倾向）与独立性倾向；二是与价值体系和道德规范相符合的类本性，是具有群体一致性价值取向的人性，一般在语言中有直接带有价值判断的人性描述，诸如勇敢、贪婪等。价值层面上的类本性是人类教化由基础人性到实现教化理想的首要环节。教化以无价值的行为倾向性为基础对人格进行培养和塑造。随着时代的变化，社会秩序和价值体系也在不断变化。不同的生存秩序会呈现出各自特征鲜明的社会性格，这意味着带有价值取向的类本性也在发生变化。无论是对于教化者还是受教者来说，生存方式的改变也导致了两者类特性上的一些变化。这些变化实际上是新的生存方式在教化者与受教者类本性上的表现。除了类特性上的差异，教化者与受教者之间的等级差异也随着时代的发展有所变化。科学研究的兴盛和专门化教育的普及，使得知识精英与政治精英在秩序建构和教化活动中所起的作用和所处的位置都发生了变化。

最后是人类理想。理想是人类关于未来生存方式或生存样态的设想。人类理想赋予人超越的意义。"超越"是人类发展历程中的一个重要维度。起初，超越性倾向可能来自人渴望摆脱自然规定性的独立性倾向。随着精神文明的丰富，内在心灵的不断超越成为教化实践的重要目标。人生中具有超越意义的价值是个体需要通过经受教化才能实现的。虽然对超越性的追求更多地发生在社会秩序较为成熟稳定的阶段，但是人类的超越性追求实际上是同教化与文明一同出现的。在超越性追求中，人类赋予苦难的意义：一方面削减了苦难带给人类的恐惧，给予人生存的动力和希望；另一方面通过苦难和它的超越意义，人类能够更好地团结在一起为同样的理想奋斗，人类又在团体奋斗的过程中实现精神境界的超越。就教化系统或教化团体来说，在其信仰理论或信仰叙事中，信仰的终极理想是最具超越性的部分。即便教化系统内部的教化阶层会随着时代需要改变实现终极理想的行动纲领以及具体的理论内容，但教化系统的终极理想不会改变。

对于"当下"需要接受教化的人类来说，传统教化面临的困境和现代教化特性的形成实际上都会影响人类的生活。它们体现在人类生活中的影响必然是双向的，现代的生存方式和现代教化与传统的生存方式和古典教化相比有独特的时代优势。古典教化中的确存在着人类急于解决的一些问题：不断强化永恒普遍的真理，其背后存在权威傲慢和暴力压制，削弱个体生命的张力；古典教化与严重的社会等级分化关系密切，两者可以说是伴生关系，而严重的等级分化已经不符合现代的平等、自由，必然会遭遇现代人的批判；历史与灾难的不断重复促使人们寻找新的生存方式，历史展现出来的某种荒谬性让人们陷入恐慌中，这样的集体情绪会削弱古典教化理想的现实功能。虽然，古典教化可能已经不完全适合于现代人的生存，但是，古典教化中一些特质的失落也使得教化出现了问题。教化的问题最先表现在教化成果上：传统价值体系逐渐瓦解；多元的价值取向造成了道德相对主义的盛行；对存在感的需求逐渐取代了对传统存在意义的渴求；文化日趋多样但生活方式却逐渐趋同，这些问题集中在现代教化中，体现了现代教化的虚无化倾向。

导致传统教化及其价值虚无化的原因可以总结为四点：**一是**传统政治教化的落寞，权力形式的改变使现代政治制度不同于古代，权力结构化使国家成为仲裁和治理的机器，来自传统社会的"精英"和"权威"遭受质疑，传统政治教化的方式和手段与现代政治秩序存在矛盾的地方，例如现代政治秩序注重对个体政治权利的保障，而在传统政治秩序中，个体处于边缘位置，这些问题导致传统的政治教化与现代教化不相适宜；**二是**现代法治的秩序新构，现代国家以现代法律作为社会秩序的支撑力量，法律规范虽然明晰了人行为的边界，但同时也削弱了道德和舆论的约束力，这使得人类在道德发展进程和个体精神境界的探索上变得缓慢；**三是**人类价值评判标准的改变，现代教化的主要内容是事实的教化与知识的教化，事实的教化体现了科学的突出地位，知识的教化则使个体价值评判的标准由德性变成专业。现代社会不断追求专业化的根本是人的专业化，这不仅影响到了现代人的价值评判，还间接地挤占了人类通过精神境界获取尊严的路径；**四是**教者与受教者关系连接的转型，现代教育接替教化成为文明的主导方式，传统教化者的一些类特性在现实教化活动中表现出不适应，使命式的、悲壮式的、内在感动且带有美感的内容在现代社会出场的机会越来越少，市场使教育变成产业，知识成为商品，教者逐渐成为为受教者提供知识服务的对象，教者与受教者成为卖方与买方，教化关系的平等化在有效防止教权滥用的同时也会造成教权的泛滥。

在人类的现实生存中，教化很容易成为权力争夺与文明冲突中的手段和工具。借由教化实践导致的人类灾难给人类带来了深刻的生存危机与生存恐慌。为了防御极权主义和极权秩序的出现，容易转变为极权主义的普遍主义受到人们的警惕和抵制。这使得人类原本建立在普遍主义上的生存秩序与价值取向遭受了批判和质疑。与此相应，价值虚无主义随着现代生存方式的生成成为社会中的一种流行观念。但虚无主义同样会导致人的生存危机，当下道德相对主义与价值多元主义在一定程度上造成了社会道德秩序与价值取向上的混乱，值得人类关注和警惕。面对文化冲突与来自普遍主义和虚无主义的压力，为人类教化实践建立起一种防御机制是有价值的。教化系统可以通过关系到教化系统存亡的"危机教化"和"经验教化"来促使教化团体成员建立起对极端普遍主义的危机意识；从哲学研究中的重复普遍主义、节制普遍主义等思想中挖掘能够防御极端普遍主义的措施。同时，教化系统还要主动地寻求意义的生成根源；发展自身的辩护理论，抵御外界对"意义"的质疑和批判；防御自身的异化，保有人类教化的本真性，以此从根本上防御极端普遍主义与虚无主义。

如果将教化作为哲学研究的对象，实际上可以包含教化的历史问题研究、生成问题研究、发展问题研究，还包含着对教化系统进行的比较研究以及个体修养层面的研究等等。本书仅是对教化的横向结构所作的普遍性分析，虽然在研究中涉及上述研究视角和研究内容，但它们不是本书研究的重点，这些问题将成为今后进一步研究的对象。

参考文献

教化元典与经典教义：

［1］《论语》）[宋]朱熹.四书章句集注[M].北京：中华书局,2016.

［2］《道德经》）[魏]王弼 注.老子道德经注[M].楼宇烈校释,北京：中华书局,2018.

［3］《地藏经》、《阿含经》等）陈世强.大藏经总目提要·经藏[M].上海古籍出版社,2020.

［4］《圣经》）新旧约全书[M].南京：中国基督教协会印发,1994.

［5］《古兰经》）古兰经[M].马坚 译,北京：中国社会科学出版社,2016.

教化研究通史通论：

［1］陈光贻.中国方志学史[M].福州：福建人民出版社,1998.

［2］蔡元培.中国伦理学史[M].北京：中国社会科学出版社,2008.

［3］郭齐家.中国教育史(上下卷)[M].北京：人民教育出版社,2018.

［4］黄仁宇.中国大历史[M].北京：生活·读书·新知三联书店,2017.

［5］刘祖熙 主编.多元与冲突——俄罗斯中东欧文明之路[M].北京：人民出版社,2011.

［6］梁志明,李谋,吴杰伟.多元 交汇 共生——东南亚文明之路[M].北京：人民出版社,2011.

［7］蓝琪,苏立公,黄红.中亚史[M].北京：商务印书馆,2018.

［8］麻天祥,姚彬彬,沈庭.中国宗教史[M].武汉：武汉大学出版社,2014.

［9］金泽.宗教人类学学说史纲要[M].北京:中国社会科学出版社,2010.

［10］蒋维乔.中国佛教史[M].北京:东方出版社,2013.

［11］王宇博.移植与本土化——大洋洲文明之路[M].北京:人民出版社,2011.

［12］王国维,舒新城,钱亦石.教育学　教育通论　现代教育原理[M].长春:吉林出版集团股份有限公司,2017.

［13］王正平主编.教育伦理学[M].北京:人民教育出版社,2019.

［14］伊沛霞,姚平.当代西方汉学研究集萃(宗教史卷)[M].上海:上海古籍出版社,2016.

［15］张耀灿 等.现代思想政治教育学科论[M].武汉:湖北人民出版社,2003.

［16］张锡勤,柴文华 编.中国伦理道德变迁史稿(上下卷)[M].北京:人民出版社,2008.

［17］张慧芬.中国古代教化史[M].太原:山西教育出版社,2009.

［18］郑家鑫.一方水土养育一方文明——非洲文明之路[M].北京:人民出版社,2011.

［19］张志伟,韩东晖,干春松 主编.政治哲学史(共七卷)[M].北京:中国人民大学出版社,2017.

［20］[德]格奥尔格·西美尔.宗教社会学[M].曹卫东,译,北京:北京师范大学出版社,2017.

［21］[美]布尔克.西方伦理学史[M].上海:华东师范大学出版社,2016.

［22］[美]胡斯托·L.冈萨雷斯.基督教史(上下卷)[M].赵城艺,译,上海:上海三联书店,2019.

［23］[美]马克斯·韦伯.宗教社会学[M].康乐,简惠美,译,桂林:广西师范大学出版社,2011.

［24］[美]威尔·杜兰特.世界文明史[M].中国台湾幼师文化,译,成都:天地出版社,2017.

［25］[英]丹尼尔·约翰·奥康纳.教育哲学导论[M].宇文利,译,北京:中国人民大学出版社,2016.

［26］[英]理查德·韦南.20世纪欧洲社会史[M].张敏,冯韵文,臧韵,译,海口:海南出版社,2012.

［27］[英]戈登·柴尔德.欧洲文明的曙光[M].长春:吉林出版集团有限公司,2017.

［28］[英]N.G.L.哈蒙德.希腊史[M].朱龙华,译,北京:商务印书馆,2016

版,2019.

中国古典教化专著:

［1］［宋］朱熹. 童蒙须知[M]. 合肥:黄山书社,2003.

［2］程俊英. 诗经译注[M]. 上海:上海古籍出版社,2018.

［3］李民,王健. 尚书译注[M]. 上海:上海古籍出版社,2018.

［4］黄寿祺,张善文. 周易译注[M]. 上海:上海古籍出版社,2018.

［5］杨天宇 译注. 礼记译注[M]. 上海:上海古籍出版社,2019.

［6］杨伯俊 译注. 孟子译注[M]. 北京:中华书局,2018.

［7］张觉 撰. 荀子译注[M]. 上海:上海古籍出版社,2014.

［8］高华平,王齐洲,张三夕译注. 韩非子[M]. 北京:中华书局,2010.

［9］张世亮,钟肇鹏,周桂钿译注. 春秋繁露[M]. 北京:中华书局,2012.

西方教化相关专著:

［1］［古希腊］柏拉图. 理想国[M]. 北京:商务印书馆,2017.

［2］［古希腊］亚里士多德. 尼各马可伦理学[M]. 廖申白,译,北京:商务印书馆,2017.

［3］［英］马克思恩格斯选集[M]. 北京:人民出版社,2019.

［4］［奥］西格蒙德·弗洛伊德. 论文明[M]. 徐洋,何桂全,张敦福,译,北京:国际文化出版社,2000.

［5］［奥］弗洛伊德. 图腾与禁忌[M]. 文良文化译,北京:中央编译出版社,2020.

［6］［德］黑格尔. 法哲学原理[M]. 北京:商务印书馆,2019.

［7］［德］黑格尔. 精神现象学[M]. 北京:商务印书馆,2017.

［8］［德］康德. 康德著作全集(第4卷)[M]. 李秋零,译,北京:中国人民大学出版社,2013.

［9］［德］康德. 康德论教育[M]. 李其龙,彭正梅,译,北京:人民教育出版社,2019.

［10］［德］恩格斯. 家庭、私有制和国家的起源[M]. 中共中央马克思恩格斯列宁斯大林著作编译局,编译,北京:人民出版社,2019.

［11］［德］莱辛. 论人类的教育[M]. 朱雁冰,译,北京:华夏出版社,2008.

［12］［德］诺贝特·埃利亚斯. 文明的进程——文明的社会发生和心理发生研究[M]. 王佩莉,袁志英,译,上海:上海译文出版社,2018.

［13］［德］伽达默尔. 真理与方法[M]. 洪汉鼎,译,北京:商务印书馆,2007.

［14］［德］施莱尔马赫. 论宗教[M]. 邓安庆,译,北京:人民出版社,2011.

［15］［德］卡尔·曼海姆. 意识形态与乌托邦[M]. 李布楼,尚伟,祁阿红,朱

泱译,北京:商务印书馆,2019.

[16]［德］雅思贝尔斯.时代的精神状况［M］.王德峰,译,上海:上海译文出版社,2020.

[17]［德］施特劳斯.自然权利与历史［M］.彭刚,译,上海:上海三联书店,2003.

[18]［德］瓦纳尔·耶格尔.早期基督教与希腊教化［M］.吴晓群,译,北京:生活·读书·新知三联书店,2016.

[19]［德］斐迪南·滕尼斯.共同体与社会［M］.张巍卓,译,北京:商务印书馆,2019.

[20]［德］恩斯特·卡西尔.人论［M］.甘阳,译,上海:上海译文出版社,2020.

[21]［法］埃尔.文化概念［M］.康新文,晓文,译,上海:上海人民出版社,1988.

[22]［法］路易·迪蒙.论个体主义——人类学视野中的现代意识形态［M］.桂裕芳,译,南京:译林出版社,2014.

[23]［法］卢梭.爱弥儿［M］.北京:商务印书馆,2019.

[24]［法］列维·布留尔.原始思维［M］.北京:商务印书馆,2019.

[25]［法］米歇尔·福柯.规训与惩罚［M］.刘北成,杨远婴,译,北京:生活·读书·新知三联书店,2019.

[26]［法］米歇尔·福柯.主体性与真相［M］.张亘译,上海:上海人民出版社,2019.

[27]［法］米歇尔·福柯.疯癫与文明［M］.刘北成,杨远婴,译,上海:上海人民出版社,2019.

[28]［美］E.弗洛姆.健全的社会［M］.孙恺祥,译,贵阳:贵州人民出版社,1994.

[29]［美］杜赞奇.文化、权力与国家［M］.南京:江苏人民出版社,2003.

[30]［美］R.罗蒂.后哲学文化［M］.黄勇,译,上海:上海译文出版社,2004.

[31]［美］R.罗蒂.偶然、反讽与团结［M］.徐文瑞译,北京:商务印书馆,2019.

[32]［美］马克斯·韦伯.中国的宗教:儒教与道教［M］.桂林:广西师范大学出版社,2010.

[33]［美］莎伦·R.克劳斯.公民的激情——道德情感与民主商议［M］.谭安奎,译,南京:译林出版社,2015.

[34]［美］杜威.平民主义与教育［M］.福州:福建教育出版社,2016.

[35] [美]威廉·曼彻斯特. 黎明破晓的世界——中世纪思潮与文艺复兴[M]. 北京：化学工业出版社,2017.

[36] [美]埃里克·沃格林. 城邦的世界——秩序与历史（卷二）[M]. 陈周旺,译,南京：译林出版社,2019.

[37] [美]克里福德·格尔茨. 文化的解释[M]. 南京：译林出版社,2019.

[38] [美]塞缪尔·P. 亨廷顿. 变化社会中的政治秩序[M]. 王冠华,刘为,译,上海：上海人民出版社,2019.

[39] [美]艾略特·阿伦森. 社会动物性[M]. 邢占军,译,上海：华东师范大学出版社,2019.

[40] [美]沃格林. 政治观念史稿·卷一[M]. 段保良,译,上海：华东师范大学出版社,2020.

[41] [美]埃里克·沃格林. 城邦的世界 秩序与历史（卷二）[M]. 陈周旺译,南京：译林出版社,2019.

[42] [美]保罗·蒂利希. 存在的勇气[M]. 成穷,王作虹,译,北京：商务印书馆,2019.

[43] [美]理查德·J. 伯恩斯坦. 暴力 思无所限[M]. 李元来,译,南京：译林出版社,2019.

[44] [美]罗伯特·K. 默顿. 社会理论和社会结构[M]. 唐少杰,齐心,译,南京：译林出版社,2020.

[45] [美]马斯洛. 马斯洛说完美人格[M]. 高适编,译,武汉：华中科技大学出版社,2020.

[46] [美]保罗·博格西昂. 对知识的恐惧 反相对主义和建构主义[M]. 刘鹏博,译,南京：译林出版社,2020.

[47] [英]沙夫茨伯里. 人、风俗、意见与时代之特征——沙夫茨伯里选集[M]. 李斯,译,武汉：武汉大学出版社,2010.

[48] [英]葛怀恩. 古罗马的教育——从西塞罗到昆体良[M]. 黄汉林,译,北京：华夏出版社,2015.

[49] [英]休谟. 宗教的自然史[M]. 曾晓平,译,北京：商务印书馆,2017.

[50] [英]理查德·道金斯. 自私的基因[M]. 卢允中 张岱云 陈复加等译,北京：中信出版集团,2019.

[51] [英]伯特兰·罗素. 权力论[M]. 北京：商务印书馆,2019.

[52] [英]J. G. 弗雷泽. 金枝——巫术与宗教之研究（上下册）[M]. 汪培基,徐育新,张泽石,译,北京：商务印书馆,2019.

[53] [英]约翰·B. 汤普森. 意识形态与现代文化[M]. 高铦,译,南京：译林

出版社,2019.

[54] [英]基思·托马斯. 16 和 17 世纪英格兰大众信仰研究[M]. 丙传明,梅剑华,译,南京:译林出版社,2020.

[55] [英]迈克尔·曼. 社会权力的来源 第 1 卷[M]. 刘北成,李少军,译,上海:上海人民出版社,2007.

[56] [意]尼科洛·马基雅维里. 君主论[M]. 潘汉典,译,北京:商务印书馆,2019.

[57] [意]加塔诺·莫斯卡. 统治阶级[M]. 贾鹤鹏,译,南京:译林出版社,2019.

中国教化相关著作:

[1] 柏维春. 政治文化传统——中国和西方对比分析[M]. 长春:东北师范大学出版社,2001.

[2] 鲍永玲. 德国早期教化观念史研究[M]. 上海:上海人民出版社,2018.

[3] 陈来. 古代宗教与伦理[M]. 北京:北京大学出版社,2018.

[4] 陈嘉映. 教化:道德观念研究[M]. 上海:华东师范大学出版社,2009.

[5] 董成龙. 武帝文教与史家笔法——《史记》中高祖立朝至武帝立教的大事因缘[M]. 上海:华东师范出版社,2019.

[6] 冯秀军. 教化·规约·生成:古代中华民族精神的化育研究[M]. 北京:中国社会科学出版社,2009.

[7] 樊志辉. 内在与超越之间[M]. 哈尔滨:黑龙江人民出版社,2002.

[8] 樊志辉. 马克思哲学与中国现代哲学的展望[M]. 哈尔滨:黑龙江大学出版社,2011.

[9] 樊志辉,王秋. 中国当代伦理变迁[M]. 北京:中国社会科学出版社,2012.

[10] 费正清 赖肖尔. 中国:传统与变革[M]. 陈仲丹,译,南京:江苏人民出版社,1992.

[11] 费成康 编. 中国的家法族规[M]. 上海:上海社会科学院出版社,2002.

[12] 费孝通. 乡土中国[M]. 北京:人民出版社,2017.

[13] 费孝通,吴晗. 皇权与绅权[M]. 上海:华东师范大学出版社,2017.

[14] 罗国杰 编. 中国传统道德:重排本. 教育修养卷[M]. 北京:中国人民大学出版社,2011.

[15] 顾明远. 中国教育的文化基础[M]. 太原:山西教育出版社,2004.

[16] 耿开君. 中国士林哲学导论[M]. 哈尔滨:黑龙江人民出版社,2013.

[17] 贺麟. 文化与人生[M]. 北京:商务印书馆,1988.

[18] 黄书光 编.中国社会教化的传统与变革[M].济南:山东教育出版社,2005.

[20] 胡治洪 编.现代思想衡虑下的启蒙理念[M].武汉:武汉大学出版社,2011.

[21] 黄小洲.伽达默尔教化解释学研究[M].北京:人民出版社,2016.

[22] 廖其发.先秦两汉人性论与教育思想研究[M].重庆:重庆出版社,1999.

[23] 刘小枫.现代性社会理论绪论[M].上海:上海三联书店,1998.

[24] 刘小枫,陈少明 主编.政治生活的限度与满足[C].北京:华夏出版社,2008.

[25] 刘铁芳.生命与教化[M].长沙:湖南大学出版社,2004.

[26] 李景林.教化的哲学[M].哈尔滨:黑龙江人民出版社,2006.

[27] 李泽厚.李泽厚旧说四种 说巫史传统[M].上海:上海译文出版社,2012.

[28] 吕大吉,何耀华 总主编.中国各民族原始宗教资料集成(苗族卷 水族卷)[M].北京:中国社会科学出版社,2013.

[29] 金生鈜.德性与教化[M].长沙:湖南大学出版社,2003.

[30] 金生鈜.规训与教化[M].北京:教育科学出版社,2004.

[31] 牟宗三.政道与治道[M].长春:吉林出版集团有限责任公司,2010.

[32] 唐君毅:生命存在与心灵境界[M].北京:中国社会科学出版社,2006.

[33] 王有英.清前期社会教化研究[M].上海:上海人民出版社,2009.

[34] 杨谦,李萍.意识形态问题研究[M].南宁:广西人民出版社,2018.

[35] 郑永扣 编.意识形态与社会冲突治理[M].北京:中国社会科学出版社,2017.

[36] 张志扬.缺席的权利[M].上海:上海人民出版社,1996.

[37] 卓新平.马克思主义经典作家关于宗教的基本观点研究[M].北京:人民出版社,2017.

[38]《第欧根尼》中文精选版编辑委员会.圣言的无力[C].北京:商务印书馆,2007.

中国教化相关论文:

[1] 白欲晓."神道设教"与"神道助教"——儒家"神道"观发微[J].中山大学学报(社会科学版),2015,55(01).

[2] 陈华兴.教化和教化哲学[N].复旦学报(社会科学版)1994(06).

[3] 陈嘉明.哲学与教化[N].光明日报,2010-1-19.

［4］冯契.论社会伦理关系和道德品质[J].华东师范大学学报(哲学社会科学版),1996(2).

［5］樊志辉.文化:在信仰与劳作之间——后实践哲学视域下的文化哲学论纲[J].学术交流,2009(03).

［6］樊志辉.后实践视域下的文化与教化[N].中国社会科学报,2011 - 11 - 08(009).

［7］付长珍.教化传统的失落与回归——教与化的内在张力[J].探索与争鸣,2015(08).

［8］付长珍.机器人会有"同理心"吗?——基于儒家情感伦理学的视角[J].哲学分析,2019,10(06).

［9］高清海.人的类生命、类本性与"类哲学"[J].长白论丛,1997(02).

［10］高莘.从雅典到耶路撒冷——古希腊教化(paideia)的演变及早期基督宗教对其的传承[J].宗教学研究,2012(02).

［11］郭文良,和学新.教育批判的内涵、价值与实现路径[J].当代教育科学,2015(07).

［12］何锡章.中国现代文学"启蒙"传统与古代"教化"文学的相关性论纲[J].福建论坛(人文社会科学版),2001(04).

［13］金生鈜.教育哲学怎样关涉美好生活?[J].华东师范大学学报(教育科学版),2002(02).

［14］景海峰.教化:理解中国哲学的新视角[J].中国社会科学报,2011 - 1 - 9.

［15］基佐·米哈伊·丹.教化理想与今日价值观之冲突[J].高斯扬译,辽宁大学学报(哲学社会科学版),2015,43(03).

［16］李景林.教化观念与儒学的未来发展[J].人文杂志,2009(01).

［17］柳向忠.信仰与教化之间:儒学宗教性之历史性格刍议[J].孔子研究,2013(02).

［18］雷云.教育批判:困境缘由与范式转换[J].现代远程教育研究,2015(01).

［19］李海鹏.定叛观念与当代伊斯兰极端主义[J].阿拉伯研究论丛,2016(01).

［20］刘中民,俞海杰."伊斯兰国"的极端主义意识形态探析[J].西亚非洲,2016(03).

［21］牛文君.诠释学的教化和教化的诠释学[J].哲学研究,2015(11).

［22］彭正梅.生命、实践和教育学学科身份的寻求:"教化"的历史考察[J].

基础教育,2011(05).

[23] 曲跃厚　王治河. 走向一种后现代教育哲学——怀特海的过程教育哲学[J]. 哲学研究,2004(05).

[24] 钱穆. 教育与教化[J]. 福建教育,2016(17).

[25] 沈顺福. 教育便是教化:论传统儒家教育观念[J]. 华南师范大学学报(社会科学版),2017(06).

[26] 孙正聿. 个性化的类本性:高清海"类哲学"的内涵逻辑[J]. 社会科学战线,2019(07).

[27] 唐君毅. 中国人文精神之发展[C]//唐君毅全集(卷六)台北:学生书局,1991.

[28] 唐国军. 董仲舒与儒家思想政治教育理论的实践化——儒家传统思想政治教育理论模式研究之五[J]. 广西社会科学,2008(03).

[29] 谢伟先. 从《汉书·刑法志》论班固以「刑」为教化基础的理想[J]. 辅大中研所学刊,2006(16).

[30] 吴海文. 康德与孟子的道德教化观之比较及其人文价值[J]. 湖南社会科学,2013(05).

[31] 杨琪. 能近取譬:孔子成仁之教的方法论阐释[J]. 湖南师范大学教育科学学报,2015(1).

[32] 张志扬. 现代性的问题意识[J]. 浙江大学学报(社会科学版),1998,第12卷(02).

[33] 詹世友. 论教化的三大原理[J]. 南昌大学学报(社会科学版),2000(03).

[34] 詹世友. 论理论性教化[J]. 南昌大学学报(人文社会科学版),2004(04).

[35] 詹世友. 政治与美德的互动与互成[J]. 南昌大学学报(人文社会科学版),2013,44(06).

[36] 赵林. 基督教信仰与蛮族的教化[J]. 学习与探索,2013(12).

[37] 钟肇鹏. 孔子的教化思想[J]. 江西社会科学,2000(12).

[38] 傅琳凯. 中国古代思想政治教育史研究[D]. 长春:东北师范大学,2011.

[39] 郭建萍. 西汉的教化思想与教化形式[D]. 福州:福建师范大学,2007.

[40] 贺卫东. 先秦儒家《诗》教美育思想研究[D]. 西安:陕西师范大学,2013.

[41] 李曰强. 明代礼部教化功能研究[D]. 天津:南开大学,2012.

［42］李悦田.清代政治教化与底层控制［D］.北京:中共中央党校,2018.

［43］马松红.黑格尔教化思想研究［D］.长春:吉林大学,2015.

［44］孙孔懿.试论教育家的"类本性"［J］.中国教育学刊,2008(09).

［45］王司瑜.中国古代教化思想及方式研究［D］.黑龙江:黑龙江大学,2013.

［46］王耀祖.社会变迁中的元代徽州社会教化研究［D］.上海:华东师范大学,2016.

［47］王慧.黄宗羲政治与教化思想研究［D］.南京:南京理工大学,2016.

［48］王榆芳.魏晋儒家教化研究［D］.郑州:郑州大学,2017.

［49］姚剑文.政权、文化与社会精英［D］.苏州:苏州大学,2006.

［50］奚彦辉.中国人文化成思想的本土心理学探究［D］.长春:吉林大学,2009.

［51］战秀梅.北宋士大夫地方教化研究［D］.上海:上海师范大学,2010.

［52］张延昭.下沉与渗透:多元文化背景下的元代教化研究［D］.上海:华东师范大学,2010.

［53］张江波.儒家仁学思想及其当代价值研究［D］.兰州:兰州大学,2017.

［54］张文.朱熹理学视野中的礼乐教化思想研究［D］.济南:山东大学,2018.

外文参考文献:

［1］Werner Jaeger: Paideia—The Ideals of Greek Culture: Volume I. Archaic Greece: The Mind of Athens, Oxford University Press, 1986.

［2］Werner Jaeger: Paideia—The Ideals of Greek Culture: Volume II. In Search of the Divine Centre, Oxford University Press, 1986.

［3］Werner Jaeger: Paideia—The Ideals Of Greek Culture: Volume III: The Conflict Of Cultural Ideals In The Age Of Plato, Oxford University Press, 1986.

［4］Joach Ritter: Historisches Wörterbuch der Philosophie, Schwabe &.Co. Basel, 1971.

［5］Gert Biesta: Bildung and Modernity: The Future of Bildung in a World of Differen, Studies in Philosophy and Education, 2002, Vol. 21 (4-5).

［6］Błażej Przybylski: Demokratie und Bildung, Zeitschrift für Weiterbildungsforschung, 2017, Vol. 40(2).

［7］Thomas Rucker, Eric Dan Gerónimo: The Problem of Bildung and the

Basic Structure of Bildungstheorie, Studies in Philosophy and Education, 2017, Vol. 36(5).

[8] Anders Odenstedt. Hegel and Gadamer on Bildung [J]. The Southern Journal of Philosophy, 2008, 46(4).

[9] Gudmundur Heidar Frímannsson. Civic Education and the Good [J]. Studies inPhilosophy and Education, 2001, Vol. 20(4).

[10] Jonathan Fox. The future of civilization and state religion policy [J]. Futures, 2010, 42(6).

[11] Kate A. Moran. Misunderstanding duty: *Vices of culture, 'aggravated' vice, and the role of casuistical questions in moral education* [J]. Educational Philosophy and Theory, 2019, 51(13).

[12] Seyyed Hossein Nasr. Harmony of Heaven, Earth and Man— Harmony of Civilizations [J]. Procedia-Social and Behavioral Sciences, 2013, 77.

[13] Margot Joris, Orhan Agirdag. In search of good citizenship education: A normative analysis of the International Civic and Citizenship Education Study (ICCS) [J]. European Journal of Education, 2019, 54 (2).

[14] J. Scott Kenney. Western Civilization, Inequality, and the Diversity Shell Game [J]. Academic Questions, 2019, Vol. 32(3).

[15] Susana Frisancho, Guillermo Enrique Delgado. Moral education as intercultural moral education [J]. Intercultural Education, 2018, Vol. 29(1).

[16] Jaś Elsner. Paideia: Ancient Concept and Modern Reception [J]. International Journal of the Classical Tradition, 2013, Vol. 20(4).

[17] Katie Fleming. Heidegger, Jaeger, Plato: The Politics of Humanism [J]. International Journal of the Classical Tradition, 2013, Vol. 19(2).